绿色学校领导力

——为了我们的孩子、社区与地球的可持续发展

[美] 莉萨·A. W. 肯斯勒(Lisa A. W. Kensler)
[美] 辛西娅·L. 乌林(Cynthia L. Uline) 著
张婧 史枫 译

Leadership for Green Schools: Sustainability for Our Children, Our Communities, and Our Planet, 1st Edition/by Lisa A. W. Kensler & Cynthia L. Uline/ISBN: 978-0-415-71568-3
Copyright © 2016 by Routledge
All Rights Reserved.
Authorized translation from the English language edition published by Routledge, a member of the Taylor & Francis Group.
本书原版由Taylor & Francis出版集团旗下Routledge出版公司出版，并经其授权翻译出版。版权所有，侵权必究。

Tianjin University Press is authorized to publish and distribute exclusively the Chinese (Simplified Characters) language edition. This edition is authorized for sale throughout Mainland of China. No part of the publication may be reproduced or distributed by any means, or stored in a database or retrieval system, without the prior written permission of the publisher.
本书中文简体翻译版授权由天津大学出版社独家出版并限在中国大陆地区销售，未经出版者书面许可，不得以任何方式复制或发行本书的任何部分。

Copies of this book sold without a Taylor & Francis sticker on the cover are unauthorized and illegal.
本书贴有Taylor & Francis公司防伪标签，无标签者不得销售。

天津市版权局著作权合同登记号：02-2021-065

图书在版编目(CIP)数据

绿色学校领导力：为了我们的孩子、社区与地球的可持续发展：汉、英 / （美）莉萨·A. W. 肯斯勒（Lisa A. W. Kensler），（美）辛西娅·L. 乌林（Cynthia L. Uline）著；张婧，史枫译，-- 天津：天津大学出版社，2021.4
ISBN 978-7-5618-6904-8

Ⅰ.①绿… Ⅱ.①莉… ②辛… ③张… ④史… Ⅲ.①学校管理—领导学—汉、英 Ⅳ.①G471

中国版本图书馆CIP数据核字(2021)第084980号

出版发行　天津大学出版社
地　　址　天津市卫津路92号天津大学内（邮编:300072）
电　　话　发行部:022-27403647
网　　址　www.tjupress.com.cn
印　　刷　廊坊市海涛印刷有限公司
经　　销　全国各地新华书店
开　　本　169mm×239mm
印　　张　13.5
字　　数　367千
版　　次　2021年4月第1版
印　　次　2021年4月第1次
定　　价　49.00元

凡购本书，如有缺页、倒页、脱页等质量问题，烦请与我社发行部门联系调换
版权所有　　侵权必究

前 言

进入21世纪以来，和平与可持续发展已成为国际社会非常关键的核心议题，联合国（UN）与联合国教科文组织（UNESCO）对于可持续发展教育的关注与日俱增。2015年9月25日，联合国大会通过的《2030年可持续发展议程》包含了17项可持续发展目标（Sustainable Development Goals，SDGs），旨在改变人类的前进方向，引领人类社会走上可持续发展的道路。这些具有变革意义与包容性的可持续发展目标描述了人类面临的重大发展挑战，旨在确保当代人与后代人都能享有可持续、和平、富足和公平的生活。联合国教科文组织紧随联合国步伐，在全球可持续发展教育（Education for Sustainable Development，ESD）十年（2005—2014年）发展的基础上，开启了新一轮全球可持续发展教育行动计划（Global Action Programme，GAP）（2015—2019年）。联合国教科文组织2017年发布的《学习型城市与可持续发展目标行动指南》（Learning Cities and the SDGs：A Guide to Action，2017）（简称《行动指南》）中阐明了建设可持续学习型城市是实现可持续发展目标（SDGs）的关键动力，同时也是对目标4（SDG4）"确保全纳、公平的优质教育，增进全民终身学习机会"的准确回应。《行动指南》进一步呼吁将推动全民终身学习作为指导原则，贯穿实现可持续发展目标的全过程。2018年4月25—27日，在哥斯达黎加举行的可持续发展教育第三次成员国对话会议上，联合国教科文组织又开启了"ESD for SDGs"新阶段，强调可持续发展教育（ESD）在实现可持续发展目标（SDGs）中的基础和导向作用。2020年11月，联合国教科文组织发布了《2030年可持续发展教育路线图》（Education for Sustainable Development：A Roadmap—ESD for 2030）（简称《2030ESD路线图》），在ESD政策推进、学习环境转变、教育工作者能力建设、青年赋权、社区行动等五个领域开展优先行动以及研究监测，促进可持续发展目标的实现。在《2030 ESD路线图》五个优先行动领域中特别强调了社区对于实现可持续发展目标的推动作用。

中国是《变革我们的世界：2030可持续发展议程》的积极支持者与践行者。2015年9月，习近平总书记出席联合国发展峰会，同各国领导人一致通过《变革我们的世界：2030年可持续发展议程》，开启了全球可持续发展事业的新征程。我国十九大报告从大力推进经济建设、政治建设、文化建设、社会建设、生态文明建设等方面进行总体部署，强调了"建设美丽中国""贯彻绿色发展理念""构建人类命运共同体”“创建绿色学校、绿色家庭、绿色社区”等理念，呈现了落实可持续发展议程的中国方案。在全面建成小康社会和中华民族伟大复兴的大背景下，面向生态文明与可持续发展目标的教育重塑，已经成为中国教育改革的时代使命。面向生态文明与可持续发展目标的学校建设，也正在成为当前学校发展的新境界与新方向。

当前，面向生态文明与可持续发展目标的学校建设的实践类型主要有绿色学校、生态学校、可持续发展学校。我国国家环保局（现为“生态环境部”）与教育部于20世纪90年代就开始联合推动绿色学校创建工作，之后又开始推广国际生态学校，主要借鉴欧洲地区主推的生态学校计划项目。按照联合国教科文组织“全系统法”的实施建议，将可持续发展教育融入办学理念、融入课程与教学、融入专题教育活动、融入教师教育、融入校园环境、融入学生素养、融入学校社会合作，在20多年的实践探索中，逐步形成了建设可持续发展学校的中国推进方式。

从国际情况来看，世界各国大都重视绿色学校的创建。在过去20年里，英国、美国、印度尼西亚、日本等许多国家都相继引入了“绿色学校”的理念，开展了创建“绿色学校”的活动。

“绿色学校”一直与环境教育运动紧密相连，是环境教育运动发展的产物。“绿色学校”的概念最早起源于欧洲环境教育基金会（FEEE）于1994年提出的一项全欧“生态学校计划”，这一计划是一个环境教育国际项目。尽管参与该项目的欧洲各国学校所使用的称谓并不一致，如爱尔兰称“绿色学校”、德国称“环境学校”、葡萄牙称“生态学校”，等等，但是其内涵是相同的，其面向可持续发展目标亦是共通的。绿色学校建设过程是，以面向可持续发展的环境教育思想为指导，不断完善自我管理、改进教育手段、降低教育投入、提高办学效率和效益的过程，也是学校不断解决自身可持续发展问题的过程。

党的十九大报告指出，要推进绿色发展，倡导简约适度、绿色低碳的生活方式，反对奢侈浪费和不合理消费，开展创建节约型机关、绿色家庭、绿色学校、绿色社区和绿色出行等行动。2019年11月国家发展和改革委员会印发了关于开展创建节约型机关、绿色家庭、绿色学校、绿色社区、绿色出行等行动的《绿色生活创建行动总体方案》，方案要求：深入贯彻绿色发展理念，探索建立生态文明教育工作长效机制，努力建设生态文明理念深入人心、校园环境质量明显改善、资源循环利用体系基本完善、绿色低碳文化氛围全面覆盖的绿色学校。到2022年，在全国范围内建成60%以上的绿色学校。该项行动以大中小学作为创建对象，开展生态文明教育，提升师生生态文明意识，中小学结合课堂教学、专家讲座、实践活动等开展生态文明教育，大学设立生态文明相关专业课程和通识课程，探索编制生态文明教材读本。打造节能环保绿色校园，积极采用节能、节水、环保、再生等绿色产品，提升校园绿化美化、清洁化水平。新时代如何来创建绿色学校，其具体内容主要有五个方面：

一是健全绿色组织管理，成立绿色学校建设领导小组，加大绿色学校建设和运行的资金投入，推进能源管理体系建设；开展能源审计和能效公示；

二是构筑绿色教育体系，在相关课程教材中融入绿色知识，组织多学科教师共同研究开发绿色主题课程，开展研究性学习及主题实践活动，鼓励研发绿色教育地方教材；

三是打造绿色低碳校园，在校园建设和改造中充分体现节能减排理念，全面执行绿色建筑标准，建设海绵校园，做好校园生活垃圾分类工作等；

四是培养绿色校园文化，培养青少年健康向上的绿色生活方式，带动家庭和社会践行绿色发展，广泛开展绿色学校主题宣传活动，开展绿色学校国际交流与合作；

五是推进绿色科技研发助力智慧校园建设。

美国是在绿色校园建设方面取得突出成绩的国家。从 20 世纪 80 年代至今，美国绿色学校的推动取得了长足进展，通过制定绿色环保目标、推广绿色建筑、发展绿色团体，践行可持续发展理念等多视角，吸引教师、学生、企业与政府等多层面参与其中，成效显著。通过对美国绿色校园评估体系和绿色校园实践的研究，笔者发现，绿色校园建设作为是一个综合概念，与其他绿色建筑评估相对更强调能源资源的节约循环利用相比，绿色校园更应强调学生所处环境的品质、关注师生的在校舒适度。绿色校园不仅仅是一种物质空间建设，也要视其为精神建设，要努力实现“寓教于景”，在蕴含丰富文化内涵的绿色校园中传道授业解惑。美国绿色学校评估的探索与实践，对在建筑领域推动可持续发展具有积极的意义，同时对我国绿色校园评估体系的研究具有一定的参考价值。

本书旨在向有抱负和实践能力的领导者提供他们需要的方法，以帮助他们设计、领导和管理更绿色、更可持续发展的学校。书中各章在理论和研究框架下，借鉴了可持续发展科学、建筑学习环境以及教育领导力等领域的内容，来诠释绿色学校的样貌，帮助领导者减少校舍对环境的影响，让学生沉浸在单纯为了可持续发展未来的、目标明确且有意义的学习中。

本书包括许多有价值、有启发意义的话题。

1.从认识高中校长汤姆、初中校长安吉拉两个绿色学校的领导者为切入点，对可持续发展的含义、绿色学校领导模式的积极作用以及绿色学校领导者案例做了具体论述。

2. 21 世纪的关键需求与教育发展趋势对学生的行为模式提出了新的挑战，学校生态学课程需要让学生更多地了解可持续发展的经济、社会、文化等不同领域，培育可持续发展素养。

3. 构建和谐健康的生态系统需要地方、社区与家庭各个层面的协调发展，营造绿色健康的学习生态系统，通过具体的绿色学校建设案例分析，阐述了全机构实施绿色学校建设的重要性。

4. 如何营造有意义、有目的、有吸引力的学习场域，在绿色学校的教学创新中激发学生学习的内驱力，培养学生面向未来发展的可持续学习能力。

5.符合教育领导力的专业标准——向领导者提供必要的工具以推进可持续发展目标的实现，同时达到他们工作的核心目的。

6.每章末结束时的讨论问题——有价值的教学工具引发的个人反思和对话。

本书共分为三大部分 10 章。其中第 1 章是引论部分。主要内容是以绿色思想框架领导学校，包括对高中校长汤姆、初中校长安吉拉的介绍，对可持续发展的定义及学校建筑的作用也做了重点说明，分享了学校领导者在可持续发展理念的引领下带领学校走向绿色学校的故事。

第一部分包括第 2 章到第 4 章。重点介绍了全学校可持续发展的基因，都是为了孩子们的最佳利益，包括 21 世纪的关键需求，可持续发展的生态、经济领域，生态学课程，儿童在学校学习的目的与共同利益等；分享了全学校可持续发展的设计原则，如生态原则与民主原则相结合构建绿色学校的理论框架，绿色学校构成的特质分析等；构建了绿色学校的愿景基础与模型。

第二部分包括第 5 章到第 7 章，内容为健康的学习生态系统。重点介绍了地方、社区与伙伴关系；阐述了作为动态学习环境的绿色学校建筑与设计要素，一切从孩子们可持续发展的未来出发，设计建造绿色空间与环境，促进绿色学校领导力的形成；展示了以绿色理念框架运营和管理学校的具体层面以及为孩子们增加更多福祉的案例。

第三部分包括第 8 章到第 10 章，内容为有意义、有目的、有吸引力的学习。重点分析了让学生从能学习到爱学习的转变因素；详细阐述了绿色学校的创新教学以及绿色学校网络、认证项目与相关资源，包括绿丝带学校项目、ED-GRS 项目等；介绍了与绿色学校建设相关的网络学习资源，为绿色学校实践提供了丰富的研究资源。

张婧
北京教育科学研究院
2020 年 12 月

作者简介

莉萨·A. W. 肯斯勒（Lisa A. W. Kensler），奥本大学（Auburn University）教育领导学副教授。她在2008年获得理海大学（Lehigh University）教育领导学博士学位，并于1996年获得欧道明大学（Old Dominion University）生物学硕士学位。在获得博士学位之前，莉萨曾在弗吉尼亚州诺福克市、马里兰州安纳波利斯市和密苏里州圣路易斯市的公立学校和私立学校担任了十年的中学科学老师和学校领导。在这些学校，她致力于创建不强制学生、由学生自愿选择参加的教室。她给予学生充分的自主，使他们无论是课堂上还是在其他地方都能发挥主体作用。她和学生积极参与了简·古德尔（Jane Goodall）的“根与芽”计划，设计并发起了“使世界变得更美好”的倡议。在从事教育工作之前，莉萨是一名生态学家。在她职业生涯的早期，她曾在史密森尼国家自然历史博物馆（Smithsonian National Museum of Natural History）和美国鱼类及野生动物管理局（U.S. Fish and Wildlife Service ）研究珊瑚礁、切萨皮克湾（Chesapeake Bay）和五大湖（The Great Lakes）。

莉萨的研究基于她一生对自然的热爱以及作为生态学家和教育家的经验。她对生命系统的理解为之后有关绿色学校的研究以及将学校转变为社会公正、生态健康和经济可行社区的研究提供了非常重要的信息。她曾出版和发表了关于民主社区、信任、系统思考和可持续性发展的著作和文章，还把可持续发展理念纳入她所教授的“教育领导力”课程中。莉萨是2013年艾米丽和杰拉德雷瑟克（Emily & Gerald Leischuck）研究生教学奖的获得者，该奖项旨在表彰“能够始终如一地表现出卓越教学水准的教职工”。获得该奖项的教职工不仅让学生参与课堂教学，还培养学生对终生学习的热爱，他们取得了卓越的成绩并超越了工作的职责要求。

辛西娅·L. 乌林（Cynthia L. Uline），圣地亚哥州立大学（San Diego State University）教育领导学名誉教授。1995年，辛西娅于宾夕法尼亚州立大学（The Pennsylvania State University），获得教育管理学博士学位，1979年于雪城大学（Syracuse University）获得特殊教育硕士学位。1995至2005年，辛西娅任职于俄亥俄州立大学（The Ohio State University）担任学校教育管理助理和副教授。其间，辛西娅还曾与学区、社区机构、市政府、州办事处以及州长办公室合作，担任班主任、教师领导、州教育办事处负责人以及教育顾问，为了学生和家长她一直致力于促成有意义的合作。目前，辛西娅负责管理圣地亚哥州立大学的美国21世纪校舍中心（网址：http：//go.sdsu.edu/education/schoolhouse/）。通过交流、研究和培训，该中心支持以学习者为中心的学校项目和设计。在过去的7年里，该中心提供了教育设施规划方面的在线高级证书课程，来自美国34个州和另外5个国家的学生参加了该课程学习活动。该中心与学习环境协会（前身为“教育设施规划委员会”，英文简称为“CEFPI”）合作建立的高级学习空间学院提供以知识为中心的关键知识和技能的培训，这些知识和技能对于以学习者为中心的学校设施的设计、建设和维护至关重要。

辛西娅研究了构建学习空间对学生学习的影响，探索了领导者、教师和公众在塑造这些学习空间方面起到的作用。她的最新研究认为，绿色学校的潜力在于它是一个以学生为中心、对生态感知、经济可行的学习场所。辛西娅曾在《教育管理季刊》（Educational Administration Quarterly）、《教师学院记录》（Teacher College Record）、《教育管理学报》（Journal of Educational Administration）、《学校领导学报》（Journal of School Leadership）、《教育领导学国际杂志》（International Journal of Leadership in Education）、《领导与管理》（Leading and Managing）、《教育研究与发展杂志》（Journal of Research and Development in Education）、《教育领导学》（Educational Leadership）、教育技术学（Educational Technology）发表了多篇关于领导学的文章，其研究方向包括领导学的学习和准备、改善社会学习环境和物质学习环境等。本书是辛西娅的第三本合著作品。

英文版前言

从工厂到有生命活力的系统

工厂化学校模式正走向暮年，日益凸显出其局限性，这种学校模式脱离日常生活、由权威部门管理、重视高效地生产“标准化产品”（Senge，Cambron-McCabe，Lucas，et al，2012，p. 36）。现在，变化太大了，19 世纪和 20 世纪工业时代的工厂化学校模式很显然已不能服务于 21 世纪的孩子、社区和地球。

根据对学习科学的新认识，这种工厂化学校模式无法满足大多数学习者的需求。工业时代后期，我们还有很多清理工作要做。环境危机和社会不平等威胁了当地和全球社区的复原力（Blewitt & Tilbury，2013）。

传统的教育模式根本无法使孩子们面对 21 世纪中前所未有的环境、社会和经济挑战。全球绿色学校都在探索整个学校的可持续发展，以应对 21 世纪的这些挑战，同时提供全面的学校改善策略，涵盖从学校文化和气候到课程和设施等各个方面的教育。本书超越了传统的工厂教育模式，提出了一种替代性的、有生命活力的系统模式，该模式可以更好地满足儿童的学习需求以及本地和全球的环境、社会和经济需求。特别是，我们描绘了整个学校可持续发展的前景和潜力，以实现学校和社区充满活力的参与式学习模式。

写给各级教育领导者

本书的目标读者是已有多年经验的和新兴的教育领导者以及像我们这样正在做准备的教育从业者以及相关人士，包括学校行政人员、教师、教职员工、学生、父母、社区成员和教育决策者。在整个教育系统中，没有领导者的深度参与，就不可能实现我们目前所能达到的规模化教育变革。我们意识到，学校校长和中心部门负责人需要达到绿色学校和整个学校可持续性的入门水平。研究反复告诉我们，领导者在促进实现可持续性发展变革方面发挥着关键作用（Buckler & Creech，2014），而据我们所知，没有其他关于可持续性的全面介绍直接针对这一至关重要的受众。因此，我们以《教育领导者专业标准》（*Professional Standards for Educational Leaders*）为写作的背景。专业标准并没有推动我们的写作，但是我们小心牢记这些标准。我们将在第 1 章进一步描述这些标准及其与整个学校可持续发展的关系。

我们希望教育领导者发现整个学校的可持续性在于工作方式不同。可持续发展与学校领导力的各个方面都息息相关。从根本上讲，教育领导者对学校做出不同思考，将工厂模型思维替换为具有生命活力的系统模型思维，学校会自然而然地发生变化。戴维和利恩伍德（Day & Leithwood，2007，p. 200）对成功的学校领导做了广泛的国际研究，他们指出："成功校长的工作强烈表明，他们认为自己的组织是具有生命活力的系统，而不是机器。"我们不知道这些校长中有多少人参与了绿色学校或可持续性发展工作，因为在本书的任何精选案例中都没有明确讨论这些细节。但我们知道他们有效地领导了促进学生学习的学校。我们越来越多地从有效领导力的研究中学到，扎根于机械思维的命令和控制策略行不通。在本书中，我们认为学校是具有生命活力的系统。我们超越了隐喻性对话，深入研究了作为人类的生命系统，即我们赖以生存的自然系统。通过深入了解这些内容之后，我们明智地设计、管理和领导我们的学校。

了解我们的人类组织，特别是学校，是具有生命活力的系统会带来两个主要好处。首先，我们要了解学生，不是将其理解为一个耗时12年的装配线产物，而要将其视为一个具有爱学习这种天生能力的个体。从这个角度来看，我们不再要求学习者在我们指导下必须表现出色。我们不再因为学生的不投入而责怪他们。相反，我们要意识到儿童和成人天生就是贪婪的学习者，我们设计、管理并领导着让这种对学习的热爱蓬勃发展的条件。其次，由于我们的人类社区依赖于社会生态系统来维持生命，因此我们要对自己的行为承担责任。我们意识到我们的日常行动或损害或优化地球的社会群体和生态系统，因此我们有意识地力求最大限度地减少负面影响，并最大限度地发挥积极的社会生态影响。本书的目的是为我们的学校描绘生动的可能性。我们的学校可以成为充满活力的学习和社会生态责任中心。我们认为教育领导者会看到，这些目标是相辅相成的，它们可以为学校改善以及地球生命的未来产生强大的杠杆作用。

我们对可能性的描述不只是想象中或理论上的。它得到了神经学、心理学、教育学、组织研究学、建筑学、生态学等多学科研究的支持。这也基于我们的个人研究，为了该研究，我们进入了美国各地的绿色学校以及一些其他国家的学校。我们遇到了许多具有开拓性的教育工作者，他们引领着学校从工厂模式走向可持续发展新模式的道路。我们希望本书可以激发教育领导者的想象力，教育领导者看到抛弃工厂模式的机会，以便更好地为我们的孩子、社区和地球服务。

鼓励和扩展学习

我们组织本书的重点是学习，无论是正式的课堂学习还是非正式的个人或小组学习。对学习的热爱是迈向更有弹性和可持续发展未来的先决条件，因为深刻的、革命性的变化是深度学习的结果。本书详细介绍了整个学校的可持续性，为在学校培养充满活力的学习者提供了恢复性的方法。为了使读者愉快学习，我们在每章末尾提供了一些讨论性问题，这些问题可以引起教育领导者对自己的实践和学校环境的反思，同时也敦促教育领导者不断为扩大绿色学校而做出努力。

本书以介绍性章节“以绿色思想框架领导学校”开头，概述了可持续性及其与教育、教育领导力的关系。我们描述了教育领导力专业标准，并使这些标准穿叉于本书各章之中。我们还介绍了两名学校领导，他们代表了我们访问绿色学校时遇到的许多学校领导。这两位领导安吉拉（Angela）和汤姆（Tom）将分享教育领导者能够把控住学校领导力的真实实践。

接下来的9章分为三个部分，其划分的灵感来自Barr，Cross和Dunbar（2014）的“整个学校可持续发展框架”。该框架包括组织文化、体育场所和教育计划。尽管我们对某些细节的处理方式有所不同，但我们的三个部分也论述了这些常见的教育领域。本着将学校理解为具有生命活力系统的精神，第一部分描述了全学校可持续发展的基因。第二部分描述了促进学习热情的健康生态系统。第三部分深入研究有意义、有目的、有吸引力的学习。

第一部分：全校可持续发展的基因

第2、3、4章构成第一部分。全学校可持续发展的基因包括我们在整个学校可持续发展的实践过程中看到的价值观、原则、愿景和使命。第2章“为了孩子的最佳利益”提出了一个论点，即绿色、可持续发展的学校非常符合孩子、社区还有地球的最佳利益。我们探索了满足21世纪需求的学校教育的目的和道德责任。第3章“全学校可持续发展的设计原则”讨论了整个学校可持续发展的指导原则，以生态和民主原则来构架整个学校的可持续发展实践。我们假设健康的社会系统受民主原则支配，被嵌套在生态系统中。因此，在学校的设计、管理和领导中也要考虑生态原则，即控制健康生活系统的原则。这些指导原则能满足学校领导的需求，便于他们从内而外设计整个学校的可持续性，设计具有生命活力系统的成长和发展方式。第4章“绿色学校的愿景”描述了面向21世纪领先学校的可持续发展愿景和使命及其背后的变革力量。

第二部分：健康的学习生态系统

第二部分（第5、6、7章）深入探讨健康的学习生态系统，包括在更广泛的社会生态社区内设置的教学楼。第5章“地方、社区和伙伴关系”描述了绿色学校如何深深植根于全球（包括本地）社区，并有意识地与其互动。我们考虑场所学习和基于位置的学习在帮助儿童理解人类与自然生态系统之间复杂的相互依赖关系中的作用。本章探讨了利用这些深厚的地方知识来建立21世纪的全球社区所面临的挑战。在第6章“作为动态学习环境的绿色教学楼”中，我们重点阐述了建筑物作为学习的场所和资源。我们研究了学校设施在支持学生的学习和整体福祉中的作用。

本章引用了一个令人信服的案例，提供高质量可持续的学校设施，能激发儿童当前的学习潜力并保护他们未来的生活质量。在第 7 章“全校可持续发展的运营维护”中，我们研究了具有绿色理念的校长同负责设施的同事一起如何以减少能源、节约自然资源和减少浪费的方式管理健康、安全和可持续的学习环境。本章还探讨了这些绿色的操作和维护程序如何为利用该设施作为三维教科书提供机会。

第三部分：有意义、有目的、有吸引力的学习

第三部分（第 8、9、10 章）详细介绍了绿色学校的有意义、有目的、有吸引力的学习内容。第 8 章侧重于学生学习，第 9 章侧重于教师学习。我们将人类学习视为有价值的生态系统服务，并在第 8 章“出于对学习的爱”中加以解释。本章概述了思想、大脑和教育科学，并展示了其在可持续性教育中的适用性。绿色学校在最大限度地提高学生学习水平的同时，还可以培养更强大、更健康的当地社区并减少学校的生态足迹。在第 9 章“绿色学校的创新教学”中，我们转向教师学习，并研究教师学习和建模学生与可持续性相关的行为、性格和思维习惯。本章考虑了教师如何获得有关原理的深刻知识并构建可持续性基础教育，探讨了绿色学校的校长如何发展和维持教师之间平衡的专业社区，为教师提供机会，对他们自己和彼此的教学实践进行深刻而批判性的反思。第 10 章“绿色学校网络、认证项目与相关资源”，作为本书的结尾，详细介绍了美国教育部绿丝带学校获奖者。这些学校已经引领学校走向更绿色、更可持续发展的未来。本章还进行了资源概述，以支持学校领导者的工作以实现整个学校的可持续性。

最后，本书从根本上讲是关于重新设计学校，以更好地服务于孩子们和成年人对学习的热爱，以便我们一起学习如何生活在以健康的生态系统、公平的社会和繁荣的经济为特征的未来社会中。

未来是无法预测的，但可预见并充满希望。系统无法控制，但可设计和重新构建。我们不能肯定未来的世界一定更好，但是我们可以期待惊喜并从中学习，甚至从中获利。我们不能将意志强加于一个系统上，但我们可以聆听系统的声音，并探索它的属性和我们的价值观如何共同发挥作用，从而带来比单打独斗所能产生的更好的东西（Meadows & Wright，2008，p. 169）。

译者简介

张婧，英语语言文学学士，教育学硕士，史学博士，财政部财政经济研究院区域经济学博士后；北京教育科学研究院终身学习与可持续发展教育研究所生态文明教育研究室主任、副研究员；联合国教科文组织中国可持续发展教育全国工作委员会国际联络部主任，中国可持续发展教育项目指导专家，华中师范大学中国生态文明教育研究中心特聘研究员；近年来致力于生态文明与可持续发展教育理论与实践的专题研究、区域研究、国际比较研究等；出版《中小学生态文明教育路经研究》（浙江大学出版社，2020）、《区域生态文明教育研究》（九州出版社，2019）、《中国货币文化传承与发展》（中国书籍出版社，2016）、《第六届可持续发展教育国际论坛（英文版）》（外文出版社，2016）；发表关于生态文明与可持续发展教育论文 30 余篇。

史枫，管理学硕士，北京教育科学研究院终身学习与可持续发展教育研究所所长，主要研究方向为终身学习、可持续发展教育、职业教育等，近年来发表论文多篇。

目 录

第一部分　全学校可持续发展的基因

第二部分　健康的学习生态系统

第三部分　有意义、有目的、有吸引力的学习

第 1 章 引论：以绿色思想框架领导学校

近年来，像“绿色思维”“绿色行动”“绿色产品”这样的市场推广信息铺天盖地，引起人们对可持续发展运动的关注。这是一场致力于改善地球生态系统和社会福祉系统的运动。在学校里实现绿色化是什么意思？以一种更为绿色的思维方式引导学校会是什么样子？这样的领导对学生、教师、家长和整个社会有什么好处呢？对那些每天忙于为所在学校、社区的每个学生改进教学和学习的领导来说，他们当中谁会有时间考虑将绿色理念与实践作为学校生活的头等大事？想想看，除了学校日常事务之外，教育领导者还有另一种责任，即管理我们的地球和全球社区。作为学校领导，你会怎样承担这种责任？当你考虑这些问题的时候，我们想请你去认识一下汤姆（Tom）和安吉拉（Angela），他们也是受困于这些问题的学校领导，并正在学着用各自的方式来实现全学校的可持续发展。

汤姆和安吉拉代表了我们在研究中所遇到的许多学校领导者的共同特点。他们领导着某一学区内的各所学校，学校的首要任务是提高成绩，而创建一个更可持续发展的学校社区是一个互补的目标。他们每个人都要努力达成与可持续发展相关的预期目标，要仔细考量绿色理念框架下的做法并试图提高自己的领导能力。本书会援引他们的故事，作为在世界各地学校中已开展工作的案例说明。随着我们对汤姆和安吉拉的介绍，我们将通过概述《教育领导专业标准》（National Policy Board for Educational Administration，2015）来定义可持续性并说明其与学校领导工作的相关性。

认识高中校长汤姆

汤姆担任一所综合高中校长已有 8 年。该学校建于 20 世纪 60 年代，在能源效率设计方面还有许多不足之处。外部走廊连接着单一的和双重的教室结构。因此，任何时候只要一开门，教室即向外面敞开，导致室内因升温或降温（取决于季节）造成能量损失，老式的单窗格窗户会加剧这种情况。随着建筑老化，窗户玻璃有了包浆，这也限制了教室内外的视野。

作为科学课程的一部分，学校的学生受到了由地区物业维护运营部门资助的能源审计培训。他们检查了校园里 10 个教室的能源使用情况，重点是教室窗户的性能。他们将教室窗户旁的温度与学区内另一所新建的绿色高中里大小差不多的教室的温度进行了比较，结果显示冬季教室窗户旁的温度比新建学校的温度低 10 度。他们向一组社区专家提交了调查结果，这使他们从新近的地区互助项目中赢得资助，用以更换校舍的窗户。在广泛的校园改造背景下，学校采用新的双层玻璃窗，中间配以百叶窗，减少了灰尘、变应原，并使教室视野开阔。

汤姆的学校有很好的空间作为开阔的学习园地。汤姆说："从前有段时间，这所学校是区里的农业学校，周围所属的田地都种了苜蓿。我们还有一个温室和一个良好的室外空间。我们现在想通过传统的"美国未来农民"规划，将这所老旧的 20 世纪 60 年代农校转变成一所更为现代的、以环境研究和商科为主的学校。当学生们面对这种实际的工作，他们会积极地参与。"他总是在寻找这样的附加价值：怎样把它整合进他们现有的工作体系而不是被当作一种偏离首要目标的做法。当然，如果做得好，在经济上是有益的，但他不认为经济利益是提倡绿色理念的唯一理由。以绿色为导向的思考是一个有价值的终身习惯。毕竟，公共教育在培养有所作为的公民方面是可以发挥作用的，这是公民教育的一部分。

认识初中校长安吉拉

安吉拉是这个地区一所华德福式艺术与科学学校（初中级别：K-8）的校长。该学校力求通过一种整体化的严格课程体系，将艺术和环境管理结合起来，培养学生批判性思维和创造性解决问题的能力。按照安吉拉的说法，"问题的核心是可持续生活方式、可持续人类发展、可持续的地球"。当地区的物业设施与维护部门批准了学校的"学习花园"规划时，安吉拉很高兴。这份由校长和相关部门签署的花园协议，包括了按照《美国残疾人法案》规范进行的设计，兼顾了机械和管道系统的选址要求以及设施维修保养指南。学校宽广的花园为学生提供了每天学习园艺、灌溉、有机病虫害防治、种子繁殖和建设等方面的场所。安吉拉还将这些户外学习体验视为增加文学和艺术灵感、学习词汇和提高外语能力的源泉。此外，收获的蔬菜促进了学生健康饮食习惯的养成。学校把盛有圣女果、甜豌豆、胡萝卜和其他各种萝卜的餐盘放在食堂、教室和校园广场，在休息时间，孩子们就可以吃到健康的食物，而且他们乐此不疲！

在安吉拉任职的第一年，她和其他老师举办了"学校行动日"活动，让学生拿起铁锹和锄头种树，他们一天种了 25 棵树。学生们对所种植的树木有所有权，并可以在树干底部加上自己的名字。他们说："我们 5 年后会回来，看看我们的树能长成多大。"安吉拉随即指出这些活动与学区提高学生学业成绩的重点工作事项是一致的。学生们会从丰富的、基于项目的课程中受益，他们对园艺、太阳能、集水和灰水进行了严谨的研究。比如，学生们在校园里养鸡，并且设计了一种特殊的坡道和滑轮系统，让鸡蛋从母鸡下面轻轻地滚出来，然后被运输并取出以避免破损。如果这只是作为提高学生成绩的任务，那就成了一件苦差事，效果会适得其反。学校真是努力要让学习变得有意义和充满活力。

在地区领导的鼓励和支持下，汤姆和安吉拉正在试图开展绿色学校的领导实践，重新审视课程、教学、评估和管理实践，并考虑到日益复杂、相互关联、面临挑战的全球环境。要应对这些变革和挑战，现在的毕业生需要深入地掌握知识和先进的技术，具备批判性思维、解决问题以及整合各种学科信息的能力，还要有相应的创新意识、合作意识、文化素养与全球观（Autor，Levy & Murnane，2003；Schrader & Lawless，2011；Suarez-Orozco，2005）。他们还需要榜样来示范如何成为负责任的全球公民和环境监管员。学生毕业时具备这些知识、技术和能力的可能性有多大，取决于学校领导人能否完成态度、教学和基础设施上的根本转变，以形成面向 21 世纪的教学与学习真正贴切和整体化的方法。专注未来的学校领导者，代表着那些终将继承这个复杂世界的学生的引路人，在面对全球社会瞬息万变的特点和需求时，要认识到保持警醒心态的价值和重要性。

可持续发展的定义

一般说来，可持续性强调人类文明与自然世界之间的联系，强调人类在当前和未来的地球生态承载能力中选择生存的程度。可持续性科学以整体的方式审视地球自身、社会和经济问题。作为一个新的研究领域，可持续发展覆盖大量学科，包括生命科学、物理科学、工程学、经济学、社会学（Bettencourt & Kaur，2011），探索人类如何在地球上以生态健康、社会公正和经济可行的方式生活。可持续发展的概念首次出现在公共话语中是在 1987 年，出自之后经常被引用的《布伦特兰报告》，其将可持续发展定义为"确保它（人类活动和发展）既满足当代人的需求，又不危害后代人满足其需求的能力"（WCED，1987）。作为一个研究领域和行动重点，可持续性提出了一个紧迫的问题。我们在地球上该怎么克制自己？如何关爱我们的地球以及我们赖以生存的资源？如何负责任地生活，让我们的后人能生活下去？人类还没有能力完全回答这些问题。学校领导在建设可持续发展学校的实践中要发挥关键作用，让学生参与讨论这些重大问题并促使他们找出答案。

在相对较新的领域，其使用的特定语言会发展变化是很常见的。目前在可持续发展领域也是这样。当这一领域的研究与实践相结合时就产生了一系列相关词汇（Edwards A R，2005；Gladwin，Kennelly & Krause，1995）。这些术语包括可持续发展（UNESCO，2005）、生态可持续性（Purser，Park & Montuori，1995）、环境可持续性（Goodland，1995）、文化生态可持续性（Glasser，2007），还有其他一些新的说法（Edwards A R，2005）。我们将使用术语——可持续性来表示全方位地对有关生态（地球）、社会（人）、经济（繁荣）方面的体系和专业的必要整合。绿色已经成为可持续性的一个同义词，虽然有些人认为，这个词所传达的概念过于狭窄，主要集中在有关可持续发展和产品开发的环境因素方面（Yanarella，Levine & Lancaster，2009）。在这本书中，我们选择利用绿色和可持续性作为等价术语，同时承认可持续性是社区的属性，而不是简单的个人或产品的属性。如卡普拉（Capra，2009，p. 2）所解释：可持续性不是个人属性，而是整个相互关联的网络属性，它涉及整个社区，这是我们从大自然中学习到的深刻教训；维持生命的方法是建立和培育社区，一个可持续的人类社区与其他社区——人类和非人类——相互作用，使它们能够根据自己的本性生活和发展。

如图 1.1 所示，这些社区系统是嵌套的——经济系统嵌套在社会系统内，两者都嵌套在生态系统中。这些嵌套意味着有深层的依存关系；经济和社会系统都依赖于生态系统的健康和能力，要靠清洁的空气、水和食物滋养生命。可持续性科学认识到不可能把经济、社会和生态问题分开。因为经济系统和社会系统都依赖于生态系统，所以它们必须服从生态系统的法则、限制和过程。人类的幸福取决于我们如

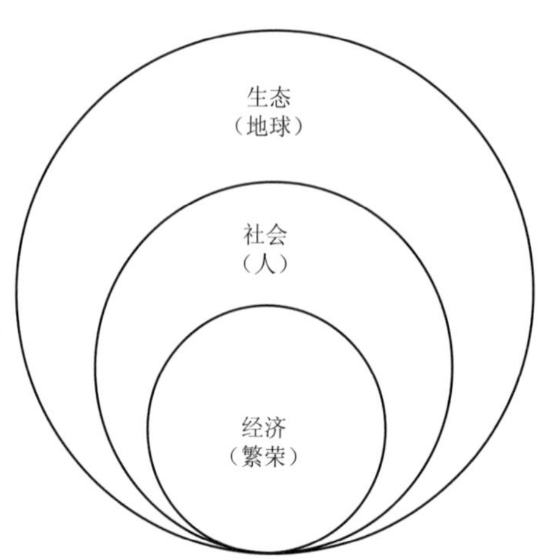

图 1.1　与可持续发展相关的三个嵌套系统

何理解这些自然的规律、限制和过程并按其生活的能力，可持续性要求对人类系统与生态系统进行明智的整合。它既是一个理论领域，又是一个实践领域，具有强烈的紧迫感和与所有社区的相关性。

我们迫切需要可持续性科学，以在人类今天面临的有关生态、社会和经济方面的众多挑战下寻求答案和产出实践成果。这些挑战包括气候变化、自然灾害、生物多样性缺失、人口增长、社会不平等和经济危机，这些都已成为我们每日新闻的热点。这些挑战涉及个人行为以及区域和全球行为模式，其结果往往超越州市、国家甚至文化边界。要应对这些严峻的挑战，我们必须转变我们的基本世界观，从把人类看作与自然分离的自然征服者转向把人类看作依赖于自然的一部分。从历史上看，这种更统一、整体化的观点并非没有占据过主导地位。然而，西方有关人类与自然世界关系的课程往往被限定在常见的人与自然二元论的框架之内，这导致了普遍的主人意识，掌控我们周围的一切。以谋求进步、个人进取、经济扩张、天定命运的名义，人类文化把它的意志强加在自然之上。现在，面对这些沿袭以人类为中心的思想和实践所造成的后果，在物理、自然和社会科学等诸多领域已发出警醒的呼吁并号召采取行动。

总的来说，这些地方和全球层面的关注都诉求以新的方式在这个世界上生活，而且已有证据表明这是很有希望的运动。在环境心理学领域所进行的研究已呈现出“一种新的范式，其中人类被视为自然的一个组成部分”（Schultz & Zelezny，1999，p. 263）。这种以更生态（更自然）为中心的世界观出现在广泛的学科之中，包括组织行为科学（Drengson，2011；Gladwin，Kertnelly & Krause，1995；Kallio & Nordberg，2006；Purser，Park，Montuori，1995）、企业管理（Christensen，Peirce，Hartman，et al，2007；Stubbs & Cocklin，2008a，2008b）、高等教育（Corcoran & Wals，2004），等等。对围绕这些复杂的社会—生态问题来教育民众一事，我们尚未就其适当目的和方法达成一致。然而，有关在地球上维持生命的话题已在世界各地的科研、政府、营利及非营利机构以及许多教育企业中变得越来越常见（Hawken，2007；Hawken & Lovins，1999；Senge，Smith，Kruschwitz，et al，2008）。

绿色学校领导模式带来的效益

这些学校领导目前都面临着前所未有的高要求。国家、州和地方的问责制度要求学校领导收集、记录、解释和提供客观证据，证明所有学生都已取得预期成绩。在这种本已高度负荷的政策背景下同时还要负责回应不断增长的学校社区的需求，学校领导当然有理由强化他们对机构的核心功能——学习与教学的关注。他们如果说没有时间或金钱去思考这个主要责任之外的事务也是可以理解的。然而这些领导者同样敏锐地意识到，我们日益复杂的全球环境以及相应的国际互联互通与竞争向他们提出了挑战，要通过 21 世纪的视野来重新思考课程、教学及其评估，可持续参考框架为教育领导者提供了明确的逻辑。事实上，新一代的学校领导正以这种以可持续为中心的思想框架或绿色领导方式领导着学校。他们清楚地认识到，包括学校在内的人类组织会对当地和全球社会——生态社区的健康产生影响，反之亦然。这些领悟了可持续发展的领导者意识到，学校是下一代创建健康、繁荣的未来而提高学习能力的地方。在这里，学生学习深层知识内容以及成为负责任的全球公民所需要的软技能。事实上，严格的、与可持续相关的课程有可能激励学生，促使他们参与教室外的世界。

此外，学生的学习可以覆盖从可持续发展理念主导的绿色学校管理实践、高性能的绿色设计到提高能源和水的利用效率、改善室内空气质量、践行绿色采购等各个方面。从小学到高中（K-12）的正规教育通过介绍知识内容和模拟养成社会行为规范，在社会制度的演变中起着关键的作用。建设绿色学校推进了与可持续性相关的整体化课程（Henderson & Tilbury，2004；Nolet，2009）并为学生们及更广泛的社区提供了可持续建筑设计和管理实践的示范（Edwards，2006；Higgs & McMillan，2006）。而且，绿色学校领导模式代表着在财政上负责任的做法，在节省了纳税人金钱的同时，通过减少能源使用量、用水量和废物的产生也保护了环境。总之，绿色领导模式通过培育更健康的组织条件、制定 21 世纪工作规范、将资金从注重学校运营转移到以课程和教学为导向等几个方面，来改进学生的学习体验并提高其学习能力。

学校建筑的作用

一所学校的建筑结构可以引发学生提出超出他们经验范围的想法和问题，激发他们就所熟悉的建筑环境的细节及其功能提出疑问（Uline，2000）。为什么我们的校园广场铺了地砖？光线进入我们的建筑物有多少种途径？我们教室的墙壁、地板和天花板是由什么材料制成的？我们为什么要关注这些？炉子在哪里？效率如何？我们一天、一周、一年产生的垃圾怎么处理？不管是对在校学生还是对学生家庭所在的更广大的社区，学校都是培养在社会、文化和环境方面有责任感的公民所需价值观和习惯的场所，我们不应忽视学校的这种意义（Uline，Tschannen-Moran & Wolsey，2009）。

美国有 85 530 所传统公立学校、4 480 所特许公立学校、26 230 所私立学校

（NCES，2013），它们可以为 K-12 级教育提供重要机会，以在本地和全球范围内创建更可持续的社会生态系统。当我们致力于绿化现有学校设施，并将绿色原则应用于新学校的设计和建设时，我们就宣传推广了可持续发展的目标和宗旨。同样，当我们利用这些绿色学校作为教学工具时，我们就增强了塑造社会生态意识规范和做法的示范能力。除了节约能源、减少对自然资源的压力、保护周围环境和减少浪费外，我们还提高了学生、教师、管理人员和社区成员的生态素养。

越来越多的美国学校领导者投入可持续发展相关事业，成为不断增长的国际绿色学校运动的一部分（Mathar，2006；Wals，2009）。虽然尚无记录表明有多少学校领导者投入建设绿化学校，但有一些值得关注和强调的数据。美国绿色建筑委员会（USGBC）收集并公布了在能源与环境设计先锋（LEED）项目注册的学校基建项目目录，包括新建和更新改造的建筑物。LEED 认证标准包括范围广泛的绿色建筑规范，涉及提高能源和水的利用效率、减少碳足迹、改善室内空气质量以及引导绿色环保的采购业务。 截至 2016 年 2 月，有 3 904 所学校项目在 USGBC 的 LEED 认证项目登记注册（USGBC，2016）。其中，只有 1 732 个学校项目获得了 LEED 认证，这一数字仅占美国所有 K-12 学校的 1%。当然，LEED 认证只是表示可持续相关努力的一个指标。另一个指标是美国的 45 个州以及哥伦比亚特区已有 735 所生态学校（NWF，2016）。我们将在最后一章讨论其他的趋势。 在绿色学校中践行环境方面的公民权限、义务，或许是了解、学习这方面公民资质的最佳途径。伯恩斯坦在全面评论有关改变学校建筑发展的“创新的、进取的政策、计划和实践”时指出，“在最好的情况下，建筑物本身就是学习的互动工具”（Bernstein，2003，p. vii）。

早在 1848 年初，学校设施作为获得公众认同的城镇建筑的地位才刚刚确立，亨利·巴纳德——罗得岛教育专员——发起一项个人运动以提高美国学校的建筑质量，他倡导“校舍应寻求满足各种要求，如顾及小学生的方便、舒适、健康，方便学校进行监督管理以及要有最有于益学习的设施”（Barnard，1970，p. 45-46）。在那些能将有关学校设计的知识与教学改革相结合的学校中，巴纳德直接谈到了课堂教学和知识采集。他建议，在天花板上画上“准确定位基点的指南针”，教室应配备有“关于校舍、操场、乡村田野、区、镇、县……的分布图、地球仪、太阳系仪等类似装置（以指导儿童了解有关国家、大洲、地球及其系统构成的准确概念）”（Barnard，1970，76）。150 多年后，绿色学校建筑设施已可以为使用者显示其能源管理系统，提供水再利用示范区，保有野生动物栖息处，综合利用绿化屋顶和日光补偿系统；而通过这些，学生就可以了解认识在相互依存的社会—生态网络中他们所处的位置，这样的网络与我们的星球、我们的人民和世界各地共同繁荣息息相关。

新泽西是美国第一个要求所有新学校设计要依照“LEED绿色建筑标准指南”的州（Muse & Plaut，2006）。根据环境法研究所的数据，其他各州已开始确立类似要求，如2005年，亚利桑那州；2006年，华盛顿州、夏威夷州；2007年，科罗拉多州、伊利诺伊州、俄亥俄州和罗得岛州；2008年，哥伦比亚特区、康涅狄格州、马里兰州、佛罗里达州；2009年，肯塔基州；2011年，加利福尼亚州。美国还有一些州，如宾夕法尼亚州、新罕布什尔州、加利福尼亚州、新墨西哥州和肯塔基州，为绿化学校提供某种形式的财政奖励（Bernstein，2010）。这些新出台的州政策表明，对一些学校领导人来说，政策环境已经改变，而对其他学校领导人来说可能将会改变。而且，当绿色学校领导运用全学校和全系统方法朝着可持续发展方向迈进时，他们不仅通过相关课程讲授可持续发展，并且使学校社区成为一个充满活力、一起学习如何更可持续生活的地方（Birney & Reed，2009；Rauch，2002；Stone & Barlow，2005）。有许多实践过程可以为成人和儿童提供参与学习的资源和机会，比如设计、建设、管理健康高效的建筑设施（Bernstein，2003；Gordon，2010），采购、再利用、回收生态智能材料（Goleman，2009）以及生产、提供更多本地有机食品（Morgan & Sonnino，2008），等等。这些学校通常被称为生态学校、环境学校、绿色学校（Henderson & Tilbury，2004）或可持续发展学校（Birney & Reed，2009；Gough，2005）。这些学校的领导者及其领导方式是促成这些学校/系统整体化转变的关键（Higgs & McMillan，2006；Schelly，Cross，Franzen，et al，2010）。

学校领导规范中的绿色学校实践：概念和理想

学校领导规范体现了重大的机会和巨大的责任。今天，学校的领导者在为我们现在还无法想象的世界培养青少年。作为成年人，我们只需要想一想，从纸质百科全书到旋转式手机，就可以体会到我们有生之年世界的变化速度与轨迹。这个快节奏世界的本质要求不断地重新审视这些标准，也就是在21世纪指导教育领导实践的概念和理想。当代教育领导规范制定的过程跨越了近30年。从美国1987年国家教育管理优秀论文评选委员会及1989年教育行政国家政策委员会（NPBEA）的报告开始，相关专业组织、决策机构以及该领域的学者都认识到需要对教育领导职业进行改革，对更为传统的制定相关领导规范的方法进行严格的审查（Griffiths，Stout & Forsyth，1988；Murphy，1992）。

1994年，州立学校首席执行官委员会（CCSSO）与NPBEA合作，成立州际学校领导规范认证协会（ISLLC）。该协会着手开发一个关于领导标准的框架，以就学校领导的培养、评估、持续职业发展进行公示（ISLLC，1996）。这些标准于

1996 年首次发表，并于 2008 年做了适度更新修订，旨在提高教育领导者的素质，使教育管理人员由组织机构的管理者转变为教学方面的领导者。

ISLLC 的举措是一种高度合作的工作，得到众多非政府组织和基金会的支持，包括皮尤慈善信托和丹佛斯基金会。ISLLC 标准提供了"一种工作框架用于政策制定、培训绩效考评、终身职业发展和系统支持，着重于制定出能积极提高学生学业成绩的指导性领导规范"（CCSSO，2008，p. 13）。在美国，50 个州都确立了学校领导标准，这反映出 ISLLC 标准的影响力（Roach，Smith & Boutin，2011）。

着眼于教育领导人当前以及未来所面临的重大挑战，ISLLC 标准最近经过大幅审核和修改，利用了实证研究、该领域学者们的成果以及 1000 余名学校和地区领导人的反馈数据，旨在更好地将专业领导标准与教育领导者日常工作以及日益增长的对 21 世纪领导的需求协调一致。

"2015 标准"，即现在的"教育领导者专业标准"（PSEL），"经过重新打造，更着重、更明确地强调学生和学生的学习，并概述了有关领导的基本原则是要帮助确保每个孩子都受过良好教育和对 21 世纪有所准备"（National Policy Board for Educational Administration，2015，p. 2）。"2015 标准"以专注未来为导向，意识到教育领导者要在不断变化的世界中进行实践。"2015 标准"给出涉及领导规范的范畴、素质和价值观，这些对学生的学业成功和幸福是不可或缺的，其包括以下 10 个相互依存的方面：

①使命、愿景和核心价值观；
②道德规范与职业规范；
③公平与文化；
④课程、教学与评估；
⑤关爱和支持学生的社区；
⑥学校员工的专业能力；
⑦教师和工作人员专业共同体；
⑧家庭和社区有意义的参与；
⑨运营和管理；
⑩学校改进。

仔细考查这些最新标准，我们就会发现它们可用以确认和澄清有关绿色学校领导专业实践的核心元素是知识、品格和技能。回顾汤姆所说的，将构建绿色理念框架"整合进我们现有的工作体系而不是被当作一种偏离首要目标的做法"，请考虑下面 3 个例子（标准 3、9、10），它们可作为本书后面章节更详细的讨论的引子。"教育领导专业标准"之标准 3 突出了公平和社会公正的重要性。已有人提供有力的论据说明：要理解真正的社会正义不能脱离生态正义的现实环境而存在（Furman & Gruenewald, 2004）。标准 9 给出的领导职能是，“有效的教育领导者管理学校运作和资源以促进每个学生的学业成功和幸福”，这含有让行为更符合可持续或绿色学校实践的期望。新近对健康、高绩效学校（按照社会—生态可持续性而建设、管理的学校）的研究表明，这些学校对学生和教师而言更有益健康、对环境更负责、运营成本更低（Bernstein, 2003; Edwards B W, 2006; Gordon, 2010）。此外，促进学生和员工的福利可含有包括采购和提供更健康、更可持续的食物（Stone & Barlow, 2005）。标准 10 指出：“有效的教育领导者要做持续改进的践行者，以促进每个学生的学业成功和幸福。”显然，这项标准要求学校领导“评估和培养工作人员的相关能力，以判定新的教育趋势和研究结果的价值与适用性，并用之于学校及其改进”（National Policy Board for Educational Administration, 2015, p. 18）。社会生态可持续性和可持续性教育是当前和未来趋势的关键所在（Marx, 2006），教育领导者对此必须关注。美国各州和地方政策呈现的新趋势是增强相关政策力度以建设健康、高水平的学校，也就是绿色学校（Bernstein, 2003, 2010; Gordon, 2010）。

在本书各章节中我们将探讨如何把以可持续性为重心的领导角色、功能与我们已在美国范围内认同的领导工作理念协调并进，其核心即有效的指导性领导工作应积极影响学生学习和成绩；进而，我们将在 21 世纪的学校背景下探讨这些领导理念，也就是探讨根据今天的挑战与明天的需求要更加强调哪些期望和指标。表 1.1 为“教育领导专业标准”与本书相应章节的对照表。虽然我们没有明确按这些标准安排这些章节，但你会发现各章节内容反映了相应标准的理念。

表 1.1 “教育领导专业标准”与本书第 2 至 10 章内容之间的对照

	全学校可持续发展的基因			健康的学习生态系统			有意义、有目的、有吸引力的学习		
	第 2 章	第 3 章	第 4 章	第 5 章	第 6 章	第 7 章	第 8 章	第 9 章	第 10 章
标准 1：使命、愿景和核心价值观	✓	✓	✓						✓
标准 2：道德规范与职业规范	✓	✓	✓						✓
标准 3：公平与文化		✓		✓	✓	✓	✓	✓	✓
标准 4：课程、教学与评估		✓			✓	✓	✓	✓	✓
标准 5：关爱和支持学生的社区		✓		✓			✓		✓

续表

	全学校可持续发展的基因			健康的学习生态系统			有意义、有目的、有吸引力的学习		
	第 2 章	第 3 章	第 4 章	第 5 章	第 6 章	第 7 章	第 8 章	第 9 章	第 10 章
标准 6：学校员工的专业能力		✓						✓	✓
标准 7：教师和工作人员专业共同体	✓	✓	✓					✓	✓
标准 8：家庭和社区有意义的参与		✓		✓					✓
标准 9：运营和管理	✓	✓			✓	✓			✓
标准 10：学校改进	✓	✓	✓	✓	✓	✓	✓	✓	✓

从绿色学校领导者的故事中学习

运用全学校方法建设可持续发展学校或绿色学校是一种相对较新的基础教育（K-12）现象。本书讲述了绿色学校的领导者，如汤姆和安吉拉以及其他管理者的故事，他们根据不断发展的教育领导政策和标准来引领学校，减少学校建筑对环境的影响并促使学生为可持续发展未来投入有目的、有意义的学习。这些领导者似乎正在重新创建学校并以此作为解决问题的方案，而不是视其为问题（Orr，1992）。他们正在设计和引领新的以生态为中心的学校模式，不仅满足学生的学习需要，而且更加考虑当地和全球社会生态系统的需要。通过他们的故事，领导者将更深入地理解，怎样才能推进设计、领导、管理更加绿色、更加充满活力的学校，并认识到自己有机会为一个可持续发展的未来，一个惠及万物的健康、公正、繁荣的未来做出自己的贡献。

第一部分 全学校可持续发展的基因

第 2 章 为了孩子们的最佳利益

价值观是领导规范的本质问题，而教育制度是特殊的，因为它既形成价值观，也会在价值观中形成。——霍奇金森（Hodqkinson，1991，p. 11）

汤姆和安吉拉刚刚召开了一个地区领导工作小组会议，会上讨论了即将到来的认证过程。这次会议的首要议题是重新审视有关该地区使命和愿景的表述。他们在一个停车场开始谈论教育的目的和孩子们的最大利益。他们面临的挑战是，他们的一些同事倾向于用“橡皮图章”来认同现已成文的使命、愿景和目标，而不是重新审视、润色和更新这一系统，以实现在当今相互关联、相互依存的世界中为学生提供更广泛服务的承诺。他们想知道提高学生考试成绩是否是他们工作的最大目的。他们还想知道，相当狭隘地注重数学和阅读成绩是否足以让学生充分地投入学习。会议结束后，他们思考与探讨：当今世界需要基础教育（K-12）做什么？当地社区需要从我们学校得到什么？我们的学生需要什么？我们应该如何生活、学习和教学以满足这些需要？他们同意共同探讨这些深层次的问题：21 世纪的需求是什么？怎样实现儿童的最大利益和培养儿童的道德。经过一些研究和思考，他们计划让同事加入进来一起开展有意义的对话，探讨在社会经济和环境迅速变化的时代，作为道德教育者和领导者意味着什么。

昨天和今天：上学的目的

在教师和管理人员的工作中，有关教育更深层次目的的对话其实很少见（Pekarsky，2007）。在最近的一次采访中，托尼·瓦格纳解释道：这太平常了，我认为教学就是在某种眼光下把工作做完的职业，也就是专注于你眼前的孩子，按要求做，没有时间去探索周边的世界和反思——这世界是如何变化的？我今天的教学与 10 年或 20 年前相比有什么不同？这不同又有什么必要？（PBS Newshour，2014）

教师的工作充满了紧迫和重要的任务，首要的任务就是在满是学生的教室里指导学习。教师大部分时间都直接与学生打交道。在这段时间里，他们会完全与学生在一起，探询、倾听、回应并反馈。只有在很少的时间里，教师身边会没有学生，他们要备课、准备活动、批改作业、跟踪学生的进步以及完成被分派的工作（Status of the American public school teacher 2005-2006，2010）。管理者的日子则充满了不同的（但同样也都是消耗性的）任务。他们的一天可能在破晓前就开始了，要回复昨晚一连串的家长电子邮件。然后，他们要欢迎学生进学校，以通知一天的日程。与家长、学生和老师的会面填满了他们的日常工作表。他们要尽可能抛头露面，花时间在教学楼里对教学和学习情况进行观察、指导、表扬（Grissom，Loeb & Mitani，2015）。学校教学和学习的实际情况往往不允许教育工作者退后一步，反思像学校教育的目的这种具有挑战性的问题。

在美国，各州的教育部门为学校的业绩设定了本州范围内的目标。因此，不足为奇的是各学区有关教育使命的表述会根据不同的州而有所不同（Stemler，Bebell & Sonnabend，2011），但在一州内或更小的地方上不会有系统性变化（Schafft & Biddle，2013）。如果州一级的教育者和官员们将学生成绩目标和相关结果设定为本州学校的方向，那么学校一级的教育者可能会过于专注于实现这些目标，从而忽视更深刻、更有意义的教学理由。学校的教育工作者可能会发现自己不费心思地一味延续过去的目的、价值观与使命。当过时的、未经检验的目标主导深层次的工作，学校就会变得与他们所在社区的实际需求无所关联，而对学生来说学习就会变得无关紧要、缺乏魅力。考虑到这一点，学生们以高比率脱离学校就似乎不是那么令人惊讶了。2006 年在全美高中进行的一项调查研究发现“大多数辍学的学生本来相信他们可以在学校取得成功的”（Bridgeland，Dilulio Jr. & Morison，2006，p. 111）。正如辍学者所说的，离开学校的最常见的原因是学校很无聊，他们没有感受到鼓舞或激励让他们留下来。当被问及学校可以做什么以帮助他们毕业时，81%的辍学生希望学校变得更与己相关、更吸引人，他们希望有机会接触现实世界和体验学习。

今天，我们的许多学校与本地及全球的社会需求没有很多的联系或交流。学生们也感受到了这种内在的脱节，甚至包括那些坚持说即使对学习嗤之以鼻也可以毕业的学生（Barth，2001）。要想将这些需求与有意义、有目的学校工作相联系，就应通过高质量的学校社区成员之间的对话来探讨教育更深层次的目标以及这些目标如何能满足当前本地和全球的需求（Bezzina，2012；Starratt，2007）。汤姆和安吉拉正在花时间搞清楚并激活自己每一天起床去学校的目的与意义。他们最终也会让同事参与这项工作。汤姆和安吉拉决定调查学校历史上曾有的目标以及更为现实的观点。最终，他们想知道有什么是保持不变的、有什么改变了以及有什么从今天的对话中消失了。

霍金森（Hodgkinson，1991，p. 23）在对教育目的的历史回顾中将教育目的分为审美的、经济的、意识形态的三个相互关联、相互依存的主要类别。按照霍金森的说法，教育的审美目的强调个体“自我实现和享受生活”。教育的经济目的是提高个人在经济上自立的能力。最后，教育的意识形态目的是开展公民与道德教育。比拜尔与施特姆勒（Bebell & Stemler，2012）提出一项有关教育目的的现代观点的全面综述，包括了学术、立法、法律和商业的角度。表 2.1 总结了他们的论述并加入了瓦格纳（Wagner，2008）与马克思（Marx，2014）有关教育目的的陈述。

表 2.1　比拜尔与施特姆勒有关学校教育目的的现代观点的综述

观点或学科	教育目的 （以下页码为 Bebell & Stemler（2012）一文之页码）	按霍金森（1991）有关教育目的三种分类：审美的、经济的、意识形态的
哲学	教学生如何在当下环境中实际地、即时地生活（p. 4）	审美的
	教学生如何作为社会的成员生活（p. 4）	审美的、经济的、意识形态的
	培养学生:（1）成为公民;（2）能自我改善;（3）做好职业准备（p. 4）	意识形态的、经济的
历史	满足社会与经济的需求（p. 4）	意识形态的、经济的
社会学	务实的信用（p. 4）	意识形态的、经济的
	培养如下相关技能：①读与写；②参与政治；③工作、职业准备；④社会与道德责任感（p. 4）	审美的、意识形态的、经济的
立法	各州或各国法律有关教育目的及教育是否作为基本权利的表述各有不同（p. 5）	
法律	肯塔基州高级法院认为培养完善的人应包括认知、公民、情感、身体、艺术、职业等诸方面（p. 6）	审美的、意识形态的、经济的
商业	培养团队意识、社交技能及反思、正直、诚实等品质（p. 7）	审美的、经济的
	培养如下品质或能力：伦理、品德、交流、软技能、团队、持续学习、全球化理解（p. 7）	审美的、意识形态的、经济的
	培养如下能力：反思、解决问题的能力、合作/领导力、灵活/适应性、首创/企业家精神、有效口头/笔头交流、获取/分析信息、好奇心/想象力（Wagner，2008）	审美的、意识形态的、经济的
未来需求	公民义务身份、就业能力、有生活趣味、独创力、想象力、创造性、发明性（Marx，2014）	审美的、意识形态的、经济的

表 2.1 表明有关教育目的的现代观点仍倾向于契合霍金森（1991）的审美的、经济的、意识形态的分类方案。然而，随着时间的推移，教育工作者必须考虑如何更好地满足这些核心的教育目的。例如，平克（Pink，2006，p. 50）提出了有关企业需求随时间变化的明确论点。在各历史阶段，从 18 世纪的农业时代、19 世纪的工业时代、20 世纪的信息时代，到现在 21 世纪的概念时代，工人们需要有不同的能力来求“生存和发展”。平克说：“简而言之，我们从农民的社会转变到工厂工人的社会，再到知识工作者的社会，现在我们正在变成一个由创造者、创意者、引领风尚者和其认同者组成的社会。”教育目的的主要部分可能不会随着时间的改变而改变，但达到这些目的的手段肯定需要随着时代的变化而变化，将这些时代需求与孩子们的教育相结合才符合孩子们的最佳利益。正如许多人说过的那样：“教育家在为还不存在的世界培养学生。”事实上，有些未来学家应用一条经验法则：今后十年内的工作有 60%还没有被创造出来（Frey，2011，as quoted in Marx，2014，p. 171）。教育工作者有一种要关注未来的道德责任，即要努力使学生所受的教育与当前和未来的需求相一致。

当汤姆和安吉拉考虑到 21 世纪的需求时，他们想知道学校是否已经从 18 至 20 世纪脱身而出。进入 21 世纪已有将近 20 年的时间，他们想知道，在这个以指数速率变化的世纪里，在多大程度上培养了学生得以生活、学习并最终工作的能力。这个问题使他们感受到了长期以来没有意识到的深刻的道德和伦理责任。未来其实就体现在他们每天出入学校建筑之中所做的工作。从各个方面来说，教育的目的是帮助我们创造共同的未来。霍金森（1991，p. 142）认为：教育是一种道德的努力，因为它的目的与人各方面有着根本性的关联。这里的目的是指从开发人类心智的原始材料中塑造出那些将支撑与确立我们未来的品性和特质，这不是一种为教育而教育的技艺，而是着眼于人类未来的技艺。还有比教育领导者的品德教育艺术更高贵的艺术形式吗？汤姆和安吉拉决定仔细考虑 21 世纪的需要，特别是那些与 20 世纪的需求不同的地方。

确定 21 世纪的关键需求

我们每天听到的新闻都会详细报道有关地方、区域和全球各社会层面的挑战性需求。这些需求是密切相关和相互依存的。地球毕竟只是“一个小世界”。正如我们在第 1 章所述，我们的学校被嵌套在各种生态、社会和经济系统中，涵盖从地方到区域再到全球的范围尺度。马克思（Marx，2014）详细阐述了与我们共同的未来密切相关的 21 种趋势；它们对教育有直接影响，而且肯定反映了 21 世纪的需要。他将这些趋势划分为以下几个领域：人口、技术、经济、能源与环境、国际/全球、教育与学习、公共与个人领导、福祉。这些趋势大多与我们在第 1 章所提出的嵌套在生态、社会和经济系统中的可持续发展概念直接相关。图 2.1 将马克思提出的 21 世纪趋势重新划归到可持续发展的生态、社会和经济领域中。有些趋势是针对个人问题的，所以该图也有一个相应的个人领域。阿特基森（Atkisson，1999）将可持续发展范畴划分为个人、自然、社会和经济 4 个领域。

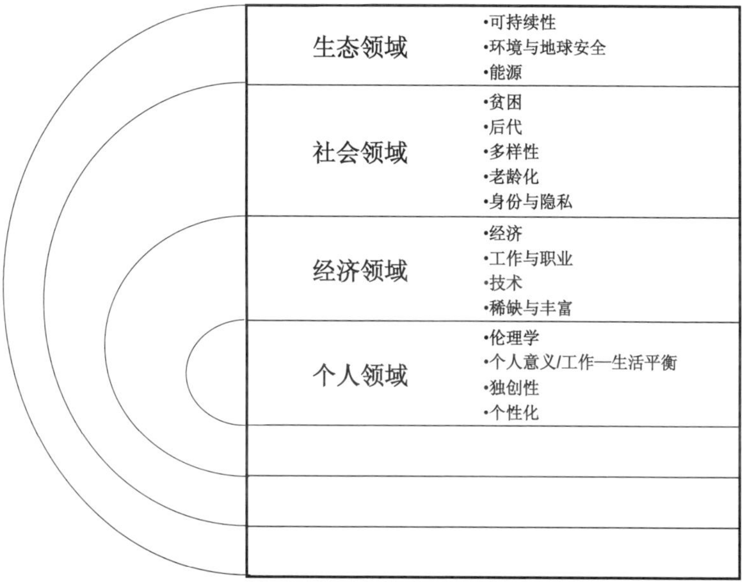

生态领域	•可持续性 •环境与地球安全 •能源
社会领域	•贫困 •后代 •多样性 •老龄化 •身份与隐私
经济领域	•经济 •工作与职业 •技术 •稀缺与丰富
个人领域	•伦理学 •个人意义/工作—生活平衡 •独创性 •个性化

图 2.1　马克思提出的 21 世纪趋势及它们与可持续发展的 4 个领域的关联

我们接下来将概述可持续发展的每个领域中的需求或马克思所说的趋势，但我们不会详细讨论每一个趋势。这已在马克思 2014 年出版的《21 世纪的 21 大趋势：走出困境，走向未来》一书中有详细论述。这些趋势和相关需求对教育实践有直接影响。可持续发展运动挑战我们生活中每一个领域的现状。从根本上说，可持续发展教育，通过隐含的和书面的课程，对 21 世纪的需求做出回应，代表着从工业时代的那种推崇无节制增长和猖獗消费的价值观转向倡导更繁荣和理性的消费。教育工作者有机会充分参与可持续发展运动，通过隐含的课程和书面的课程，在世界上建立起新的生活方式。我们在此对隐性课程持宽泛的观点除了延续社会关系和结构（Giroux & Penna，1979；Kentli，2009），隐性课程也阐释了人与地球的关系。废物的管理、能源和水的利用以及置身大自然都会教给学生有关他们与地球以及彼此之间的关系和责任。

还有一些虽然不包括在图表中，但它们也属于 21 世纪趋势的领域，比如：教育的深度、广度和目的，持续改进，两极分化，权威。要全面讨论这些趋势，可参见马克思的相关著作。

可持续发展的生态领域

马克思（Marx，2014）所提及的趋势有 3 个直接与可持续性的生态领域相关，即可持续发展、环境与地球安全以及能源（表 2.2）。深入科学地理解我们的地球与社会、经济系统之间相互依存的关系是可持续发展运动的主要驱动力。特别是，全球 75 亿多人口的不断增长以及追求日益增长的物质消费过度压迫了人类所依赖的地球生态系统。维克曼和罗克斯特伦在他们的《破产的自然：否认我们行星的界限》一书中解释道：我们要传达的是，人类正面临着一个严峻的现实。大量的科学报告清楚地指出，我们非常接近饱和点，即生物圈不能承受额外的压力。我们已经目睹了全球环境变化对区域和地方经济的巨大影响。我们的生产和消费系统通过每天污染取代和消灭无数物种，破坏生态系统、破坏气候平衡、对环境造成越来越大的影响。这危及人类未来发展和繁荣的基础（Wijkman & Rockstrom，2012, p.1）。

表 2.2　马克思提出的与地球生态系统最相关的趋势

可持续发展	可持续发展依靠快速变化、危机四伏的世界中的适应性与恢复性
环境与地球安全	共同的机遇与威胁强化世界范围内对地球安全的需求
能源	对开发可获取、可负担的新能源的需求将导致相关科技发明创新的强化以及政治上的纠纷

作为教育工作者，我们如果认真对待我们星球面临的许多相互关联的危机科学警告，就会深感有责任提供相应的教育条件以支持制定应对方案。这些挑战是如此之大，如此相互关联，以至于无法找到简单的解决办法。相反，我们必须共同培养条件以使我们能共同创造一个崭新的未来，而这些解决方案会从我们现在尚不熟悉的思维方式和生活方式中自然产生。我们必须认同，一个生机勃勃的、繁荣的未来能够恢复和维持地球的生态系统，而不是使其退化和损毁。学校可以帮助孩子们发展他们的创新能力，使其能为这样的未来世界学习和工作（Robinson，2015）。学校通过隐性课程和书面课程来影响学生的日常生活。这种影响可以培养学生对地球的需求以及人在地球上所处地位的深刻认知，反之，则会延续那种工业时代的思维和行动——将人类与地球分离开并主宰地球。在我们自己和学生中培养生态意识和负

责任的环境行为是教育工作者为推进可持续发展所面临的主要挑战。

克里斯托弗·乌尔（Christopher Uhl，2013，p. xi）将生态意识表述为“我们不该将自己视为与地球相分离的一部分（正如我们现在做的那样），而是要视自己为地球的一部分，确确实实是地球整体的一部分！”这种思维模式的转变是戏剧性的，因为每一种模式都会导致在这个世界上完全不同的行为或存在方式；每种模式都会决定我们的价值观、我们注意到的问题、我们所问的问题、我们做出的选择以及我们如何行动（表 2.3）。如果说我们中的任何一个人都完全持有某种思维模式，那就过于简单了。我们正处在一个转型的时代，大多数人都有许多思维模式，而这些影响着我们每天的生活方式。学校领导者有机会有意识地创造条件，使我们从理解我们与地球有深度的相互依赖关系出发，培养出越来越多的行为规范。他们可以通过倡导关注减少学校的生态足迹、教育学生理解有关可持续发展的科学以及如何促成积极的转变来改变现状。

表 2.3　有关人类—地球关系的两种思维模式的对比

	有关人类—地球关系的思维模式	
	工业时代思维——人类与地球相分离并主宰地球	生态意识——人类是地球整体的一部分并与地球相互依赖
我们会推崇	我们所拥有的东西及所穿戴的衣物所显示的身份及财富	高质量的人际关系、自然之美、户外经历
我们会关注	我们没有但想拥有的物质产品的持续流出	通过减少消费及创意发明减少我们的碳足迹
我们会思索	我怎样才能赚到足够的钱去购买下一件好东西（如服饰鞋子、电子产品、汽车等）	我怎样花钱买东西才能体现我的价值观并对他人、地球、后代有积极的影响
我们会选择	更多消费（购买越来越多的东西）而不是生活体验；追求更多权力而不是做有意义、有目的的工作	更多生活体验而不是消费；追求做更多有意义、有目的的工作而不是权力
我们会这样行动	基于地球属于人类的认知	基于人类属于地球的认知

我们向学生倡导的行为模式是什么？

学生们密切地注视着我们：他们会关注学校的场地以及其是否受到精心的照料；会注意到我们怎样处理垃圾——我们是把它投到远一点儿的废物回收利用箱，还是扔到最近的垃圾桶；会注意我们离开房间时有没有关灯；会注意到我们使用纸张时是否把它们当作有限的资源；会注意到他们的老师和管理者的个人行为；也会关注学校的各种系统与规章制度。学校里的建筑设计与成年人的做法会告诉学生我们有什么样的价值观。学生们也注意到他们是否被邀请参加负责任的行动以及他们是否在校外也可以采取有意义的行动（Chawla & Cushing，2007）。学生们说他们需要和想要在学校通过教学以及参与对环境负责的活动来学习这些行为（de Leeuw，Valois & Seixas，2014；Zsoka，Szecenyi，Szechy，et al，2013）。

本书的第二部分将详细介绍成人如何通过建筑设计与管理，对有关保护环境的做法进行规范。不过，先让我们把处置废物作为一个简单的例子。在有活力的生态系统中，废物会被循环利用。珊瑚礁中并没有一处地方可以用于收纳珊瑚所产生的所有废物；一个有机体的废物是另一个有机体的食物。工业时代产生了在垃圾填埋场中不断积累的废物，这种做法是不可持续的，不符合自然的运作方式。参与废物回收工作可以作为一种途径或方法，让学生学习如何按生态原则协调他们的思想和行为以及如何从生态意识出发做人做事。对各学校而言，废物回收利用情况存在着一个连续发展的阶段，从没有任何回收方案，到几近零废物产生——从纸到食物几乎所有的废物都被回收利用。可以设想，各学校总有一些再循环利用的措施可以让学生在不同程度上参与这些活动。现在的做法可能只是教导学生可回收物应放在哪里，而很少注意到他们是否真正确切地施行；学生实际上可以负责学校的回收工作并在社区推广促进回收。那些有机会在学校主导保护环境的行动以及在社区促进环境良性转变的学生，更有可能在成年后继续努力这样做（Chawla & Cushing，2007）。旨在减少我们的生态足迹而进行的行为规范化，同时也培养了学生规范自己行为的能力，这是能满足 21 世纪生态需求的有效手段。

怎样在我们的书面课程中突出生态学课程？

当然，在学校的课程中已有生态课。长时间以来，在任何学校课程中学习有关大自然中的动物和植物的知识一直是很重要的内容。然而，培养对生态意识的认知及理解能力并不一定是典型的教育手段。那样做更符合史密斯和威廉姆斯（Smith & Williams，1999，p. 3）所说的生态教育。他们解释说：对我们来说，生态教育意味着对人类不可避免地嵌入自然系统的强调。也就是说，不是把自然看成另一种现象，一种像机器的一部分一样被操纵的现象——生态教育的做法是要求将人类视为自然世界的一部分，而人类的各种文化是我们各种民族与特定地方相互作用的产物。在生态教育和可持续发展教育中，儿童学会把自己视为整个生命网络的一部分。他们在自然中获取成长的体验，其中包括游戏和娱乐经历（Louv，2008）、对当地生态系统的深入研究以及学习服务社区并促进其良性转变（Chawla，1998；Chawla & Cushing，2007）。

可持续发展的社会领域

与可持续发展的社会领域直接相关的那些马克思所列举的趋势（表 2.4）表明，在全世界人类社区中发生了巨大的人口（学）方面的变化，特别是意识到在生活极贫困与生活极富裕的人口之间存在日益扩大的差距，这是推进可持续发展运动的一个主要驱动力。工业时代给人类家庭造成了严重的不平等。在可持续发展的社会领域，增强我们自己和学生的同情心是可持续教育工作者的一项关键挑战。同情心启发我们对同胞的关爱（Goleman & Senge，2014）。学校如果能培养学生具有同情心、关怀和信任精神，就会成为涌现创新创意、勇于担当、敢冒风险行动的地方（Robinson，2015），学校也会成为社区的学习中心，正如我们在第 5 章将进一步讨论的那样。这些充满活力的学习社区（Tschannen-Moran & Gareis，2015）将为培养下一代领导者提供所必需的社会环境，以使他们能应对到 2050 年预计有 90 亿人口时所带来的日益增长的社会不平等和相关挑战。

表 2.4　马克思提出的与地球社会系统相关的趋势

贫困	对贫困会有日益增长的认知：对社会来说，持续贫困的代价是高昂的，是使社会衰弱、不安定的因素
后代	千禧年目标是要致力于解决累积的问题以及不公正、不公平的现象，其对领导模式与生活方式产生深远影响
多样性	在一系列临界点上，多数人会变为少数人，社会凝聚力会面临持续挑战。在世界范围内，随着人口增长，各国将会发现如果处理好多元化，国家就会富强；如果处理不好，国家就会分裂
老龄化	在发达国家，老年人口普遍超过年轻人口。在发展中国家，年轻人口普遍超过老年人口
身份与隐私	身份认证与个人隐私问题等会引发一系列新的、常常是紧急的关注以及要求予以解决的需求

那些在 2020 年进入幼儿园的儿童将有望于 2050 年左右成为领袖。展望未来，维克曼和罗克斯特伦（Wijkman & Rockstrom，2012，p.179）认为："要想避免紧张局势升级以及由争夺日益稀缺的自然资源和环境空间所引起的冲突，唯一的途径就是实施以公平和正义原则为基础的政策方针。" 今天的老师要让孩子们学习公平和正义的原则，以这些成人的核心价值观和原则引导和培养他们。公平和正义是民主实践的核心原则，我们将在第 8 章和第 9 章中看到如何将它们用于课堂实践。

我们向学生倡导的行为模式

关键是要记住，我们的社会系统是嵌入在生态系统中的。民主不仅仅只是关乎人类的社会实践。世界上有太多的社会需求，无论是地区的还是全球的，都是深深植根于等级思想——那种工业时代的思维——将人置于自然之上以及有些人高于其他人。因此，社会公正问题往往离不开生态问题，称为“生态正义”和“环境正义”（Bowers，2010；Furman & Gruenewald，2004；Lowenstein，2010）。例如，那些校内设施失修的学校一般都位于少数民族和低收入学生群体为主的社区。由于有这样的学校环境，就学儿童会面临严重的健康风险（Bowers & Urick，2011）。学生因上学而健康受损，导致因病缺勤增加，就好像学校要把他们从学校赶出来似的。有一种观点认为高中辍学现象可能源于学校的生态健康，这并不是什么大的发现，我们可以提供更多的例子（Boone & Fragkias，2012；Marttisewicz，Edmundson & Lupinacci，2014；Turner，2015）。简而言之，有关学校设施修缮维护的质量和状态体现了社区对他们下一代的重视程度和关心程度。学生们会关注这些信息，因为事关他们自己以及城镇其他地区的同龄人。

有关民主、社会/生态正义的课程是怎样出现在我们的书面课程中的?

就像学生通过在大自然中的学习体验形成自己的生态意识一样，他们可以通过参与民主进程形成对民主和社会/生态正义的认知。从杜威（Dewey，1916）开始，已有很多文献探讨有关民主学校和课堂所带来的益处。最近一些密切相关的工作涉及如下方面：学校社区（Battistich，Solomon，Watson，et al，2010）、青年参与行动研究（Korllbluh，Ozer，Allen，et al，2015；Ozer & Wright，2012）、生态正义（Martusewicz，Edmtmdson & Lupinacci，2014；Turner，2015）。在所有这些事例中，民主化学校由于本质倡导关爱，会促成学生为改善社会和生态条件投入学习和有意义的行动。在最近的一项有关芝加哥青少年的大规模研究中，科恩与斯波蒂（Kahne & Sporte，2008，p. 754）发现：那些直接关注公民和政治问题并采取相应行动的实践经验（如以承接服务学习项目、跟踪时事、讨论社区的方式来应对问题，给学生们提供一间教室就有争议的问题进行对话并让学生们探讨所关注的主题并了解各种公民角色模式）是培养公民参与意识的非常行之有效的途径。

如果我们的课堂培养出的学生既富有爱心又有能力识别并把握机会投入社会行动和社区改良，我们将能更好地应对 21 世纪的需要。通过一些策略安排如开展青年参与行动研究，可以使学生民主参与形式很符合新的“共同核心与下一代科学”标准（Kombluh，Dzer，Allen，et al，2015）。而且，已经证明这些策略对以往在学校待遇较差的学生特别有效（Kahne & Sporte，2008）。在第 3 章中，我们将更详细地研讨民主实践的原则，并将它们应用于第 8、9 章中有关学习与教学的内容中。现在我们还是先考虑把在学校中践行民主作为一种强有力的手段，促使学生为准备变革进行深入学习，以实现可持续的未来。

可持续发展的经济领域

马克思（Marx，2014）举出了四个与可持续发展的经济领域直接相关的趋势（表 2.5）。经济系统紧密嵌入生态系统和社会系统中。然而，工业时代的经济体系是以资源无限的人力亦可用完即弃的方式运作的。正如伦纳德（Leonard，2010，p.160）在《物品的故事》一书中详细解释的那样：攫取、制造和浪费沿着一条线性轨迹进行。她引用了零售业分析师维克托·勒博的话（20 世纪 40 年代中期）：我们庞大的生产经济……需要让消费成为我们的生活方式，我们把购买和使用商品转变为仪式；在消费中，我们寻求精神上的满足以及自我满足……我们需要以前所未有的加速方式消费、烧毁、更换和抛弃商品 。

表 2.5 马克思所提出的与地球上经济领域最相关的趋势

经济	新时代经济要求恢复和重塑有关物质的、社会的、技术的、教育的、政策的基本结构体系
工作与职业	社会所面临的人们需求工作与职业的压力会日益增长，而这些工作与职业可能现在还没有出现
技术	无处不在的、互动的技术将塑造我们如何生活、如何学习、如何看待我们自己以及如何与世界建立联系
稀缺与丰富	稀缺性将会使我们重新考虑有关丰富的观点

资源的采集以惊人的速度持续增长，而产品的生产很少考虑社会和环境成本。工业时代的思维方式——以地球作为人类消费的无限资源已迅速成为过时的和危险的观念。一个衡量我们过度消费的常用指标表明，如按美国目前的生活水平，需要另加三到四个地球，才可支持地球上的人口消费。对工业化资本主义的不可持续性的认识日益强化，这导致出现一种更加“自省的资本主义”—— 一种“明智对待自我利益”的资本主义（Aburdene，2007，p. 22）。整个世界的需求和社会价值观正

在介入和改变商业运营方式。事实上，亚伯丁（Aburdene，2007，p. 173）的文件表明，利润越来越流向那些对社会和环境负责的公司，全球范围内，要求执行有关劳动力、环境和经济的更高标准的运动方兴未艾。作为一个例子，雷·安德森在他的《一个激进实业家的商业教训》一书中，详细讲述了他的个人故事，从一个对环境一无所知和漠不关心的首席执行官转变成一个愿为生产地毯承担对环境和社会责任的领导者。他说："企业的作用应是促进富裕繁荣并让大家有更高的生活质量。所以，我们永远都不要以贻害地球、社会或后代的方式运营。"虽然安德森于2011年去世，但这家公司继续努力着，不仅要使生产地毯所产生的环境和社会负影响降为零，而且要"成为一家修复型公司，提供比我们所攫取的还多的回报"（Interface，2016）。那种攫取—制造—浪费的生产与消费模式正在让位于那些基于更深刻反省的生态意识的创新模式。

我们的经济正在变化，商业正在变化，就业机会和期望值也正在变化。今天的孩子们在多大程度上了解了世界的需求，他们领导变革的能力以及他们驾驭这种向新经济转型的能力有多大。当汤姆和安吉拉反思他们所学的东西时，他们意识到他们很少会考虑学校与社会经济有什么关联，他们看到有机会引导学生去了解并在其中茁壮成长的一种新经济，一种建立在更加开明的时代价值观上的经济。我们可以通过两个主要视角来考虑学生的学习机会：①隐性课程内他们的日常领导和管理实践；②教师和学生每天参与的书面课程。

我们为学生树立什么？

汤姆和安吉拉有机会进一步廓清他们在学校里想树立的价值观。他们希望专业实践和更大范围的经济考量与精心参与相匹配。他们集思广益想出了一些可以进一步探索和研究的领域。

· 学校预算

了解我们学校的预算程序和分配方案有什么价值？我们如何创造性地利用我们的资金以在我们学校和地区开展更多的可持续实践？绿色循环基金是一项相对较新的计划，它追索节能项目结余资金，然后再将这些资金投入新项目并继续获取投资回报。全国的绿色学校领导者正在引领运用这些创新举措（Indvik，Orlowski & Foley，2013）。

· 采购

我们如何使我们的采购决策与我们的价值观相一致？采购最低价格的东西就够了吗？是否有可能既考虑财政方面的责任又考虑我们的采购会对环境、社会和健康有所影响？绿色学校的领导者越来越多地提出这样的问题，并看到有可能做到既让财政支出节减又顾及环境和社会责任。“负责任采购网”（www. responsiblepurchasing. org）会为学校和许多其他组织提供广泛的相关信息和指导。

· 筹资

当考虑我们学校的筹资者时，什么样的企业与我们志同道合？我们提倡什么样的价值观？我们是否考虑过我们销售的产品对环境、社会和个人健康的影响？有没有筹资者既筹集了资金，又没有依赖更多消费？说到负责任采购，那些奉行自省式资本主义的公司是可以帮助你为学校筹集资金的；而像“绿色美国”（www. greenamerica.org）这样的组织也会让你找到有担当的筹款者。

我们的书面课程怎样安排有关经济的课程？

汤姆和安吉拉试图更明确地向学生介绍关于自省式资本主义日益增长的趋势，提高他们对个人机会的认知，以运用自身购买力和领导力帮助加速经济的转变。这将是一项长期计划，必然涉及与广大教师的对话。安吉拉和汤姆知道，要准备这些研讨，针对工业时代“攫取—制造—废弃”的惯例以及基于以地球、人民和繁荣为上的价值观的新兴经济，他们还有很多东西需要了解。绿色学校的领导可能会考虑成立读书小组来研论《富贵病》一书（Graaf，Wdnn & Naylor，2014）。2001 年问世的第三版《富贵病》指出未来的出路是建立“一个基于不是多而是更好，不是自私而是分享，不是竞争而是共存的社会”。德格拉夫等人（Graaf，Wdnn & Nayk，2014，p.1）将“富贵病”定义为“由于过劳、债务、焦虑以及由孜孜以求更多物质所造成的浪费而导致的一种痛苦的、传染的、社会性播散的病症”。要学会培养我们的学生具有抵御富贵病的能力，并谋求使我们的经济转变为更为自省的资本主义，而在这方面还有很长的路要走。这样做也将会有助于他们形成关于个人福祉更深刻的认知，而这就涉及我们讨论的最后一个可持续发展领域。

可持续发展的个人领域

个人领域并不总是明确地纳入可持续发展的范畴。我们这样做是因为马克思所提及的 21 种趋势中至少有 4 种与个人特别有关（表 2.6）。此外，阿特基森（Atkisson，2008，p. 143）确定将个人作为一个考量可持续发展的第 4 个指标，他如此解释他的可持续性罗盘的支点，即自然支撑经济，经济支撑社会，社会支撑人类幸福。学校在培养学生的个人幸福感中起着关键性的作用。肯 · 鲁滨孙爵士在他的畅销书《创造性学校：转变教育的草根革命》中强调了 4 个趋势：独创性、个性化、个人意义和道德。首先，他呼吁我们的学校要成为创新、创造的中心，与更为熟悉的工业化的教育模式分道扬镳。鲁滨孙指出，教育中的个性化是让学生参与学习的策略，它是“教育中最迫切需要的”(Robinson，2015，p. 83)。

表 2.6　马克思提出的与个人体验领域相关的趋势

独创性	释放独创性与激发创意发明将会成为教育与社会的主要职责
个性化	在才华与志向多元化的世界里，我们将日益发现并接受这样的事实——不可能使一种教育模式适应所有人
个人意义	在一个竞争大、技术高、不停地快速运转的社会中，将有更多的人追求生活中的个人意义
道德	科学发现与社会现实将迫使人们做出更加广泛的道德上的选择

个性化不是简单地让学生直面电脑程序，让这些程序跟踪他们个人的学业进展并为他们提供下一个最合适的问题，“重要的是，随着他们的成长，学生应该能够比其他人更专注于一些学科，因为他们的兴趣开始变得更加集中”(Robinson，2015，p. 156)。那些在高中毕业时，能搞清楚自己是谁、自己喜欢什么的学生，将更有可能找到有意义的职业道路。我已经说过很多次，在全方位学习的指导精神下，我们的毕业生不知道自己是谁或自己喜欢什么；他们会在成年生活中购买自助类书籍，寻找生活的目的。我们的世界迫切需要以目标为导向并执着投入、全力以赴的高中毕业生。最后，鲁滨孙在书中为呼唤我们的孩子和世界所需要的那种教育发出道义上的呐喊：“(押在教育上的) 筹码从来没有这样大，而结果也不能更重要了。”(p. 257) 绿色学校的领导者要挑战自己来直面马克思的 21 种大趋势，深刻思考他们对 21 世纪教育该提出什么样的需求。要怎样做才可以既对今天的孩子来说是最有利的，又对明天的孩子来说是最有利的，还要对地球来说是最有利的。

为了最佳利益

“这是为了孩子们”是学校里常听到的口头禅。当教育者考虑日常决策、引导变革和持续改进的时候，他们经常会问：“对学生最有利的是什么？”(Frick，2011；Walker，2012) 有些学校管理者在开教师会议时甚至放一把空的学生座椅在会场，并经常以此提醒他们，他们的工作应该集中在满足学生的需要上。夏皮罗和斯塔夫科为奇 (Shapiro & Stefkovich，2010) 认为，满足学生的最佳利益应是学校管理的中心使命，以满足全体学生的最佳利益为工作出发点。他们提出的工作框架要求考虑学生的权利、责任和尊严。然而，并不是每一个教育者都必须以同样的方式理解、解释和执行“什么是对学生最好的”。

事实上，“最佳利益”一词通常用来支持一个作者所提出的观点，学生的最佳利益是什么没有明确界定，也没有具体提示说明什么样的行动/决定会与学生的最佳利益相一致（Stefkovich & Begley，2007，p.214）。

由于教育家们经常就“最佳利益”展开争论，沃克（Walker，2012）观察到无论是从一个孩子还是所有孩子的视角都缺乏对这个概念的严格解释或解读。研究教育领导力的学者只是近年来才提出这个核心教育理念的定义（Begley & Stefkovich，2007；Stefkovich & Brien，2004），并探索了学校领导对“最佳利益”的理解（Frick，2011；Stefkovich & Begley，2007；Stefkovich & Brien，2004；Walker，2012）。他们的工作持续反映出主管校长对“最佳利益”的理解和落实会随理论及个人情况而变化（Frick，2011）。

我们在当考量什么是孩子们的最佳利益时，也注意到在文献中迄今还有一些问题没有讨论。上面引用的那些学者和从业者所提出的“最佳利益”框架似乎总有时间和空间的约束。换言之，这些伦理框架只论及当时当地学校学生的最大利益。首先，“当地”这所学校受学校围墙的约束，似乎与当地和全球的更广泛的社会和生态需求脱节。虽然学生的社会公共关系的重要性得到承认，但很少或几乎没有人注意人类系统所依赖的生态环境。有关“最佳利益”的论述是以人类为中心而不是以生态或以自然为中心作为前提。其次，这些伦理框架所指的学生是当时出现在学校入学名单上的学生。很少或几乎没有研讨触及这样的事实：行政决策已经会影响校外的同时代的人和环境，还有以后的数代人。

相对于我们在 21 世纪所面对的挑战，这些定义仍然太窄。但它们也给汤姆和安吉拉这样的学校领导留下了关键机会，让他们可以考虑和讨论他们的道德责任，以求顾及本地和全球范围内的生态、社会和经济需求以及后代人的需求，然后做出明智的决策。换句话说，这些流行的伦理框架对 20 世纪的教育者很适用，但如果要充分满足 21 世纪的需求，它们需要更新和扩展（Furman & Gruenewald，2004，p.91）。博特雷（Bottery，2014）向教育领导者提出了下面这个关键问题。

假如我们不是从祖先那里继承了这个世界，而是从所有现世生命中借用了这个世界，我们将在什么条件下归还它？也许，这就是教育领导者应该关注的关键伦理问题，并应该从此处推导出他们负有道德义务的领导模式。

在我们的伦理性决策中，除了我们同时代的人，我们还必须考虑后代人和自然界。贝克尔（Becker，2011，p. 1）的可持续伦理学为扩充当前的教育领导伦理框架提供了明确的途径。贝克尔指出：可持续性是一个规范性和评价性概念。可持续性具有内在的伦理维度并提出一项基本伦理问题……可持续性要求一种范式转换，即将现有的把人视为自主独立的个人的理想模式替换为一种新的理想模式：将人作为本质上与同代人、后代人以及自然界相关的人。

践行可持续伦理不是一个附加选项，它是一个全新的镜头，要通过它来考虑所有的决定。通过这个镜头，那些看起来平淡无奇的决定就具有新的伦理重要性。用来清洁桌子和地板的化工产品会降低室内空气质量从而影响学生健康，还会影响学校所在的水域；你为校园建设筹款而出售衬衫，由于其制造过程可能具有环境破坏性或者环境恢复性，而你的决定就会突显某类制造商的意义；你供应的食品有许多对学生和环境健康的隐患……这些事项清单会一直加长下去，并且，这些事项的含义至关重要。

学校领导者有机会将可持续发展伦理融入他们的实践中，从而促进学生学习以更可持续的方式生活。这就是我们如何从根本上实现教育目的，从而满足 21 世纪的需要。 我们希望当你读完这一章，你会对你应负的伦理责任有更深的理解和承诺，通过可持续发展的眼光来考虑你的日常决策，考虑到我们本地和全球的同时代人、我们的后代和我们都赖以依存的地球。本书将继续深入探究可持续伦理在实施行动中的形态。下一章将探讨用以指导设计、领导和管理绿色学校工作的基本原则。

结论

领导学校是一门事关道德的艺术（Hodgkinson，1991）。它要求学校领导者努力廓清什么是他们的核心价值观、教育目的和学生的最佳利益。我们从这里开始是因为你对这些问题的回答将表明你的观点、动机、实践。这一章要求读者根据 21 世纪的需求来审视未来的趋势。我们认为，学校的主要目的是帮助满足这些需求，通过目前的管理实践，通过教育我们的学生理解和理性地应对这些需求。如果学校领导者的工作只注重考试成绩和其他狭隘的学业成就，那他们可能错过了机会跟学生、教师一起真正参与有意义、有目的的学习。布伦登·弗里曼（Freeman，2016），一位高中辍学生，在分享他的激情宣言时说，有意义的教育应与每处社区相呼应，产生共鸣。克服这场教学课程危机的唯一办法是让我们所有人——父母、学校职工、前毕业生和辍学者——团结起来，让我们的学生知道他们并不是不可成才，他们并不孤单，他们的行为是有原因的，他们的社区关心他们的情感和教育幸福。我们在所有这些领域都远远落后。但如果我们能让这些令人震惊的低毕业率发生改变，并不断致力于改变我们未来的青年，我们就能成就永久性的变革。

绿色学校和这本书都非常重视把教育纳入 21 世纪重要发展议题，以满足我们学生的需求、社区的需求和地球的需求。全学校可持续发展是我们今天所面临的诸多社会、经济和环境挑战的高杠杆式解决方案，这是一种我们都期待的教育。

讨论题

1.你的核心价值观是什么？从你的观点来看，学校教育的目的是什么？你怎样定义孩子们的最佳利益？教育应怎样做才能满足 21 世纪的需求、学生的需求、社区的需求、地球的需求？

2.如果地球上的所有人口全按你的方式生活，那需要多少个地球才能支撑这些人口？"全球足迹网"（网址：www.footprintnetwork.org）有一个"个人足迹计算器"可以帮助你计算。你有什么样的机会可以减少你的碳足迹？你是否愿意那样做？

3.在你的学校你有什么样的机会可以既考虑今天的孩子们又考虑明天的孩子们？什么样的道德伦理责任让你这样做？访问瑞 · C. 安得森基金会（网址：www.raycandersonfoundation.org），看看他们为明天的孩子们做了什么。

第 3 章 全学校可持续发展的设计原则

当你读完第 2 章时，你可能会想：“我们学校离绿色学校很远，我甚至不知道从哪里开始。这种变革性的转变对于我们现在来说太大了。我们有各种工作安排，如课程计划、课堂管理、干预举措，等等。没时间再干别的事了！”领导全学校可持续发展不需要花费更多的时间，只需要看到和抓住机会，以不同的方式完成学校的工作。牢记一套基本原则将为绿色学校领导层带来新的机遇。你很快就会设计、领导和管理一个更绿色的学校——一个学习环境更健康的学校。

绿色学校是教育对可持续发展运动的贡献。正如我们在导言（第 1 章）中所描述的那样，可持续发展运动非常有助于按自然法则更好地调整人类在这个星球上生活的方式，以使人类和自然能够繁盛发展直至未来。从根本上说，人类依靠健康的生态系统来维持我们的健康和幸福。正如你在本书中所看到的，全学校可持续性发展为当今教育面临的许多挑战提供了系统的解决方案，这些挑战深深植根于工厂化学校模式中。不幸的是，大多数学校今天仍然按照工厂化模式的机械性假定和原则办学（Capra & Luigi，2014；Senge，Cambron-McCabe，Lucas，et al，2012）。因此，可持续发展的领先学校（绿色学校）要求由内向外用心地、系统地重新设计我们的教育系统和过程。仅仅在工业化模式上推行新的、绿色的做法不会引起我们教育体制的深刻变革。这里提出的指导原则激发了新问题、新观察和新做法，从而促进了绿色学校的领导和学习。

本章将提出一个基于原则的设计、领导和管理绿色学校的模式。你一旦理解了这些核心原则，就可以看到从内到外重新设计学校的机会，但是要按学校的现况运用原则。因为它们不是规定的程序，规定应该做什么和何时做。相反，你可以自由地运用你的专业判断以及对独特环境的深刻理解。本章将从对模型的概述开始，然后深入研究每一个核心原则。在本章的结尾，我们希望你能看到切实可行的机会，继续从内到外改变你的学校。

生态原则+民主原则=绿色学校

我们的方法源自惠特利（Wheatley，1999，p. 162-163）的启发：如果自然能使用某些原则来创造其无限多样性和有条理的系统性，那么这些原则也很可能适用于人类生活和组织。没有理由认为我们是例外的。大自然的自我相似性倾向让我相信她能为我们这个时代的困境提供真正的指导……几十年来，越来越多的研究和实践不断地提倡参与式管理。与此相反，也有许多批评指出参与的问题和缺点。我们怎么知道谁值得相信呢？参与会不会只是一时的风尚，像其他许多人一样，我们也选择等待，知道它终会过去吗？它是基于民主自选的原则，因此是不可向其他文化转化的吗？对于我来说，新的科学一定会回答这些问题，我坚信以参与为导向的运动是植根于我们不断改变的、有关生命组织原则的观点……所有生命有参与自身的创造、坚持自我决定的自由。

我们的框架（图 3.1）将生态原则和民主原则结合起来——基于我们与所有生命的深度相互依存和我们内在对参与的需求。这种框架基于如下两个判断：

①生态原则统御健康和可持续的生活系统，我们的社会系统存在于这些系统而且相互依赖（Capra，1996，2002；Wheatley，1999；Wlleatley & Kellner-Rogers，1996）；

②民主原则统御社会公正（Furman & Gruenewald，2004；Furman & Starratt，2002）以及不断学习的社会系统（Kensler，Caskie，Barber，et al，2009；Slater & Bennis，1964）。

在组织（Cloke & Goldsmith，2002；Fenton，2002；Slater & Bennis，1964；Stohl & Cheney，2001）和学校（Allen & Glickman，1998；Dewey，1916；Koopman，Miel & Minsner，1943；Woods，2005）中，民主实践有着悠久的历史，在当前有关教育领导领域的文献中也一直是热门主题（Cate，Vaughn & O'Hair，2006；Davies，1999；Woods & Kensler，2012）。更加民主的领导方式与学校领导模式一致（共同领导、分布式领导等）并与提高学生成绩相关（Leithwood，Louis，Anderson，& Wahlstrom，2004）。从历史上看，有关教育领导的文献并没有把学校看成一个嵌套或相互依赖的生态系统；许多学校领导者及其发展计划都看不到生态学原则的作用和重要性。然而，绿色学校的领导者们带头把生态和民主原则带到实践的最前沿。绿色学校反映出生态和民主原则。

图 3.1 说明了学校组织的四个一般类别，这些学校按其民主原则和生态原则的实际程度加以界定：

①机器官僚（民主原则和生态原则的低层次实践）；
②绿色官僚（民主原则的低层次实践和生态原则的高层次实践）；
③民主管理（民主原则的高层次实践和生态原则的低层次实践）；
④绿色学校（民主原则和生态原则的高层次实践）。

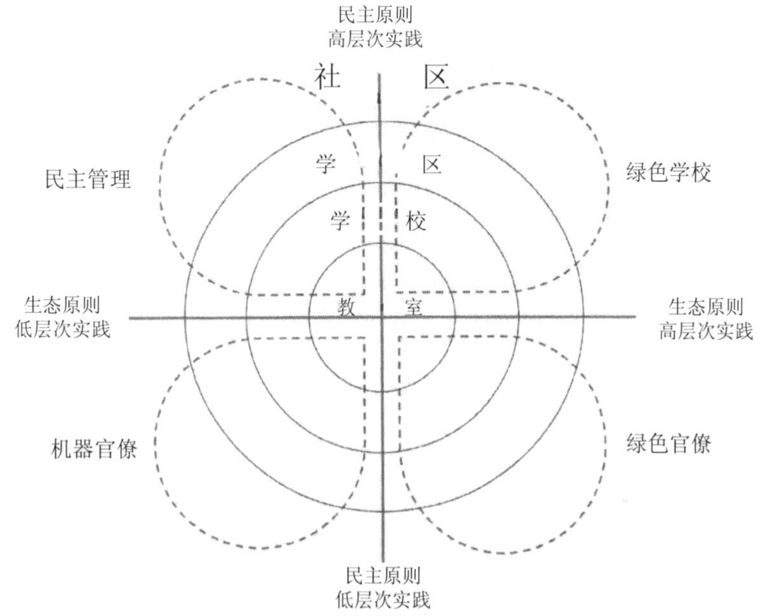

图 3.1 生态与民主原则相结合的理论框架

虽然在学校中实行民主教育有着悠久的历史，但在教育对话中特意践行生态原则却是一种全新的做法。生态原则是重要的，因为我们的社会制度，包括我们的学校，都嵌套于当地和全球的生态系统内并且相互依存。我们依靠健康的生态系统来净化空气、水、食物和许多其他生态因子，而人类活动则对我们所依赖的生态系统有直接的影响。将生态学原理融入学校领导模式中，有助于摆脱那些工业/官僚化的办学模式，更好地与自然界的运行方式相协调。当我们把生态学原理引入学校的设计、管理和领导模式中时，学校社区就出现了。我们的学校系统从内到外的转变更自然。学校社区成为活跃的地方，促使社区成员参与地方性的、相关性的和变革性的学习。

生态原则+民主原则

我们将提出一套生态和民主原则，作为一组嵌套的原则。生态原则（或原理）

是基础性的，控制健康的生命系统。民主原则是从生态原则扩展到管控有关健康的社会系统。事实上，科学家们发现的证据表明，共识决策（民主实践的一个方面）在非人的社会群体，如昆虫、鸟类、哺乳动物中也存在（Conradt & Roper，2005，2007；Seeley，2010）。在非人类社会系统中存在民主实践的新证据支持了斯拉特尔和本尼斯的观点（Slater & Benms，1964，p. 53）：当某种处于环境慢性改变的社会系统中存在生存竞争时，民主具有一种“功能必要性”。教育要面对不断变化的社区政治、经济、技术条件，这就要求学校内部要不断学习。健康的人类社会系统中盛行学习，并与民主实践和高水平的信任相关（Kensler，Caskie，Barber，et al，2009；Meier，2002）。从工厂化模式实践转向更符合自然工作方式的实践需要深入学习。生态民主原则有助于促进和维持这种适应性和变革性学习。

表 3.1 概述了这组嵌套原则。我们将各用一小节继续讨论每一个生态原则与民主原则内容。在每一小节中，我们将简要界定生态原则和相关的民主原则，还将简要介绍并强调它们与设计、管理、领导绿色学校的相关性，这些相关性在后面章节中还会详细讨论。这些原则的定义在前文中已经讨论过了。

嵌套系统

嵌套系统：每一个生命系统本身都是一个整体，同时也是一个大系统的一部分；某一层次的变化影响其他层次。

表 3.1　生态原则和民主原则的嵌套系统

生态原则	民主原则
嵌套系统	个人和集体
网络、伙伴关系和多样性	公平和尊严
	权力下放或分权
自组织与出现	目标和愿景
	正直诚实
	选择
物质循环与能量流动	透明度
动态平衡与反馈	反思与评价
	对话与倾听
	问责制

生命系统是嵌套系统（Capra，1996，2002），人的身体就是一个例子。人的身体由万亿个单独的细胞组成，这些细胞嵌套在肌肉组织内，而这些组织嵌套在器官内，这些器官嵌套在器官系统内，所有这些器官都嵌套在人的身体内。人体之外，生物体（不仅仅是人类）生活在社区内，社区又嵌套在包括宇宙在内的更大系统之中。这种嵌套性表明不同层次组织之间相互依存。我们各自依赖于我们的器官系统正常运作，它们依赖于我们正确地照顾它们。除了个体的身体系统之外，个体生物依靠其他生物来获得食物、庇护、支持和陪伴。地方社区和区域政府也是相互依存的。

嵌套性也意味着，我们可以把注意力集中在任何给定的系统的不同层次上。例如，可以把教室或学校看作一个由围墙围成的完整单元。如果我们有意识地或无意识地认为教室或学校与它们存在的大系统是无关的、脱节的，那么我们就忽略了来自这些不同层次嵌套系统的重要关系和影响。学校环境和文化会影响学生在课堂上的表现。在许多情况下，社区对学校的财政支持决定了学校的财政状况。教育工作者较少考虑学校建筑与当地和全球生态环境之间的相互依存关系。学校的时间表、预算和建筑会受极端天气的影响，如雨雪、冷热、龙卷风和飓风（Buchanan，Casbergue，& Baumgartrier. 2009；Evans & Oehler-Stinnett，2006）。学校的二氧化碳排放会导致大气中二氧化碳浓度的升高，努力节约能源不仅省钱，还能减少碳排放（Kneifel，2010）。将剩余药品扔进垃圾筒、下水道或厕所会污染当地饮用水和水道（Council on School，2009；Ruhoy & Daughton，2008；Tong，Peake，& Braund，2011）。学校处在与之相互依存的更大的社会、经济和生态系统中。一所绿色学校的领导在决策时，要考虑这些从地方到全球的相互依存关系。这一生态原则在本书中经常出现。

个人和集体

个人和集体：个人为实现集体目标做出独特贡献。

当我们关注学校内部的社会系统时，个人和集体的民主原则要求我们牢记个人和集体。许多组织领导模式面临的挑战与平衡个人的需要和集体的需要有关。个人应该意识到并理解他们对集体的独特贡献。他们个人的目的和视野需要与整个组织的目标和愿景相一致，我们后面有一节将对此进一步讨论。当组织在共同目标上取得集体进展时，也需要对个人进行表扬，除用一些更正式的公众表达方式，如发布每月最佳学生或教师榜，也需要细微的方式如私下谈话或温馨提示。集体庆祝成功对于促进变革和持续改进也是至关重要的。 这些提振士气的庆祝活动有助于提醒大家关注共同的目标，并展示为达成这些目标所取得的进步。在所有的生活系统中，个人会组成更广泛的社区，而在这个集体中会有各种复杂的人际关系网络，这就涉及接下来的生态原则。

网络、伙伴关系和多样性

网络、伙伴关系和多样性：所有生物都直接或间接地相互连接；密集的、多元化网络和合作伙伴关系提供生存弹性。

对资源的竞争自然在生活系统中起着重要的作用。生物个体常常要争夺空间、食物和配偶。然而，最具弹性的、成功的生活系统是内含大量伙伴关系集合的密集网络的多元化社区（Capra，1996，2002）。生态学家已经证实，更大的物种多样性、合作伙伴和网络社区能更好地承受大的冲击并从中恢复（Peterson，Allen & Holling，1998）。例如，如果一片森林只包含一两种树木，一种害虫就能轻易地攻击树木，进而杀死大多数甚至全部树木，那片森林将在劫难逃，很难恢复过来。此外，依赖于树木的其他物种也将遭受灾害和/或流离失所。而在多样化的森林中，某些甚至许多树种可能对害虫有抵抗力，即使遭受害虫侵袭，只会有少数树木死亡，少数物种被取代，损失会减少，恢复也可能更快。对绿色学校领导者来说，这一原则体现在许多方面。

例如，这一原则与选择新校舍、设计和维护学校场地、发展与其他组织的伙伴关系方面具有相关性。雅各布（Jacobs，1961）在她的经典著作《美国大城市的兴亡》中记载，成功生长的城市体现了这一生态原则。蓬勃发展的城市街区和社区包括了学校、企业、家庭和娱乐场所，而它们不仅有单一用途。这种多样性的服务意味着人们在一天中的任何时候都可主动地出现在社会中。学校的设计和维护也很重要。校园内种植的各种当地植被通过吸引昆虫和鸟类来促进该地区的生态健康。这些校园里的栖息地成为孩子们了解他们本地生态的优秀教育资源（Rivkin，1997）。新的研究也显示绿色校园与儿童福祉及适应性之间的强大关联（Chawla，Keena，Pevec，et al，2014）。在第 6 章你将看到更多关于校园栖息地的信息，在第 8 章将看到它们与学生福祉和学习的关联。当学校领导者和社区规划师考虑建设新学校时，选址和设计会对社区的整体福祉和可持续发展有所贡献（Erwin，Beighle，Carson，et al，2013；Vincent，2014）。

这种网络、伙伴关系和多样性的生态原则也直接与我们的社会体系相关。与外部组织建立各种伙伴关系，可以增强学校可持续发展能力。以美国北卡罗来纳州的桑迪格罗夫中学（Sandy Grove Middle School，North Carolina）的情况为例，这所学校处于可持续设计的前沿，它一年生产的能量超过其使用的能量，它还有其他许多令人兴奋的特性。此外，它是学区和开发商之间创新伙伴关系的结果。开发商从学区租下土地，建成并拥有该学校建筑，并将建筑回租给学区，该项目对所有有关方来说在财政上都是可行的（Pritchard，2014）。有关伙伴关系的另一个令人鼓舞的例子是宾夕法尼亚州的布鲁格中学（Broughal Middle School，Pennsylvania），这所拥有绿色建筑的社区学校与合作伙伴积极提供广泛的课外活动、社区卫生服务、家庭支持服务以及社会服务。像其他社区学校一样，这所学校是真正集资源、教育、学习为一体的中心枢纽（Blank，Jacobson & Melaville，2012；Heers，Van Klaveren，Groot，et al，2016；Reina，Buffel，Kindekens，et al，2014；Satullo，2012）。从这个生态原则可直接导出两个有关民主的原则并用以支持发展健康、多元的合作伙伴关系和网络：公平、尊严、分权。

公平和尊严

公平和尊严：每个人受到公平和公正的对待。

社会系统中的多样性包括大量的差异。基本上来说，各个人的观点和经历会有所不同，而且这两方面都与其他形式的差异有关，如性别、阶级、种族、族裔、宗教、性取向等。在实践中，有关公平和尊严的民主原则是具有两面性的。一方面，公平意味着规则、政策和指导方针在不同的个人和群体中要得到一致的应用。另一方面，尊严意味着人们受到他们所认同的尊敬。

公平和尊严创造了每个人可以充分表达自己独特个性的条件，而不必担心受到不适当的批评、骚扰或欺凌。那些令人担心更少的学校和学区有更积极的学校气氛，更可能会有充满活力的学习和持续的改进（Louis，2007，Tschannen-Moran，2004；Tschannen-Moran & Gareis，2015）。在这些教育组织中，信任有可能更充盈，因而促使更多的分权领导广泛参与变革活动。

权力下放或分权

权力下放或分权：权力被适当地分享给组织中的各级成员。

权力下放或分权是指分享权力。那些拥有职位权力或行政管理职位的人可以选择是否分享他们的权力，他们可以将权力作为一种有限的商品，囤积它并努力保持控制力。这种传统的专权领导模式导致出现僵硬的、不灵活的等级制度和官僚机构。这种中央集权领导模式体现了对追随者很少予以信任，而通常，追随者也对他们的领导者一样缺乏信任。这样的社会系统是不健康的、缺乏创造力的，很难不断地学习或改进行动；它们的社会网络更显刚性而弹性较差（Daly，2009，2010；Daly，Liou，Tran，et al，2013）。在实行权力下放的情况下，高位领导者通过授权让他人更充分地参与领导和管理，实现分享或分配权力。有主动性的工作关系网络可以按需求有目的地形成和化解，以完成必要的工作（Wheatley. 1999）。不断改进学校的领导者会最大限度地发挥那些充满活力的网络学习能力。

该策略是基于这样的事实——重要的见解往往出现在不寻常的地方。通过有组织的网络工作，可增加这些想法浮出水面并通过系统筛查的机会，如果有希望的话，它们会很快进入测试、修改及提炼程序。此外，在网络中出现的有希望的做法可能会更迅速地传播，并随着其他人的接受而得到进一步的测试和完善（Bryk，Gomez，Grunow，et al，2015，p. 11）。

涵盖绿色学校领导者及其学校的网络正积极学习实施全学校可持续发展战略。在第 10 章可以了解这些网络并加入它们。

自组织与出现

自组织与出现：所有生命体都在随时间变化和演变；生命系统中在个体、群体、种群中的变化是自然的、持续的。

自生命开始以来，生命系统一直是自组织的。虽然我们可能不完全了解地球上的生命是如何开始的，但科学家们已经学到了很多关于生物系统如何组织、生长和变化的知识。自组织推动新颖性和适应性的出现（Capra，1996，2002）。卡普拉（Capra，2010）解释道：生活系统一般保持稳定状态，即使能量和物质流经它们并且它们的结构在不断变化。但有时，这样一个开放的系统将遇到一个不稳定的点，在那里，要么出现故障，要么更频繁地、自发地出现新的秩序。这种在不稳定临界点自发出现的现象，通常被简单地称为“突现”。它是生命的标志之一，被认为是发展、学习和进化的动态起源。换句话说，创造新形式的创造力是所有生物系统的一个重要特性。

生命系统是既开放又封闭的系统。卡普拉解释说：对它们的环境来说它们是开放的，并利用能量和物质来维持它们的结构；然而，它们在运行上是封闭的，这意味着它们包含了它们存活所需要的信息，并能自我复制。他形容这种生命的基本特征是“通过一个内在的自我再生机制进行自我维护。生命是一个在其中能自我复制的工厂”（Capra & Luigi，2014，p. 131）。随着环境条件的改变，生命也创造性地做出反应。

理解这个原则可以帮助我们思考我们组织内部的变化。与组织结构图上的位置力量相比，有生活系统观点的领导者注重培养变化的条件和促使新奇事物的出现。这些条件包括我们已经讨论过的不同网络的原则，这些网络的特点是高度信任和分享权力。由自组织的生态逻辑原则可直接扩展推出三个民主原则：目标和愿景、正直诚实以及选择。回想一下，生命系统也可以说是封闭的。就封闭而言，它们自身的定义信息存在于它们系统之内。在个体中，这种定义的信息以基因的形式存在。在我们的组织中，这种定义的信息对组织成员可能是特别清楚的，也可能不是特别清楚的。然而，我们知道，对有效学校所有研究的一个共同发现是这些学校中的每一所都具有一个明确的共同愿景（Murphy & Torre，2014），我们在下一节将对此进行深入讨论。

目标和愿景

目标和愿景：一个组织和个人知道他们存在的原因并有明确的方向感。

你们学校的目标是什么？愿景是什么？学校社区是如何明确和有意地探究这些问题的？在社会系统中，目标和愿景是组织进行自我指导的信息。在诸如教育组织等人类社会系统中，目的是系统设计和实施的基础。“以愿景为导向的机构围绕如下问题加以构建：什么是机构的根本目的？对参与者及一个整体机构来说，什么是其努力的意义和方向？”（Pekarsky，2007，p. 426）。我们在第 2 章讨论过以满足 21 世纪需求为动力。一所学校的使命和愿景宣言通常用来在校内外表达其办学目的。办学目的的共享、理解和实践程度可能学校之间变化甚大（Stemler，Bebell & Sonnabend，2011）。学校的目的、使命、愿景被理解得越清楚、共享的程度越高，学校会更有效地运行（Hawley & Rollie，2002；Pekarsky，2007；Sammons，Hillman & Mortimore，1995）。

在全美范围内有关学校使命陈述的最近研究（Bebell & Stemler，2012；Stemler，Belell，Sonnabend，et al，2011）中，那些与绿色学校特别相关的概念，如生态、社会和/或经济可持续性，尚未成为共同的主题。然而，开创性的学校开始明确将可持续发展相关的主题作为自己使命和愿景的核心成分。例如，派恩召格小学（Pine Jog Elementary School，Palm Beach County，Florida），是位于佛罗里达州棕榈滩县校区的一所绿丝带学校，其在网站上展示了学校的使命：我们的使命是建立一个注重环境的学习者社区，通过整合科学、技术、自然和艺术来尊重自己、他人和我们所拥有的世界。这一使命将通过我们学校、派恩召格环境教育中心和佛罗里达大西洋大学之间的努力协作来完成（Pine Jog，2016）。

在最近一项有关“美国教育部绿丝带学校奖”获奖学校的研究中，华纳和埃尔瑟（Warner & Elser，2014，p.16）发现，那些与可持续发展项目关联度高的学校（大概接近于实施全学校可持续性）是按照绿色设想设计而成的学校，或是那些“有强有力领导的小型私立或特色学校”。从本质上讲，它们的基因包含了对可持续发展的承诺。我们将在下一节更详细地讨论目标和愿景。一个社区信奉其目标和愿景的真实程度取决于社区成员的正直程度，也是我们的下一个民主原则。

正直诚实

正直诚实：每个人都坚持高道德原则并始终如一践行该组织的核心价值观。

个人和组织的正直诚实维系其与组织的宗旨、使命和愿景的一致性，并在很大程度上决定了目标和愿景的充分实现程度。正直诚实的人坚持高的道德原则。他们践行塞尔乔瓦尼（Sergiovanni，2005）和富兰（Fullan，2003）所称的“道德式领导”。正直诚实亦指完备或完善性，这可以应用于个人和组织。对个人来说，“言行一致”表明其品行完善；亦即其行为始终与他或她所信奉的信仰一致（Argyris，1992）。在高度诚信的组织内，个人核心价值观与组织的宗旨、使命和愿景保持一致性。大家都“同心同德”或“齐心协力”。正如在个人层面要努力做到“言行一致”需要不断反省，高度的组织诚信需要组织成员之间的反思性对话。集体学习的效力取决于这些反思性对话（Senge，Cambron-McCabe，Lucas，et al，2012）。我们在第 9 章会讨论集体经验、教师学习对实施全学校可持续性的影响。虽然个人和集体诚信要求核心价值观和实践相一致，但这并不意味着每个人的表达方式都是相同的；有一些选择自由是在更民主的社会制度中实行的另一个原则。

选择

选择：鼓励每个人行使在各种可能性之间进行选择的权利。

卡普拉和路易吉（Capra & Luigi，2014）提出一个重要论点——生命系统的行为受环境条件约束，这是由它们的自组织结构所决定的。例如，豆类植物从种子到植物，根据其基因中生长方向和生长的环境条件之间的相互作用而发展。它的生长行为可能受到养分供应的限制，但这些条件不能像其导向性内部结构的变化那样来驱动行为。我们设计的人类社会系统是由选择驱动的。我们有自由来选择什么是我们所关注的、我们认为有意义的、我们觉得不安的、我们发现是鼓舞人心的，等等（Wheatley，1999）。我们做出选择并付诸行动，以某种方式生活，基于这些方式共同形成组织化网络，这些网络也使我们的经验成为组织文化。正如惠特利（Wheatley，1999，p 45）所解释的那样，新科学不断提醒我们，在这个参与性宇宙中，没有什么生物是单独存在的，一切都是因为关系而形成的。我们经常要与信息、人、事件、思想、生活保持联系，甚至现实也是通过我们参与各种关系而产生的。我们选择要注意什么，我们要与某些事物相关联而忽视其他，通过这些所选择的关系，共同创造我们的世界。

物质循环与能量流动

物质循环和能量流动：物质通过所有生态系统（如水、地球化学）进行循环，没有产生持续的不被利用的废物；某种生物的废物是另一种生物的食物；局地循环会与区域和全球的循环互动。太阳为地球上的大多数生态系统提供能量，每一次能量转换都会产生一些能量损失，因此能源需求时时存在。

在地球上所有的生物系统中，物质进行循环，能量进行流动（Capra，1996，2002）。地球是由物质组成的，其中一些物质是生命的组成部分。这些物质通过生物化学循环（如水循环、碳循环、氮循环等）在生物系统和非生物系统之间移动。如果没有生物地球化学循环，换句话说，如果这些物质元素在一次使用之后简单地“消失”，那么我们最终将耗尽生命系统维持生存所需的物质。生命系统依赖于物质基本构建成分的不断重复使用。在森林里，当一棵树死了，它就成为其他生物体的食物，最终回归土壤为新一代树木和其他生物体所使用。自然界中没有浪费的东西，一切都是循环的。一个有机体的废物是另一个有机体的食物，能源驱动着这些自然循环。生命系统需要能量才能消化食物并利用其养分成长壮大。太阳是地球上大多数生命系统的最终能量来源。能量流经系统，而不是循环利用。在学校中激活运用物质循环和能量流动这一原则会给学校带来经济、环境和教育效益。

学校每天使用能源和物资。没有能量和物资，学校就不能维持运行。一所学校的人员（学生、教师、职工和行政管理者）怎样对待和使用能源和物资，会在校内外产生经济、环境和社会方面的影响。能源和资源的有效利用可以为学校节省大量的资金。事实上，美国环境保护局（EPA）估计，全美公立学校会很容易就节约至少25%的能源。由于能源开支仅次于大多数学校的人事开支，这些节余相当于每年给学校节约20亿美元，这笔资金可用于教学和学习（Energy efficiency programs in K-12 schools：a guide to developing and implementing greenhouse gas reduction programs，2011）。截至2015年初，有7所K-12学校经过验证拥有零能耗校园建筑以及近20所学校在努力实现这一目标（NBI，2015）。这些创新型建筑在一年中使用净零能源，有些甚至向电网贡献了比他们所使用的还多的能量，减少了能源使用，也减少了学校的碳足迹——通过燃烧化石燃料（如石油、天然气、煤炭）释放到大气中的碳量，因而对环境产生了积极的影响。减少我们的碳足迹，对减缓全球变暖和减少相关气候变化的影响具有重要的杠杆作用（Kagawa & Selby，2010）。践行有关物质循环和能量流动的生态原理意味着让学校能量使用效率最大化。我们将在第 6 章和第 7 章进一步讨论能源使用和保护问题。现在我们来讨论这一原则的一个方面，物质循环及其与学校的相关性。

在健康的生态系统中，所有的东西都是循环利用的，没有废物，这远不是攫取—制造—废弃的生产系统能实现的（Leonard，2010），正如我们在第 2 章中已讨论过的，我们扔掉了这么多垃圾，填埋场堆积如山，而社区正在寻求创造性的解决方案。针对这一挑战，减少我们送去垃圾填埋场的废物就是一个有高杠杆效应的解决方案。在减少废物的努力中，学校可以作为社区领袖，通过以下 5 个关键的规则——减少（减少采购，尽可能购买简易包装的产品）、再利用（尽可能利用可循环用的材料）、回收（参与回收计划，给社区成员提供回收的机会）、堆肥（收集食物垃圾，堆肥，并作为肥土使用）和购买再生材料（开发和跟踪采购指南，优先购买可回收材料制成的产品）。与节能效益类似，遵循这 5 个减少废物的规则会为学校带来经济、环境和教育方面的效益。根据最近在明尼苏达州进行的一项有关废物流动的分析研究，学校产生的废物只有 15%是真正的垃圾，也就是说只有这部分实际上需要送去垃圾填埋场的（Cioci & Faman，2010）。这表明，这些还没关注减少废物的学校可以将送往垃圾填埋场的垃圾量减少 85%，并节省自己的运输费用。我们将在第 6、7 章进一步讨论有关管理及减少垃圾的内容。如能源一样，信息也在我们的社会系统中流通（Wlleatley，1999），而透明性可以释放信息流，使其转化为促进学习的动力。

透明度

透明度：思想自由流动，信息公开和负责任地共享。

民主原则、透明度与贯穿一个组织的社会系统信息流有直接关联。这些信息可能会正式或非正式地流动。领导者可以分享信息，也可以封锁信息，个人也能以包容和开放的方式分享信息，或通过私密的小圈子与独家网络渠道限制信息流通。我们都经历过小道消息的传播，我们关心的消息，无论好坏，都能通过我们的社交网络传播得很快。自由和负责任的信息在学校社区的流通会给学校系统提供动能，促进学习和创新。如果信息流动受到限制或封堵，个人就会感觉无知无助，被疏远，并经常会困惑沮丧。要引领可持续性变革需要以及时和负责任的方式分享相关的和有意义的信息，正如惠特利（Wheatley，1999，p. 108）所解释的：任何支持组织中新的和不同的部分之间的对话都是很重要的。通过这些对话，新的信息会产生，新的含义会发展，组织也会增长智慧。

动态平衡与反馈

动态平衡与反馈：反馈回路有助于维持上下界限之间连续波动的相对稳定状态。

生物系统不断地对刺激、变化、生长和适应做出反应。即使死去的生命系统似乎停止反应，此时系统内变化也没有真的停止，腐烂分解开始了（Capra，1996，2002；Capra & Luigi，2014）。虽然生活系统具有不断变化的特点，变化的发生取决于一组边界条件。反馈回路使生存系统处于动态平衡状态，这些反馈回路存在于生命从细胞往上的所有嵌套系统中。就像流行的 Fitbit 健身追踪设备一样，将用户自定义目标方面取得的进展实时反馈给用户。有了这些信息，健身爱好者可以更好地调节他们的活动量。这类似于一些绿色建筑上的仪表板，为用户提供相关数据如能源和水的使用量。这些仪表板传达的信息构成了建筑用户的要求与结果的回路。这样的反馈可以有助于促进更可持续的选择和行为（Chen，Taylor & Wei，2012；Pierce，Odom & Blevis，2008）。

在另一个例子中，肯斯乐（Kensler，2012）提到了关于工作与生活的平衡，发现这不是个完美的稳定状态，而是在无法忍受的两个极端之间的动态平衡。她描述了自己所处的极端：从没有工作、没有收入到有意义的工作，忙到填补了每个清醒的时刻、没时间再做其他努力。正如她所描述的，保持平衡是一项需要能量的努力，需要根据来自家庭成员、朋友、同事以及个人反思的反馈不断进行调整。作为教育工作者，我们深刻认识到反馈和反思在学习中的关键作用。及时向学生提供高质量反馈的教师可以激发学生的学习兴趣，而教师反馈不及时或不当，学生则可能放弃学习。教师评价系统的工作方式也与此相似。提供反馈的过程和策略会激发或削弱学习兴趣。三个民主原则有助于在社会系统、反思与评价、对话与倾听以及问责制方面指导有成效的反馈。

反思与评价

反思与评价：深入思考以前的行动、事件或决定并予以评价反馈。

有关民主的一个假设是有一种趋向完美的持续驱动力（Kensler，2010）。当前状态（事物的现状）与一个更完美的状态（我们希望的样子）之间的张力会驱动进步和激励有目标的学习（Senge，Cambron-Mccabe，Lucas，et al，2012）。绿色学校的领导者认识到，可持续性就像民主，是一种超出既定目的地的理想目标。因此，实施全学校可持续性需要经常暂停下来以进行反思和评估。我们的做法与全学校可持续发展的目标是否一致？它们在哪里还有欠缺？我们衡量成功的标准是什么？它们又如何能超越我们目前的实践？反思与评价是需要时间和技能的工作（Osterman & Kottkamp，2004）。有效的学校领导者会将这些安排进他们的时间表中，并提供职业培训来培养这项重要工作的相关能力（Lambert，Walker Zimmerman，et al，2002）。

对话与倾听

对话与倾听：倾听和参与对话，带来新的意义和联系。

学习是一种社会性很强的行为，我们会通过对话进行学习（Bransford，Brown & Cocking，2000）。然而，进行有效的学习性对话需要技巧（Ellinor & Gerard，1998）。人们需要获得赞同和支持，这就需要练习倾听不同的观点，并寻找共同点（Uline，Tschannen-Moran & Perez，2003）。实施全学校可持续性提供了许多机会，会极大地改变教育的工作方式。从绿化建筑维修到学校课程，全校可持续性涉及学校工作的各个方面。如果人们没有就可持续性对他们意味着什么、他们的个人价值观、信仰和实践进行强有力的对话，这些变化就不会生根发芽。而学校领导者掌握着开展对话和建立集体学习能力的权力。当人们一起学习如何以不同的方式生活和工作时，深层次的变化将会逐渐随着时间的推移而产生。

问责制

问责制：每个人和整个组织对彼此和社区的所作所为负责。

明确个人和团队该对什么负责也就规定了问责的边界，而边界内的动态平衡会有波动。这些上下边界可以是正式的或非正式的地方、州和联邦政策。我们也肩负个人、同侪、主管和组织的期望，让我们对我们的表现负责，有时是正式的，有时是非正式的。无论如何，总有门槛界限存在。越界就会导致后果。这些后果提供了具体的反馈，目的是将出格的工作表现推回到规定的边界内。教育工作者对那些高风险的问责政策、相关的业绩测试以及对低绩效的惩罚性后果都非常熟悉。我们不必相信问责制和程序有可能是破坏性的。然而，教育工作者也可以为他们的学校社区设计他们自己的问责制度。在你的学校社区里，个人以何种方式对系统的核心价值、目标、使命和愿景负责？在墙壁上有没有宣传理想的口号？而它们又是否转变成学校社区内的行动？鼓励个人和集体反思、评价、对话和倾听的系统和过程也可作为问责形式，用以促进学习，能更一致地表达自己的核心价值观、宗旨、使命和愿景。我们将在下一章中对此进行讨论。

结论

学校教育的工厂化模式强化了人类中心主义和机械思考。它有很长的乏善可陈的业绩记录。正如我们在第 2 章中所讨论的，这种工业化模式驱使人们认为，人类与地球是分开的，人类是主导的，而不是与地球一体化和相互依存的。而将按高效率大规模生产而设计的工厂作为构建教育的蓝图，很可能是导致学生和教师相脱离的根源，这是当今许多学校面临的根本问题。我们的孩子、我们的社区、我们的地球需要重新设计的教育系统。生态和民主原则提供了一种基于本地的、从内到外的实施方式，而不是那种自上而下、强制性的改变。这些原则有助于展现一个重新调整自然与健康的、学习型的社会系统的实际工作过程。一旦我们有意识地致力于摆脱旧的、熟悉的模式，那么生态和民主原则将帮助我们发现许多改善我们学校的机会。塑造这些组织和所有自然系统中的行为的强大力量来自对目标、意图和价值观的期望以及负责任的个人以自己的方式理解这些行为的自由。有诚信的组织已真正学到只能是言出必行、说到做到，别无选择。他们的价值观是对他们想要如何做人的真实表述，每个人都对此负有很大的责任……当每个人都被信任按这些原则自由地工作，解释它们，学习它们，谈论它们，然后通过许多迭代，一种道德行为的模式就出现了。无论是身处何地或是做什么，每个人对此都是了然于心的（Wheatley，1999，p. 129）。

讨论题

1.你想在图 3.1 上的什么位置标上你的课堂、学校、学区？换句话说，你是如何在上述这些系统中运用生态民主原则的？你发现在何处有机会拓展援用这些原则？

2.选择一项在你的系统（课堂、学校、学区）中可能会特别有效的原则，然后说明它会如何运作？效果如何？

3.选择一项在你的系统（课堂、学校、学区）中没有用过或被限制的原则，然后制定一项运用它的方案。例如，如果你的学校产出废物而没有回收措施，即有关物质循环或能量流转的原则在你的系统中没能起作用。你是否能先采取小措施践行这一原则，以自觉地减少废物的产出，进而使系统最终达到零废物产出？

第 4 章

绿色学校的愿景

你需要的愿景是如此之大，它需要所有的个人愿景来完成它。以你当前的愿景你无法唤起人们最大的努力，你甚至唤不起你自己最好的工作。

——沃夫和福斯特（Waugh & Forrest，2001，p. 100）

汤姆和安吉拉准备在未来几周与他们的教师共同酝酿提出他们学校的愿景。他们的工作要按地区要求的认证过程进行，他们都致力于通过一个真正的、持续的过程，使他们的教师、员工、学生和社区都参与其中。你可能还记得，汤姆是一位大型综合高中的校长，安吉拉是一所 K-8 学校的校长。在过去的几年中，安吉拉一直在倡导“可持续的生活方式、可持续的人类发展和可持续的地球”，在她的学校里有一批绿色导向、基于项目的学习活动。她确信，他们需要加深对可持续性、对他们的实践和愿景的共同理解。在汤姆的高中里教师们最近很受鼓舞，他们的学生经研究提出了一个联合资助的校园建筑改进项目。他们比以往任何时候都更乐于看到更多的可能性，汤姆想利用这种潜在的能量。

有效的领导者有愿景，而且他们有意培养共同的愿景。你都会发现，无论是在个人成功的自述还是组织领导的学术文章中，愿景都起着核心作用。从对学校效能的研究的初期开始（Edmonds，1979）直到今天（Leithwood & Seashore-Louis，2011；Murphy & Torre，2014），学者都会告诉我们愿景在高绩效学校中起着至关重要的作用。以前的《州际学校领导认证协会（ISLLC）标准》和现在的《教育领导者专业标准（PSEL）》，都一直以愿景为第一标准。有效的教育领导者制定、倡导、执行有关优质教育和每个学生学业成功与福祉的共同使命、愿景、核心价值观（NBEA，2015）。充满活力的共同愿景是学校进步的强大动力（Leithwood，Harris & Hopkins，2008；Murphy & Torre，2014）。更具体地说，有关学校领导的许多研究表明共同的愿景与教师的工作满意度、教师义务、对领导者有效性的看法（Leithwood & Sun，2012）以及参与有组织的学习实践（Kurland，Peretz &

Hertz-Lazarowitz，2010）等方面密切相关。最近一项研究表明，教师将学校目标内化为个人目标显示了学校领导的做法（如建立共同愿景）与教师参与职业学习活动有正相关关系（Thoonen，Sleegers，Oort，et al，2011）。我们将在第 9 章论述有关共享愿景和老师学习之间的有效关联。当学校的社区成员一起参与为学校绘制共同愿景时，他们会更投入地从事他们的工作。

强有力的共同愿景预示着教师的参与和学校的成功。学校的愿景陈述在大多数学校的网页上都居于首要位置，并且挂在大多数学校的走廊和教室里。盖洛普（Gallup，2014）最近给出了一份有关全美教师参与情况的有些令人沮丧的调查报告。根据全国有代表性的教师答复，有 70%的教师报告说没有投入、参与、热心于和致力于他们的工作。而与标准化测试、惩罚性问责制和糟糕的行政领导有关的紧张压力为盖洛普调查提供了相应解释。马尔福德（Mulford，2010）指出，国际范围内在教师和学生中都有类似的问题，特别是在那些实行全国性学校改进方式的国家，如实行通用标准和课程体系。斯瑞克（Strike，2004）表达了对十年前基于标准的改革的担忧："对这种以标准为基础的改革，我所担忧的是，它的精神竟与银行所奉行的一样。它并没有表达出好的优质教育应超出以考试成绩论优劣的理念，对考试分数所带来的意义，除经济效益之外，也没有达成共识或进行研讨。"

我们认为，这种教师参与度低的问题，本质上是可作为有关学校愿景问题的一个指标。在以标准为驱动的时代，学校的使命和愿景陈述通常由各州负责制定以通过认证机构的核查事项清单（Bebell & Stemler，2012；Gurley，Peters，Collins，et al，2014）。这些目标和方法都不足以激励大多数教育工作者进入教育领域并深深渴望创建更加美好的世界（Palmer，1998）。这些基于考试分数的愿景让人感觉很小气，它们不会每天早上都让教育工作者和学生们兴奋不已。汤姆和安吉拉觉察到他们所在地区的这些问题和矛盾。他们想要提出一个有效的方式，但他们知道这需要时间。他们纠结于是要激活他们放眼 21 世纪的愿景还是在他们目前任务列表上完成相应工作。

在这一章中，我们将依据前面章节所论及的有关绿色学校的基本道德原则，具体介绍一些大力实施这些原则的学校。这些模范学校为转变学习愿景提供了可行的模式，它们展示了一种可能性，激发人们对学校如何更好地满足 21 世纪学生学习需求进行畅想和集体对话。在这些例子之后，我们再介绍汤姆和安吉拉，他们致力于设计包容性的方式以提出他们学校社区中的共同愿景，然后对我们所了解的方式进行探究，继续学习为全学校可持续性发展制定更大的愿景。

畅想绿色学校

美国绿色建筑委员会所属的美国绿色学校中心每年都举办一次学校可持续发展领导者峰会。汤姆和安吉拉所在学区的新任可持续发展主管最近参加了这样一次峰会并与他们分享了该中心的愿景：为所有这一代人建立绿色学校（www.centerforgreenschools. org）。该中心的愿景如此之大，它需要每个团队成员积极有序的参与。不仅如此，它还吸引了全世界支持者的参与。这将促使每个成员和更多的人投入实现“为所有这一代人建立绿色学校”的愿景。为什么需要这样的愿景？为什么该中心工作人员及其支持者每天早晨都会胸怀这个目标开始工作呢？因为绿色学校提供了可能性，以根本转变我们称之为学校的这种生命系统。绿色学校在生态和社会方面深深植根于它们自己所在的地方；它们是从它们所处的独特环境中成长起来的。绿色学校的愿景来自集体协作的努力。绿色学校的领导者正在谋划新的领域，而这一企图也需要不断地积极学习。足以激发长期投入和承诺的愿景不会在一夜之间变成现实。它们需要时间来进化和成长。它们从明确目的开始。正如我们在第 2 章所讨论的，学校的目的不仅仅是为了成绩而促进学生学业成绩。我们将学校的宗旨视为满足 21 世纪的需要，以满足当今的儿童、未来的儿童和自然的最佳利益。汤姆和安吉拉所学习的许多绿色学校的目的不仅仅是学生成绩，他们试图通过集体努力使世界变得更美好。他们致力于发展其成员（教师、学生、社区成员）的学习能力，以满足本地和全球的需求。当人们能够把日常工作与有意义、有目的的目标联系起来的时候，他们的动机就激增了。他们会投入激情实现他们的愿景：建设一个健康、繁荣的社区。这是汤姆和安吉拉希望看到在他们所有学校社区也都能兴起的势头。

如在第 3 章中所详细讨论的，我们理解学校系统是一个生命系统，由相互依存和嵌入本地及全球的社会—生态系统的生命体构成。我们讨论过那些管控健康的生态和社会制度的原则。我们所面临的挑战是，工业时代使许多人意识不到他们与所有生命的相互依赖性。机械性的系统和理念对设计、管理我们的学校、机构的影响超过了 1 个世纪（Senge，Cambron-McCabe，Lucas，et al，2012）。这意味着今天学校里的大多数成年人都是在工厂化模式的学校里长大的。我们目前这一代是在工业化模式中成长的第 4 或第 5 代。因此，工厂化模式是我们数代人所了解的主流，直到我们看到有新的可能性。我们有机会想象、设计并以我们的方式设计一个更健康的学习体系，它能更好地协调自然运行与人类学习。绿色学校不仅是对机械性系统的改革，还能提出更多的恢复性解决方案，以应对诸多 21 世纪社会、经济、环境的挑战。

绿色学校致力于成为一个健康的社会生态系统，致力于深入的个人和集体学习。在理想情况下，它们是所有年龄段的人都会选择参与的场所，即使他们不受政策或经济方面的强求。它们是应对我们最紧迫的社会和生态挑战的一种变革性的、系统性的解决方案。绿色学校设施大大减少了对环境的不利影响，同时促进使用者了解这些设施功用。学生和教师可以体验将学校建筑作为一部 3D 教材（Kong，Rao，Abdul-Rahman，et al，2014）。最令人兴奋的工作是在学校里，设施团队与课程团队合作，他们互通信息并充实彼此的工作，帮助使用者更有意识和负责任地在学校建筑物中生活。绿色学校领导者在校内长久以来分立的教学单位和后勤机构之间架起了桥梁。在汤姆和安吉拉的学区，这项工作正在进行中。正如一位地区领导者所描述的："我们完成学校和课程绿化的最佳方法是把我们的设施及其操作人员与我们的教学课程人员整合起来。"试想一下，未来的学校是社区学习的中心，是学习如何以更可持续的方式生活和学习的聚集地。这些学习中心既尊重当地的生态、文化、经济系统，也尊重它们与区域和全球层面上这些系统的联系。

当我们摆脱工厂化教育模式时，我们发现学校建筑不该给人看上去和用起来都像是工厂那样的感受。它们可以吸引、启发和转变人们以从事学习。"活建筑的挑战"—— 一项建筑认证计划，要求我们想象：将一栋建筑设计建造得具有像一朵花那样优雅和有效的功能。这样的建筑能反映出自己生物圈的特性，利用可再生资源产出所需的所有能量，提取和处理它所需的所有的水，而且还能有效地运行并实现最大的美观（Living building challenge 3. 0：A visionary path to a regenerative future，2014，p. 2）。这种可能性的设想已经在一些地方出现了，今天这样的建筑物就已经存在了。这些开创性的建筑摆脱了那种攫取—制造—废弃的工业化体系，并证明了我们可以设计、建造、维护这样的建筑物：它们综合利用可回收材料；使用净能源为零；可提取、处理和再利用水；能制备垃圾堆肥；有所产出；并作为美丽、充满阳光的空间来学习 21 世纪所需的技艺特长。在这些空间中成长的孩子会成为可持续领地的原住民——他们的生活是基于对全部系统的更深入的了解，包括那些生态、社会、经济上的相互依存关系。虽然下面的例子并不都是"活建筑的挑战"，但它们都挑战传统的教育模式，激发我们的想象力。

巴厘绿色学校，印度尼西亚

你可能想知道这样的学校在哪里，因为它们似乎太理想化了。印度尼西亚的巴厘绿色学校是一个非常鼓舞人心的例子。“绿色学校中心”授予该绿色学校“2012地球环保学校奖”。他们的愿景、使命和价值观在他们的网站（www. greenschool. org）上占据重要地位：我们的愿景是造就一种自然的、整体的、以学生为中心的学习环境，它能激励我们的学生成为创造性的、创新的、绿色的领导者。他们的使命是“通过培养教育青年领导人做全球公民以实现他们的愿景”。他们的目标是倡导一种新的学习模式，将从自然获取永恒的经验教训与为快速变化的未来提供相关、有效的准备联系起来。最后，他们的价值观将为他们的使命、愿景和日常工作奠定基础。

我们相信决策要基于三条简单规则：本地化、让环境做主导、子孙会被当代人的行为所影响。我们绿色学校所尊重的价值观含有 8 项：正直、责任、同情心、可持续性、和平、平等、社区、信任。

有关绿色学校工作的视频、网站和研究文章表明，他们所信奉的价值观与实际做法之间有着紧密的联系。绿色学校的创始人约翰和辛西亚·哈代（John and Cynthia Hardy）解释道：“我们正在建设绿色学校以创造一种新的学习模式。我们想要孩子们培养身体灵敏性，使他们能够适应世界并有所作为。我们想要孩子们发展精神意识和情感直觉，并鼓励他们要敬畏生命所有的可能性。”（http：//www.greenschool.org / general / green-school-history-and-founders / ）

巴厘绿色学校建筑的中心（行政及聚会中心）是一个宏伟的、露天、全竹制建筑，它按照印尼的传统做法建成。教室及每个单独的建筑也按照印尼传统的做法建造，与周围的雨林无缝融合。绿色学校的学生、教职员工种植并食用当地的作物，而这些食物也是按传统手法烹饪的。学校的课程体系，虽然是一个标准的剑桥 IGCSE 模型，但适用于他们的背景并紧密地嵌入当地的生态和文化。 在一项对学校的早期研究中，那时学校建校刚两年，学者哈扎德和埃里克森（Hazzard and Erickson，2011，p. 70）问老师们是否可能在其他地方建绿色学校。以下是一位老师的回答：“我们正在努力让孩子们真正发展与自然的联系。当然，这些也可能发生在内陆城市，如芝加哥、纽约，但这需要更多的工作、更多的承诺和每一个人的奉献；而在这里，它只是自然发生的，就像其他地方一样，这确实取决于老师的影响。如果你有好的老师给孩子们展示这些影响，这种事情就会变得更强大。我认为，这种事情可以发生在人们真正希望它发生的任何地方。只要社区需要它，只要人们想参与……看看这会有多大的效果。你只需要拥抱它就行了。”

虽然不太可能在世界上其他非热带地区搞这种竹制的学校建筑中心，但渴望学校建筑具有“活建筑的挑战”所提出的美和效率，这是可能的，而且它们确实存在，就如我们下一个例子中所提到的，像这所绿色学校一样，其他学校也极重视当地社区的优势并且能够以超常的方式与他们合作。

胡德河中学，俄勒冈州

胡德河中学的音乐和科学大楼位于俄勒冈州胡德河，这是另一个鼓舞人心的例子，它展示了一个致力于可持续发展的社区如何改变他们学生的教育经历。这所中学有 6—8 年级学生约 550 名，其中 31%是西班牙裔人，65%是白人，49%的学生有资格获得免费或打折午餐。

2010 年，这个社区在他们的 1927 年建的主楼旁边，建了一个零耗能的 21 世纪网格的大楼。作为一个零耗能大楼，该设施每年使用净零能源。这项建筑项目将在 20 年内获得投资回报，这取决于能源价格上涨的速度（能源价格的快速增长意味着投资回报的加快）。

胡德河中学的学生们利用他们的建筑和周围的景观作为一个活的实验室，在基于实用、项目和问题的方式中学习 STEAM（科学、技术、工程、艺术和数学）概念。建筑物的结构和机械系统对学生来说是可见的，老师将有关这些系统的知识融入他们的课程中。例如，学生们参与太阳能电池板和水过滤系统的安装过程，也参加现场种植作物活动，每周参与他们社区的农贸市场实践。

这些教育策略有助于学生通过经验了解人与人之间复杂的关系、环境和生态系统。他们的新建筑为社区和学生提供了深入学习的机会。它能在生态、社会和经济上负起责任。从以下网址可以找到布朗和伏里切（Brown & Frichtl，2013）的更多关于音乐与科学大楼的文章和视频：

① https：/ / www. youtube. com / watch ？ v = UxzduasmVzY ；

② https：/ / www. youtube. com / watch ？ v = be3 _ uvcR - - kl ；

③ https：/ / www. youtube.com / watch ？ v = 7AinARlpbhA 。

虽然并不是所有的社区都有知识、政治支持和财政资源，可以立即上马建造新的活建筑，但每个社区都可以开始质询他们目前的做法，并设想弱化工业化教育模式的可能性。愿景，作为我们希望共同创造的未来的形象，有着强大的影响力。就我们未来的需要展开设想与对话，如果我们所知道和讨论的一切都植根于工业化模式，那么我们如何打破这些模式呢？印度尼西亚的巴厘绿色学校和胡德河中学的音乐和科学大楼就是两个学校社区的例子，这些建筑远远抛开了工业化模式。但如果没有这些尖端的新建筑，教育工作者如何按可持续思想改变这些模式？那可能吗？是的，是可能的。早期的研究表明，学生不一定需要在绿色建筑中学习有关可持续发展的课程（Cole，2013）。我们来分享两个令人印象深刻的例子，一个来自波士顿市的公立学校，另一个来自纽约市，以说明与可持续发展有关的教育可以在传统的学校建筑中进行。

使命山学校，波士顿市，马萨诸塞州

使命山学校是一所位于马萨诸塞州波士顿市的 K-8（幼儿园到初中）公立学校。《他们思想的力量》的作者梅耶尔（Deborah Meier）就是这所 1997 年成立的学校的创始人。目前在校各年级学生约 250 人。学校服务于多种族人群，有 77%的少数民族学生（亚裔、西裔、非裔和其他一些种族），45% 的学生有资格享受免费和打折的午餐。这所学校以民主原则立校，有关它的“培养目标”详见其网站（http：/ / www. missionhillschool. org / about -2 / about /）。它以阐述公共教育的目的开始：“要帮助家长培养青少年，让他们养成和保持最好的民主社会的习惯，做聪明的、有同情心的、强大的、有韧性的、有想象力的、体贴周到的人。”其后面继续详述他们一直倾心培育的民主社区，最后说：“我们的使命是建立一个社区，让我们的孩子和他们的家庭能够最好地保持和培养这样的民主习惯。为了实现这些目标，我们的社区必须做好花时间的准备，即使是浪费时间，也要倾听对方的意见。我们必须彼此以善相待以使我们感觉更强、更受关爱，而不是更弱、更讨人厌。我们必须期待每个人都尽心尽力，全体努力达到最高标准，同时尊重我们展示卓越的不同方式。我们必须一起为我们的毕业生建立一套合理的标准，使他们能够证明他们有能力完成这项使命。”

在互联网系列作品《早安，使命山》或同名纪录片中，校长艾拉·佳薇斯（Ayla Gavins）描述他们的 2013—2014 学年的三个主题：“做土地的管理员，做有意义的工作，还要善待一切，这就是我们今年要做的工作。”当你参观这所学校、看这些视频、阅读这些文章和书籍时，你就会看到这些教育工作者、家庭和学生正在以变革性的、鼓舞人心的方式投入民主工作。他们的民主实践体现在学校教育的方方面面，既在教职员工中间、在教室里面，也在学生父母的社区中。格利克曼（Glickman，1993，2003）认为民主可作为一种学习理论，就像它作为一种治理方法一样，使命山践行了这一思想。他们的民主观是广泛的，包容了自然世界。作为参与民主的公民，他们尊重与自然的关系，并通过正式的课程、调查和户外活动培养学生对自然的认识和理解，通过以学生为中心的、民主的实践培养参与民主的公民。在以后的章节中，我们将更多讨论他们通过学校广泛的主题教育开展教学的方法（Meier，Knoester & D’Andrea，2015）。

绿色布朗克斯机器，纽约市，纽约州

另一位城市学校教育家史蒂芬·里兹（Stephen Ritz）正在改变学校为学生、教师和社区运作的方式。从一项课后的、备选的高中项目开始，让学生参与城市农业和种植可食用的绿植墙（“新的绿色涂鸦”）。里兹的项目绿色布朗克斯机器（GBM），位于纽约市南布朗克斯区附近，现在已是一个非营利组织和 K-12+学校模式，布朗克斯是个有高肥胖率及相关疾病、高失业率、粮食不安全、高领食品券人口的地区。GBM 规划已取得令人鼓舞的成功，如其网站上的数据所显示的：“我们的一些重要基准指标，包括移动目标的每日出勤率从 40%上升到 93%，纽约州考试 100%的及格率以及为合作伙伴提供了 2 200 份青年工作。”（http：/ / greenbronxmachine.org / about-us /）隶属于 GBM 的学生和社区成员“一路成长进入新经济”（Ritz，2012）。他们的使命是：绿色布朗克斯机器通过启发式教育、本地食品系统以及 21 世纪劳动力培养模式，建立起健康、公平、有弹性的社区。他们致力于培养心智和收获希望，他们以学校为基础的模式利用与关键学校绩效指标相匹配的城市农业，来培育健康的学生和健康的学校，将支离破碎、边缘化的社区改造成包容和繁荣的社区。他们的愿景是：相信健康的学生有助于促进健康的学校，而健康的学校是健康社区的核心。他们设想建立健康的社区，让那些“想离开的人们”变成“100%造福于社会的新解决方案”的一部分；一个人们不必离开他们的社区就可以更好地生活、学习和赚钱的世界。一起干吧，我们可以培育更好的事物！准备，开始，成长！

绿色学校中心把 GBM 列为 2014 年度最好的绿色学校之一。里兹的学生、有特殊需求的学习者、英语学习者、无家可归者、被寄养或被裁决的青少年，将帮助布朗克斯南部衰败的社区转变成有产出的城市花园。

对孩子们来说，买枪比买有机番茄更容易。但是当他们与自然接触并学会培育时，他们会自我感觉良好。而且，植物的非凡之处在于它们长得很快。这样孩子们开始觉得有责任来照顾他们了（Fried，2013，p. 167）。里兹的故事令人鼓舞，但它并不是以一个清晰而远大的愿景开始的，而是从教室暖气片后面开着的水仙花开始的。水仙花引发了通常无所事事的学生们的好奇与热情；随后他看着学生种植水仙花的热情一路高涨，先是建成一个花园，然后是绿色的植物墙，然后是可食用的绿植墙，最终发展成一个改变他所在的布朗克斯街区的项目（Fried，2013）。他的故事的特别之处是突显了这样的事实：愿景未必一开始就是宏大的，有时，最有力量的愿景就是一起学习如何在明天有所成就。

发掘愿景的力量

愿景基础

我们都知道，酝酿制定共同愿景是引领变革性转变的关键因素，但真正做到这一点并不容易。有关学校改进的文献中没有哪个领域比有关智能结构的需求更大（Murphy & Torre，2014，p. 2）。在我们看过的有关愿景的文献中，我们记得惠特利（Wheatley，1999，p. 53-56）是从牛顿式或工厂化模式的观点以及从新科学或生命系统的观点来对比探讨愿景。牛顿式的观点是一种线性的观点，将愿景定义为有关未来的一幅清晰图景。这张图片是如何产生的随各学校会有所不同，通常学校领导者会有一个愿景，然后与其学校社区分享。在其他情况下，学校领导团队可能合作提出一个清晰的愿景陈述，然后分享给学校的其他社区。不太出现的情况是，学校领导者参与社区共同制定学校愿景的过程，这样的过程会牵涉大量的语言推敲润色。不管过程如何，一旦建立，愿景宣言就会挂在墙上或张贴在网站上，这个愿景认证才算完成。然而即使是经过最广泛、最包容的过程制定出来的愿景，对学校来说也基本上形同虚设，除非用生命系统方法替代线性的、牛顿式方法。

不同于将愿景视为要达成的结果，以一种生命系统的视角来看，愿景要经连续的过程逐渐成形。用惠特利的话来说：如果愿景是一个作用场，想想看我们会有什么不同的做法，以利用它的形成性影响。我们首先要认识到，在创造一个愿景的过程中，我们正在创造一种力量，而不是一处地方；一种影响作用，而不是目的地。这种作用场的隐喻会帮助我们明白我们需要有像空气那样的一致性，愿景下的行为要与愿景下的理念相一致。我们也要知道，作为对所有雇员行为的一种至关重要的影响，愿景必须渗透到整个组织之中。

从生命系统的角度来看，培植共同愿景是复杂的、永无止境的。它不该只是每隔几年对认证事项列表打钩的事，虽然很多学校领导似乎就是这么看待它的（Gurley，Peters，Collins，et al，2014；Stemler，Bebell & Sonnabend，2011）。相反，它应该是一个连续的涉及调研、参与和建模的过程。愿景规划工作既是个人的又是集体的（Senge，et al，2012）。它同时需要想象力、创造力和理性务实（Meadows，1994）。创建充满活力、共同的愿景需要对话，而且需要许多的对话。真正的共同愿景是从这种持续的、个人的和集体的工作中产生的。然而，我们必须承认今天学校生活的现实，还处在从工厂模式到新模式的过渡。今天的学校领导必须通过陈述和展示他们的愿景文案来达到他们的认证期望，他们必须做一件看似凌乱的工作，在他们的学校社区成员中真正树立起有启迪性的、激励人的、共同的愿景。我们必须再次承认，这可不是一件容易的工作。

共同愿景模型

根据墨菲和陶瑞（Murphy & Torre，2014）对教育领导领域中有关学校愿景主题 35 年来的文献所作的综述以及另外一些相关文献（Capra & Luigi，2014；Gurley，Peters，Collins，et al，2014；Kose，2011；Kurland，Peretz & Hertz-Lazarowitz，2010；Mulford，2010；Starratt，2003；Wheatley，1999；Wiek & Iwaniec，2014；Ylimaki，2006），我们提出了建立绿色学校共同愿景的一个概要性模型（见图 4.1）。表 4.1 提供了图 4.1 中所用术语的基本定义。

图 4.1 所示为共同愿景形成过程（除建立学生学习标准，还包括迎合本地与全球需求）以及嵌入背景环境的持续协同创作过程。

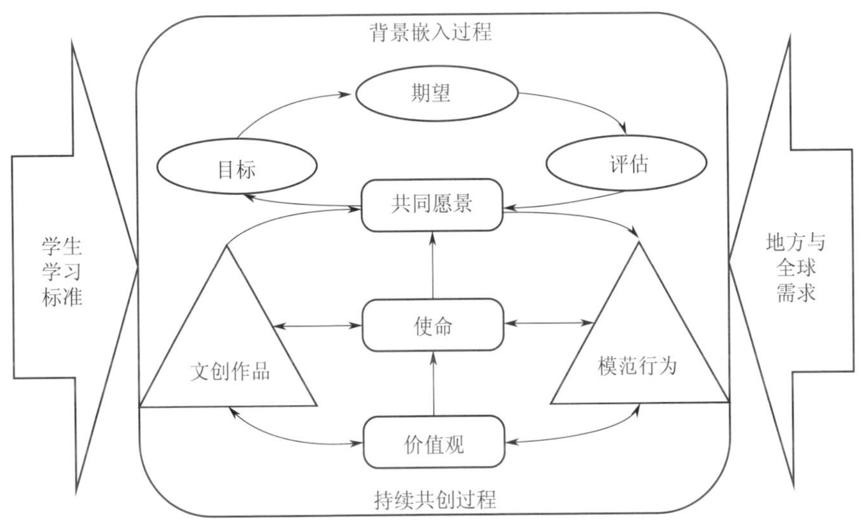

图 4.1　共同愿景形成过程

我们的模型包括评审机构希望看到的常见理性元素。同时，它包含了一些可能在其他模型中不明确的基本假设。

第一，学校（或地区）是一个开放的系统，因此图 4.1 中的边界是虚线。虽然思想也会传播，超出学校的边界，在这个讨论中，我们专注于外界信息渗入和影响学校远景规划的过程。当然，大多数学校从外部接受有关学习标准的指导。根据州的政策和背景，学生学习标准和其他外部政策规定等对学校愿景影响程度可能有所不同。

表 4.1　术语基本定义

价值观	有关行为或做事方式的核心理念（Gurley，Peters，Collins，et al，2014）
使命	有关一个组织为何存在及其宗旨的表述（Gurley，Peters，Collins，et al，2014, p.222）
愿景	有关该组织所希望达成的未来图景（而非其目的）的阐述（Gurley，Peters，Collins，et al，2014, p. 222-223）； 这是有关组织的意愿及其方向的廓清明示，是作为一种动力而非一种场景、一种作用而非终点，是一种能支配所有组织成员行为的至关重要的作用（Wheatley, 1999, p.55-56）
目标	精准地确立要达成的实施水准以及为达成此目的要采取的步骤及其实施者（Gurley，Peters，Collins，et al, 2014, p.224）
期望	这包括领导者期望通过自身行为引导出员工高水准的职业表现以及对学生的高度预期，还有期望员工成为有效的创新者（Sun & Leithwood, 2012, p.429）
评估	测评行为、目标、期望在何种程度上遵从并反映出学校核心价值观、使命、愿景以及如有必要，进行再次修正
文创作品	涉及所有可见、可听、可感的表现形式（Schein, 2010, p.23）
模范行为	能展示价值观、使命、愿景的个人与集体行为

第二，培植共同愿景是一个持续的、共同创造的过程，必须深入到当地环境中。

第三，当共享的有关价值观、使命和愿景的标识渗透整个学校时，明智的学校领导者会意识到这些标识物固有的信息传递能力，包括场地、建筑物本身、前门入口、海报、学生工艺作品，等等。这些标识物存在于所有学校，它们会成为共同愿景的积极倡导者或诋毁者。

第四，个人行为源于个人价值观。虽然并不是所有的人可以彼此分享完全同一的价值观。培植共同愿景有助于将行为与一些共同的核心价值观结合起来，这些价值观清楚地表明了学校的使命和愿景。

第五，绿色学校也要着眼于当地和全球的需求来充实愿景。事实上，将满足本地和全球环境、社会、经济需求的意识和义务整合进愿景中，会使其充满力量，而这些恰是仅着眼于改善学生学习的愿景所缺失的。

教师和管理者说，学生们厌倦了为了学习而学习。然而，当学习解决了他们的问题和行为从而改善了世界的问题时，他们也会被学习所吸引。可持续发展作为一个探究主题解决了学生参与度低与课程相关性的问题。可持续发展作为教育的目的，解决了当今学生的关切问题。不只是目的，可持续性为教育提供了一个共同的愿景：一个随着积极的社会变革而造就的更美好、更可持续的世界（McKeown & Nolet，2013，p. 15）。绿色学校应是可持续发展伦理规范的宣教所，以展现事关当代人、后代人和大自然的共同价值观、使命和愿景（Becker，2011）。

有远见的领导者

整个学校社区的个人领导者，包括学生、家长、社区伙伴、职员、教师和各级领导，都是应有远见的领袖。最近的两项定性研究提供了有关有远见的领导模式的深入论述（Kose，2011；Ylimaki，2006），并似乎摆脱了机械式方法。他们的论述似乎更符合一种有关领导的生命系统模式，他们为像汤姆和安吉拉这样的学校领导提供了优良课程，这些领导希望加深和扩大他们绿色学校的共同愿景。这两项研究的参与者都是被同行提名的有远见、有变革的领导者。是什么让他们有远见，这并不是简单地他们对未来有一个清晰的愿景，而是他们是真实可靠的、有效的沟通者，他们关心传统上被边缘化的群体或个人，而且能够多方式、多角度看世界。

伊利玛奇（Ylimaki，2006）指出，有远见的领导者能使用其洞察力、直觉、知觉和视觉等内部资源，以持续通过他们日常工作及与他人公开诚实的互动来培植共享愿景。他的研究报道了 4 位领导者与课程主任，其中 3 位提出了有远见的领导模式，另一位则运用了更为机械的方法。前 3 位并没有按照规定的清单去做，他们了解所处的环境，他们会见本地人士，与别人一起促进改良，用问询与鼓励的方式而不是指导和要求的方式进行领导。高丝（Kose，2011）描述了变革式的校长领导模式，并强调了解领导者所处背景环境的重要性。这些校长的当选是由于他们致力于社会公平的领导方式。改变学校的做法，使之更具社会公平性，就需要深刻的、二级的变革。它需要个人和集体学习，变革往往是令人不舒服的。该研究所论及的校长引领了有广泛包容性的过程以达成愿景陈述，然后采取了与他们的理念相一致的实施行为，校长们对他们的背景和无须强推就能支持变革的倾向很了解，这就减少了阻力。

伊利玛奇及高丝等领导者的文章提醒我们关注另一个有远见的领导者——大卫·哈格斯特罗姆，他运用不那么机械的方法培植共享愿景和进行转变（David Hagstrom，2004）。他描述了他改变一所阿拉斯加学校的个人故事。作为一个新来的人，他并不是从应该做什么的角度开始的。相反，他以一个简单而有力的问题开始、“就在德纳里的这所学校，你想要孩子变成什么样子？”这个问题引发了全社会的努力，把学校从一个低绩效的学校变成了一个充满活力的学习社区。

结论

汤姆和安吉拉，在兼顾满足认证机构对使命及愿景文本的要求以及在学校社区努力创立共享愿景时，有许多需要考虑的问题。21 世纪的学校领导必须掌握这种兼顾的领导艺术，他们必须迎合植根于机械时代的理性的、线性的期望，他们又必须与组织生活中更多非理性的现实相配合。夏普（Sharp，2002，p. 136-137）描述了哈佛大学领导可持续性变革的双重方法。

最成功的绿色校园举措是那些能够适应大学组织内低水平理性化的实际举措。与只按一种战略计划的操作相反，这些举措随时准备拥抱新的机会、不断变化的优先事项和资源。不是仅仅依靠商业模式和结构化增长，在其增长模式上是高度有机的，它的增长反映了各种机会。它不依赖于业务结构和固定的人员配置水平，但在结构和人员配备方面仍然具有适应性。 这些举措并不依赖决策者和正式决策论坛的联系，它们非常擅长建立起基于信任及与各类人士有广泛多样关系的网络。在本质上，最成功的绿色校园举措能够在大学的动态复杂性中茁壮成长，因为它们在理性的形态（战略规划、商业模式、业务结构、正式决策论坛）和非理性的运作（有机、自适应、无序增长，信任网络等）达成了一种实用性的平衡。在从工厂模式的期望值向生命系统模式的可能性转换的这段时期，作为一个领导者，就要有勇气、有技巧地运用理性与非理性的方法引领变革。

讨论题

1.观看视频“我的绿色学校之梦”（网址：www.ted.com/talks/john_hardy_my_green_school_dream？）。这个故事启发你发现在你的社区会有什么样的可能性或机会？

2.观看多纳拉·梅多斯谈论愿景的视频（网址：www.youtube.com/playlist？list=PLZuD9ySFrYUhzAMaTbE1tesM609tngW8）。你怎样将她所描述的愿景建立过程与你在学校中建立个人及集体的愿景的过程相联系？

3.考虑你学校的愿景并回答以下问题：

①它是怎样建立的？

②它的建立经过哪些连续的过程？

③你看到的工厂化模式会以什么样的方式起作用？

④你看到的生命系统模式会以什么样的方式起作用？

⑤你的学校的愿景在共享性、有力性、激励性、启发性等方面已达到什么样的程度?

⑥是什么使它达到这样程度?

⑦在什么样的程度上你的学校的愿景迎合了 21 世纪的需求?

第二部分

健康的学习生态系统

第 5 章

地方、社区和伙伴关系

我们的目标是让子孙后代享有可以创造、保有欢乐的地方——在那里人类的多样性和物种的多样性得以共存，而未来的孩子们可以找到充分的理由来留恋于此。

——查拉（Chawla，1992，p. 84）

在他们自己的学校内，汤姆和安吉拉坚持认为他们是学校的领头学习者。他们一起花时间厘清自己作为教育者的目的并挑战自己，调查当前社会和环境挑战对他们 21 世纪学校领导工作的影响。这个项目促使他们考虑在生态、社会和经济系统中的公民领导作用，而学校是嵌套于其中的。他们责任的潜在范围之大似乎是压倒性的，因此他们为“学校”工作精心设立了类似激光聚焦的愿景，一种基于对他们的学生称为家的地方有亲密关怀的愿景。这就是一种“放眼全球，立足地方”的立场，它使安吉拉和汤姆能够以治家之努力做惠及区域、国家和全球之事。

汤姆和安吉拉早就认识到将工作延伸到邻近社区的重要性。他们已经了解了家庭的需要，这些知识使他们的日常工作有所依据。最近，越来越多的人相信，作为绿色学校的领导者，他们已经超越了传统的社区参与战略，进而探索他们如何将学校定位为发展健康社区的积极分子。安吉拉说，我们的一些家庭在与贫穷和失业的影响相抗争。他们设法努力为孩子提供健康生活的机会。由于种种原因，他们的家可能不是最健康的地方，所吃的食物可能也不是健康的，我们正在建立的社区花园和健康食品计划有潜力提高社区每个人的生活质量。

当学生们学会如何种植健康的食物，发展和保持健康的物质环境时，他们拥抱健康的自我，并试图与别人以及家人分享这些新的生活习惯。汤姆很快就发现，他的学生们的自我及地方意识是来自日益多样化社区所内含的文化传承优势。所以，在我们学校的学习花园里，我们规划了一些家庭认养的作物畦块。无论他们种什么，都由他们来保管。放学后，学生们在花园里工作，家里人也和他们一起工作。有一个赫蒙族家庭开始向学生展示传统的园艺实践，如使用较短、更宽的锄头，后来所有人一起劳动。这个被孩子们称之为家里的地方的特点是，不仅有独特的景观和生态，还有景观所应包含的社会经济和文化的特点（Smith & Gruenewald, 2008）。这些地方和社区的各个方面的相互联系扩散传播了我们作为绿色学校引领者的行动，从学校内部转移到社区，到超越了学校的更大的社区和自然环境，而后又回到了学校内部。

本章将首先讨论玩耍在儿童身份认知中所起的主要作用以及孩子们在这些重要居住地所培养起的强烈依恋感。本章认为，基于场地的学习为学生理解人类与自然系统之间复杂的相互依存关系提供了重要机会，这会激发他们欣赏和爱护他们称之为家园的广大地方，并推而广之，保护地球上的其他人类和非人类居民的家园。本章接着考量想要利用这些复杂成熟的知识树立21世纪全球社区的意识所带来的相关挑战。我们运用民主社区的原则和方法，探讨绿色学校校长在这一社区建设过程中的作用，以在这极具挑战性的21世纪背景下培养集体责任感和乐观精神。最后，本章将探讨将绿色学校领导模式及全学校可持续发展方法作为手段建立真正的社区合作，这是学校领导者长久以来所渴望和追求的合作，从而能振兴和保护社区并提供支持性、集中性和资源丰富的学习环境和学习体验，以实现我们孩子们的最佳利益。

我们居住的地方

“地方可以人为地按家庭、邻里、社区的规模来定义，如40英亩[①]、1 000英亩等等”（Orr, 2005a, p. 88）。而不同学科的研究人员似乎都认同的假设是，通过依附于某些地方：“一个人获得一种归属感和使他/她的生活有意义的目的。”（Proshansky, Fabian & Kaminoff, 1995, p. 90）。在某种程度上，某些地方是熟悉的、有用的和可塑的，这些地方帮助孩子保持自我意识，包括自我的定义（Proshansky & Fabian, 1987）。

在有关人与地方关系的文献中，主要概念包括地方感、地主依附和地方认同。地方感，定义为由某地自己结合人所赋予它之物而引发产生的体验过程（Buttimer, 1980; Hart, 1979; Jorgensen & Stedman, 2001; Tuan, 1980）；地方依附，定义为人对某些特定地方的依附，（Altman & Low, 1992; Hidalgo & Hernandez, 2001）；地方认同，定义为人在与某地物理环境的关联中产生的自我尺度（Proshansky, 1978）。我们对学校社区作为儿童（以及其他利益相关者）的主要场所的特殊兴趣，引起了对这些概念的一些关注。人与地方的关系也是绿色学校中基于地点学习的基

① 1英亩=0.4公顷

础。这些基于地点的学习体验，让学生“通过他们社区与他们作为其中一部分的自然世界的关联，来理解复杂现象与主题事物之间的调和”(Williams & Brown，2012，p. 66)。而孩子们与地方的个人关系以及情感依恋通过这些体验亦得以进一步发展(Williams & Brown，2012)。

地方认同与依附

地方认同表示那些与某地物理环境有所关联中产生的自我维度(Proshansky，1978)对你在哪里和你来自哪里的认知与你是谁的认知交织在一起(Orr，2005a，p. 93)。作为教育者，我们倾向于强调社会环境在人类发展中的作用。然而，作为一个孩子成长、希望了解、喜欢寻求或避免的地方对自我认同也有显著影响(Proshans，Fabian & Kaminoff，1995，p. 104)。对儿童、青少年的地方倾向性的研究提供了类似证据，而青年也一样偏好能增强自尊和滋养自我的地方(Newell，1997)，包括那些能使人放松、平静，舒适的、私密的、个性化的、自然的环境(Owen，1988; Rivlin，1990; Sobel，1990)。据查拉(Chawla，1992)所说，对童年时最喜欢的地方的持久回忆会反映出更多的直接经验。由于这些地方提供了安全感、社会联系机会以及创造性表达和探索的环境，青年继续寻找类似的地方来促进他们的自我发展。在对最喜欢地方的物理特征的研究中，研究人员在涉及年龄、职业、民族的不同样本中发现了有明显收敛性的特征。参与者频繁地或以相应强度表示，将可进入户外、接触大自然并在环境中自由运动列为他们最喜欢地方的主要特征(Chawla，1992，p. 76)。在行为定位研究中，很少观察到有儿童和青少年能花上其15%的时间在附近的树林中、田野里、河流旁活动，然而，这些地点都是最常被他们列为他们所最喜欢的地方(Chawla，1992，p. 81)。

从人的发展角度看，没有一处物理环境不是一种社会环境，反之亦然(Ittleson，Proshansky，Rivlen，et al，1974)。对一些重要地方和人的依附常常是对儿童和青年所承受的许多社会角色的一种平衡(Carter，2006; Violand-Sanchez & Hainer-Violand，2006)。当我们依恋某地，我们“会因在此地显得幸福而在离开它时会后悔或痛苦，我们赋予它以价值不仅因为物质需求得以满足而是因其内在的品质”(Chawla，1992，p. 64)。

孩子们在他们所居住的社区与自然世界中经历得越多、越丰富，他们想成为他们生活中这些重要地方的公民和代理人的自我意识就越强。培植地域情感就是要支持承担与当地特有资源管理相关的责任，无论它是生态、经济或社会方面(Williams & Brown，2012，p. 61)。

让我们的孩子成为冠军和保护者

在后面的第 8 章中，我们将更详细地探讨基于地点的教学与学习的法则。现在，让我们考虑更普遍的情况，如何使场地本身成为课程中一个主动活跃的“因素”，而学生和他们的社区会如何受益于这种教育的选择（Orr，2005b，p. 103）。

对于安吉拉来说，这意味着她的学生要承担更多的责任，并对他们的学习和社区有更多的自主权。她解释说：“比如我们有一个综合性项目，我们都去河边进行清理，不仅仅是烟头和瓶盖还有船只的侧面和巨大的泡沫塑料。我们把它们装上美术老师的卡车，并把它们全部运回学校。我们不是要扔掉它们；相反，我们让孩子们制作雕塑，把它们变成艺术品。我们的口号是‘你将如何投入世界？’作为一个可持续发展的社区，我们看到这个问题或那个问题，我们就要找到解决问题的方法。”

生态学中心（www.ecoliteracy.org）的使命是促进生态教育并鼓励学校就可持续实践开展教学与建模工作，所依据的 4 项核心工作原则如下：①自然是我们的教师；②可持续发展是社区的实践；③真实世界是最优学习环境；④可持续发展植根于对地方的深刻认知（Stone，2010，p. 36）。如本书第 3 章所讨论的，我们明白，可持续发展作为人类的一种追求要处理好人类文明与生态世界的关联。人类想按地球目前及未来的生态承载力而生活的能力是以对社会、经济和生态系统相互关联性的深刻认知为前提的。基于学科的学习与解决问题的方法不会把我们带到我们需要去的地方。如果我们要为日益复杂的挑战制定新的解决办法，我们必须大大提高我们理解相互依赖关系的能力，并开展横跨传统学科的学习。要这样做，我们只需要看一看我们居住的再熟悉不过的地方，它就在我们鼻子底下，周围能听得到、眼前能看得到的地方。

地方是有关多样性和复杂性的实验室，并兼有社会功能和自然过程。一个地方保有人类历史和地质遗存，它是一个拥有多样性微观系统的生态系统的一部分，是一个伴有独特动植物群落的景观。它的居民是相关社会、经济、政治秩序的一个组成部分，他们输入或输出能源材料、水和废物，与地方有着千丝万缕的联系。对地域的研究使我们能够扩大焦点，以考察学科之间的相互关系并延展我们对时间的感知（Orr，2005a，p. 91）

显而易见地可将地域称为三维教科书，“其内容由于地方利益或兴趣越加生动”（Williams & Brown，2012，p. 74）。查拉称这些有形的自然特征“充实”（Chawla，2007，p. 153）了学习经历，在其中“孩子们……会有自由来探索和摆弄自然环境，而这种自由是在人工建造场所被剥夺的”（Chawla，1992，p. 76）。一些人认为，基于地域的教育是“天生的狭隘和狭窄的；然而，对地域的研究嵌入在一个更宽泛的课程中，其内容与地域之间有关联”（Orr，2005a，p. 94）。学习者面对的挑战是要“更广泛地考虑这些上游和下游社区并与之协作”（Williams & Brown，2012，p. 61）。诺丁斯提醒我们：如果我家园的福祉取决于地球的福祉，我就有足够的理由支持我所喜爱的地方的福祉；我有自私利己但也是胸怀天下的理由来维护家园——全人类的家园（Noddings，2012，p. 66）。

在汤姆的高中里，他们与公园理事会合作，让学生们参加了一个他们称为“树木标签”的项目。我们在冬天的严寒中前往公园，树上一片树叶也没有。学生们与林业专家一起徒步，确认校园的树木，然后这一活动扩大到周边十几所学校。学生们辨认树木，绘制位置图，并用普通和拉丁文的名字加以标记。教师把制图工作与本地和世界其他地区不同物种的研究结合起来。学生们继续调查森林砍伐对全球生物多样性的影响。学生们现在正在开发一部公益通告片，将在该地区的各个高中播出，以教育他们的同龄人，通过他们的购买决策可以施加压力，从而阻止那些公司持续进行有损环境的运营。当学校的教师们关注全球性现象的本地特征表现时（Williams & Brown，2012，p. 58），他们也在培养学生们的“生态世界主义”（Noddings，2013）。

培养 21 世纪的社区意识

社区认同提倡睦邻友好、合作和相互支持的概念。我们可以想象一个由个人组成的紧密团结的团体，他们致力于共同的目标，因此也彼此奉献。然而，随着社会的发展，情况发生了变化。我们是不同的，世界是不同的。作为一个公民，我们说不同的语言，居住在不同的文化中，尊重不同的传统。相互理解需要时间、努力与同情。

在 21 世纪这一背景下，社区再也不能把自己局限于狭隘的机制和狭隘的关切。人所熟悉的民主、自由和个性的概念必须变得足够广泛以适应国家中的差异分歧，并且强大到足以培育和保护一个更加复杂的全球社会。为取得成功，我们必须成为社区的学生，因为创建一个全球性社区需要有新的地方形态（Noddings，2013）。要形成对 21 世纪社区的认知，需要我们将熟悉、亲近的认知与世界性的认知加以平衡，即认识到本地行为也会对世界有所影响（Dewey，1939 / 1989，p. 41）。社区的要素（如自愿交往、相互适应、建立共同的兴趣）指导我们以不同的观点对待共同的目标。

21世纪的公民需要诺丁斯所谓的“关键的开放式心态”（Noddings，2013，p. 2），而这需要自己通过参与民主方法来培养。通过欢迎各种意见、自由辩论和公开审查各种方案，民主社区（如同科学社区）教导成员如何将孤立行动转向合作探究。按照戈尔曼、班尼特和巴罗（Goleman，Bennett & Barlow，2012, p. 7）的说法，没有一个人具有“了解人类系统与自然系统相互作用的所有方式的能力”，所以，生态智慧是有“天生的集体共同性”。强有力的集体探究开始揭露当代社会和生态的相互依赖性，揭示其后果的复杂性。全球社区是从这些理解中诞生的，“学校社区——就像生态系统通过各种关系网络来运行一样，是培育这种新的和基本的生态感受的理想场所”（Goleman，Bennett，Barlow，p. 7）。正如本书第3章所讨论的，设计和领导绿色、更可持续的学校社区既需要理解生态原则的实践，也需要理解民主原则的实践。这些充满生命活力的民主方法在人类的经验中被扩大和丰富。

发挥21世纪公民领袖的作用

绿色学校的领导者们要明智地进行沟通，他们的价值增值的社区将从创建更绿色、更可持续的学校的过程中产生，要欢迎感兴趣的成员开展双向对话，探讨在这样一个教育计划（覆盖学生、教师、家长和整个社区）下会有什么样的机会。当参与者讨论什么是最重要和必要的时候，就可以发挥公民的才智和技能。然而，要这么做，参与者不能只提不痛不痒的建议。应由生活在学校里的人负责确定目标并制定相应结构和组织方法以达成目标，而且这个过程必须持续进行。绿色学校领导在这一民主进程中占据关键地位，有机会促进创建绿色的、更可持续的学校，使之成为全面教育计划的中心。

在设计和建造学校时以及为其建设提供资金时，社区已经成为这一进程的一部分。纳税人会买单，对于一些人来说，底线可能比公立学校的教育更为重要。当我们扩大社区的参与，进行有关如何最好地实现这些设施的全部潜力的研讨，我们就有机会达成相关承诺。毫无疑问，会有意见分歧。然而，作为一个绿色学校的领导者，你处于一个新的阵营中，要兼顾社区的复杂性和教育的远景。随着共同语言的增强和知识的公开共享，就会建立起新的连接关系和意义层次。如果没有这个集体合作过程，我们会发现，也就没有具体的、有针对性的社区对话，而我们作为教育者，也会难于了解我们的社区如何定义其目的、意图以及他们如何看待过去与他们对未来的期望。

而且，我们的孩子也会看着我们并以我们为学习榜样。有生态素养、民主化的学校社区是积极践行民主和生态原则的社区（Henderson & Tilbury，2004；Higgs &

McMillan，2006；Schelly，Cross，Franzen，et al，2010）。这些有成效的学校作为“学徒共同体”（Caine & Caine，2000，p. 53），为学生提供充足的机会去从事基层公共事务，如此得以形成他们作为社区建设者和守护者的身份（Niemi & Junn，1998）。

信任我们的孩子做社区建设者

在某种程度上，成年人应相信孩子能积极应对挑战我们世界的关键问题，这些公共问题使他们的生活获得某种个人意义（Chawla & Cushing，2007，p. 444）。当学生在额外的时间里参与活动，他们不仅学习到必要的知识与技能，也实现了有价值的目标（p. 441）。

当安吉拉所属的社区协会表示有兴趣推出一个社区花园时，安吉拉扩大了相关讨论成员，包括学生、教师、家长、社区协会领导、企业界成员。为了对得起她所花的时间与精力，她知道，这个项目需要有适应她的学生们的重要学习目标，既能满足她的学校对有形资源的需求，也可为她的社区提供广泛参与机会，并证明具有合法的生态效益。

我们一开始讨论了花园的远景和目标：从符合特定的学习标准到建一个特定的菜园以种植当地高需求的蔬菜。后一个目标对学生们来说是必需的。我们仔细讨论了细节并解决了分歧。我们有很强的社区纽带。该地区有一家大型采石建筑公司——SB，它最初与我们合作得到了这块可建花园的场地。安吉拉的学生们与该地区的“城市农业项目”和当地杂货商一起举办了一场大型募捐活动。SB 公司实际上捐赠了学校附近的一处采石场旧址，这成为社区花园落座的自然区域。

穿过地球科学和植物学部门，学生可以到达其他学校的校园，帮助他们建立他们的花园。我们（学生、教师和家长）已经开始定期与社区协会和该地区的其他负责人会面，该项目已以多种方式融入社区，因此它将是可持续的。社区协会达到了他们的目标，而学生们也将继续实现他们的目标。按照查拉（Chawla，2007，p. 153）的说法，这些各种各样初始、“充实”的经历会帮助建立个人情感联系和对地方的依恋。通过这样的经历，孩子们会“激发其动机去保护他们喜欢的地方，并建立联盟，增强能力去实施各项保护行动”。安吉拉的社区花园项目说明全学校可持续发展不是一个附加的选项，而是代表着“学校以一个根本不同的方式运作，以提供策略帮助年轻人和他们的社区能够乐观有弹性地应对变化中的世界”（Davis & Cooke，2007，p. 351）。

为可持续性锻造相互依存的伙伴关系

建立学校社区伙伴关系的呼吁当然不是教育领导领域的新课题。《学校领导实践国家标准》中已显著列入相关知识和技能。新《教育领导者职业标准》的标准 8 阐述了在学校生活中家庭和社区有意义的参与所涉及的关键责任。根据该标准："有效的教育领导者应促使家庭和社区以有意义的、互惠互利的方式来促进每个学生的学业成功和幸福。"（National Policy Board for Educational Administration，2015，p. 16）

从 20 世纪 30 年代开始，学者们认为，要想成功，学校改革就必须严密地考虑学校所在的社区，主要是考虑学校—社区合作（Counts，1932；Kilpatrick，1932；Langhout，Rappaport & Simmons，2002. p. 325）。然而，学校传统上作为开放系统和封闭系统的某种组合，在与当地社区建立联系和交通的同时还要减少教师和课堂受到的外部威胁和打扰。作为学校领导者，毫无疑问你会很纠结，既要开展外联与交往，同时还要眼光向内保护你机构的技术性核心。

在 21 世纪初期，研究人员观察到在学校改革中兴起一种基于社区的、"回到邻近街区"的运动（Crowson & Boyd，2001，p. 16）。尤其是大城市学区的改革者们把他们的注意力聚焦在如何"增强学校和社区之间的联系"（Crowson & Boyd，2001，p. 17），并认识到学生父母作为合作伙伴以提高学生学习成绩的必要性（Epstein，1996）；学校与社会服务体系一起支持家庭的重要性（Smrekar & Mawhinney，1999）；甚至还有当地学校在振兴社区中发挥核心作用的可能性（Schorr，1997）。德里斯科尔和科切勒（Driscoll & Kerchner，1999，p. 394）把这种学校—社区关系的复兴称为让公立教育"恢复地方情感"。如学者所描述的，这些社区互联关系已"超越合作或协作的概念，进而提出一种有关教育的新的心智模式"（Golding & Hausman，2001，p. 199）。

在学校管理中，地区的意义在于整合发挥而不是减缓机构作用，是增加社区投入而不是限制学校的责任以及有效地与社区内其他教育和发展机构建立伙伴关系（Crowson & Boyd，2001，p. 24）。同时这些学者还观察到需要"在学校与社区之间建立生态意义上的合作，使社区和学校共同振兴"（Crowson & Boyd，2001，p. 17）。如在第 3 章讨论过的，生态比喻在用于组织机构（Morgan，1998）、学校（Sirotnik，2005）、社区（Crowson & Boyd，2001）等方面时，主要是指人类系统或文化生态界定下的生态系统，很少关注学校领导与教育以何种方式影响当地和全球的非人类生态系统。这种过于狭隘的聚焦只会鼓励人类中心主义的盲点，只涉及学校领导在减少学校建筑以及运行过程对环境的影响方面的机会和责任。相反，绿色学校领导模式拓宽了我们的视野，把我们的注意力集中到社区恢复以及在经济、社会、非人类生态意识等意义上的振兴。事实上，这种扩大的领导模式的焦点可能是要发挥催化剂的作用，促进达成真正的、有成效的、可持续的学校—社区合作伙伴关系。

有证据表明，持续的学校—社区合作是非常难以实现和进行维护的（Smrekar & Mawhinney, 1999）。沃伦认识到：有一个起源至少可追溯到约翰·杜威的强大传统，是将学校理解为美国社会和民主的基础机构，并认为学校是进步性社会变革的基础。但是，即使学校的改革者们理解这些广泛的争论，改革的努力还是一再集中在学校围墙之内（Warren，2005，p.165-166）。有关学校—社区伙伴关系的研究揭示了长期持有的组织性习惯和结构，其妨碍必要的组织间关系的发展（Crowson & Boyd，2001）。此外，教师、家长和社区成员可能对他们过去经历过的各种人为参与形式产生怀疑（Anderson，1998，p. 573）。然而，当利害关系是真实的，无论是因为忽视我们的相互依赖关系而产生的消极后果，还是因为我们联合起来教育孩子们并保护他们的未来所带来的显著益处，我们的动机都可能变得足够强大，足以实现我们所寻求的伙伴关系。作为一个绿色学校的领导者，在建设这些联盟时，你服务于公民社会的能力将决定你是否有所作为（Smrekar & Mawhinney，1999）。

“在绿化的过程中，学校提供了一个在社区实践工作的极好机会”（Stone，2010，p. 37）。雄心勃勃的绿色学校领导人发现大量的现有专业群体，涉及可持续性和绿色学校计划，已经嵌入他们的学校社区。这些群体包括知识渊博的教师、热心的家长、政府机构以及致力于环境事务的地方、区域和国家团体、机构。如果你努力确认和联络这些活动群体，你将能充分利用现有的网络和建立新的网络，充实壮大自己的专业知识群体以致力于更大的可持续发展教育事业。你会发现活跃在这一系统不同层次上的关键的角色，从课堂到学校、到区、到市政府、到整个社区。考虑创建一个学校层面的绿色团队，由学生、教师、监护人、父母、社区合作伙伴组成。你的角色将是支持和指导这些参与者，并通过他们的领导，帮助每个人了解他们的各种角色作用以及在团队中相互联系协作。这些人与人之间的联系使个人感到有价值并有权采取行动。通过这些联系，参与者了解到他们正在为比自己更大的事业做出贡献，而这事业有可能改善学生和社区的生活。

了解社区和学校系统的社会/文化动态，将为在学校学习文化中建立新的可持续发展价值观、规范和象征提供基础。要让你的可持续性相关目标凸显出来，提出达成这些目标的义务模式，并坚持履行下去。相关人员和社区成员对可持续性学习和变革的关注参与程度无疑也会有所变化。如果对绿色行动担责和有支持义务的层次位于指挥层链更下端，所获的支持和指导将更加稀少。如组织高层做出承诺，你将得到重要和战略性的指导和支持，但即使在最好的情况下，你也必须尽力参与需求竞争。

巩固和扩展新的绿色变革的能力将取决于能否从学区到社区发展出密集而灵活的关系网络。你将作为这些连接体的建筑师，并充当全体绿色化事业的调解人、经纪人、拥护者。要不断地观察你的环境以发现相关活动和关键事件，将各种利益相关者与其他独立的创新工作群体联系起来。鼓励和支持现有的举措，为开创新的工作建立必要的关系。这些正在进行的行动将为你的学校、学生和社区实现增值和节省成本，而这些好处将为合作伙伴的积极参与提供动力。

授权我们的孩子们成为合作伙伴和变革推动者

“社区学校”的学习经验重申人类生命、文化与社会紧紧地嵌入了自然世界（Selby，2000，p. 90）。由这些与社会、环境有亲近关系的经验构成的教育方法可用以培养学生的公民意识（Yates & Youniss，1999 in Chawla & Cushing，2007，p. 444）。让学生从学校环境冒险进入现实世界，开展基于问题的学习，从而让孩子们通过他们有意义的努力和成功建立起一种有关个人与集体的组织观念（Chawla，2009，p.16）。通过这些经历，学生们发现他们是完全有能力的行动者，并准备好在世界上有所作为。

安吉拉的绿色团队利用赠款安装了一块能源用量仪表板，让学生可以跟踪学校的能源使用，“他们知道每周使用多少电，想办法减少用电量，他们对此感到兴奋。孩子们真的是学校可持续发展的拥护者，他们给成年人施加了很大的动力去做正确的事情”。

在汤姆的学校，最近的整修计划中提议在大楼里利用一个雨水收集系统冲洗厕所。学生进行了能源审计并确认节约的用水量将是很可观的。他们对此感到兴奋。“后来发现，这一系统违反了城市相关规定，但我们的学生已有所准备。他们为此做了家庭作业，并游说市议会改变了相关规定。我们现在有了一个全功能的雨水系统。”

我们可以看到，可持续发展的目标可以“重新界定学校的角色以及学校与社区的关系……学校作为重点，是儿童、成人和社区互动和共同学习的场所”（Henderson & Tilbury，2004）。全学校实施可持续发展方法关注复杂的社会问题，“如环境质量、人权、和平及其政治之间的关系”（Henderson & Tilbury，2004）。这些绿色学校为学生提供了众多机会，以培养建立伙伴关系、参与行动所需的技能和素质（Henderson & Tilbury，2004）。在这些有所期望的、相互依存的学习场所里，孩子们打下了坚实基础，以成为当前及未来的志愿者和变革战士，从事促进环保的事业并与感兴趣的大人们分享他们的经验（Malone，2013）。

结论

我们长期争论什么是学校该从事的合法活动。有些人认为教育是逐渐改变制度的工具。如果我们同意学校是为孩子和成人培养 21 世纪社会生态意识的合适场所，那么绿色学校的领导者们必须首先准备好，以相应的权威和热情来就这些问题的各种可能性做代表性发言。当教育专业人员和社区成员超越各自角色和专业相互了解时，学校管理者会发现自己处于一个闪光点或出发点的位置，也许更倾向于后者。学校领导将不可避免地去商讨这些新思想所引发的变革，以确保和解、连续性以及从过去到现在到未来的平稳过渡。

绿色学校领导者需要说服校内外的社区成员，这些变革不是另一种时尚或幻想，可以被名义上接受或者一时接受，随即沦为肤浅表面的活动和仪式。换句话说，什么都有变化，但实质没有变。迪马乔和鲍威尔（Dimaggio and Powell，1991，p. 199）称之为“不完全的制度化”，这种应对新举措的趋势是“短期内坚定执行，而一旦他们的固有资源被侵蚀，那么新做法很快就会消失”。同样，组织规范和信念不会在不关注实际条件和具体结构的情况下发生变化。在关于学校改革的一篇开创性文章中，泰雅克和托宾（Tyack & Tobin，1994，p. 455）将美国学校“显著持久的”特点称之为“语法式学校教育”。它们将这种学校教育方式比喻为运用语法规则讲话，像讲话一样，学校教育在日常施行中对这些规则了然无知、没有意识。研究办学历史和变革的学者一直认为“这种语法式教育变得根深蒂固，理所当然成为学校的办学方式”。他们建议说：“只有不按学校的惯例出牌，就像说话一样，才会吸引注意力。”

在他以前的文章中，泰雅克认为，即使有这些难以违逆的语法，学校还是做出了改变，与认为学校一直抵触创新的观点相反，在过去的时间里学校已经在某些方面有了明显改变。然而，这些改革并不是真正性质上的变化，而往往是导致“累积性增长”，就是添加新的功能和活动（Tyack，1991，p. 14）。就像改革改变了学校，学校也会改变改革的形态，如此，整个的组织体系就会变得更大、更弥散化（Tyack & Tobin，1994）。

在这里“设计”一些绿色活动，在那里开展一些可持续性实践，只会产生另一个令人分心的语法规则层，并不能改变学校的本质特征，这些只是虚假的外表再涂上些颜色。

在那些渴望成为更优绿色学校的学校里，会制定全学校的政策和实践来促进对环境的关注和反应，同时在整个学校社区促进达成社会公正、多元文化、整体健康、安全学校、公民权益和民主（Selby，2000，p. 91）。绿色学校领导者要致力于确保这些做法仍然是至关重要和富有生气的。让这些举措富有生机，并不仅仅靠搞运动，而是要使这些可持续发展举措成为学校常规守则的一部分。全学校可持续发展策略要予以公开宣布并公开实施，与此同时，绿色实践在日常生活中会变得更加微妙。实施的方向或水平的，或是垂直的。它从上往下施行，也从下往上施行。这项工作规模宏大，同时又有局限性和局地性，必须以大的和小的方式同时进行。

思想和实践的生态和民主习惯不仅要穿透教室的墙壁。我们还必须找到将它们投射到所在的社区的方式方法。斯通（Stone，2010，p. 34）提醒我们，“一个值得维持的社区是鲜活的、灵动的、进化的、多样的、动态的”。健康的生物群落提供了适当的模式，因为它们依靠强大而多样的关系网络生存，从而增强了复原力（Goleman，Bennett & Barlow，2012，p. 13）。对于一个为孩子们提供这种健康的学习环境的学校，它自己必须是一个社区，是一个“学习作为有社会目标的持续活动的伴随物”的地方。在这种情况下，学校本身就成为一种社会生活的形式，一个微型的社区和一个“与学校围墙之外密切相关的社区”。这样的学校教育有助于发展“对社区福祉的兴趣，这种兴趣关乎知识、实践以及情感”（Dewey，1916，p. 418）。

在四月里温暖的一天，安吉拉站在学校门口，对旁边摆放的经过精心修剪除草的花篮说：“这是学生们动手干的，那不是很神奇吗？他们在社区里也为世界创造了美丽。”

讨论题

1.考虑你们最有成效的学校—社区伙伴关系。说明有哪几方参加，参与了多长时间及其目的。这一伙伴关系如何帮助你们实现你们绿色可持续学校社区的愿景？作为绿色学校的领导者，你怎样做可以确保这一伙伴关系真实、有成效、可持续？

2.准备一段 5 分钟的讲话，主题为通过创建更绿色、更可持续的学校带动所在社区的增值建设。讲述学生、教师、家长、社区所面临的内在的广泛机遇。让你的听众相信全学校可持续发展不会只是一阵风。

3.说明你们的学生在投入环保及促进变革方面的情况。你们所在的社区怎样受到他们的影响的？

第 6 章

作为动态学习环境的绿色学校建筑

建筑师必须整合设计的许多方面，创造一个完整和有益的学习环境……以此回应家庭、社区和地球的需求。反过来，教育工作者必须确定当前活跃的学习者整体的需求，从而扩大他们对将建筑、自然和文化环境作为教学和学习工具的理解。

——泰勒（Taylor，2009，p. 17）

正如我们在前面章节已经讨论过的，地域在我们作为人和作为学习者的发展中占有重要地位。我们对物理环境的情感与认知使我们对自己无论是作为个人还是社会群体的成员都能有所理解（Knez，2005）。家庭之外，学生们在学校里花费了他们最多的一部分时间（Gump，1978；Rivlin & Weinstein，1995）。在这里，他们继续培养自我意识，建立与同龄人和成年人交往的能力。鉴于学校在孩子们的认知、社会和情感的发展中的首要地位，作为场所它势必会受到像一个物理实体那样的密切关注并持续体现在学生生活中（Rivlin & Weinstein，1995，p. 256）。在 20 世纪初期，美国哲学家、教育家约翰·杜威（John Dewey）写了一篇文章，于 1933 年 4 月 23 日发表在《纽约时报》，其中描述了他理想的"乌托邦"学校的概念。他的探讨不是从课程、教学方法或学校管理开始的，而是从物理空间开始的。杜威的文章论述了"大庭院""花园"和"温室"。他将室内描述为"开放的空气"。他的学校不再有"机械的一排排被螺丝拧紧的课桌"，取而代之的是营造出更类似于"配有良好家具的家居氛围"。他还增加了各种设施如"实习车间""实验室"，并且布置得"到处都是书"（Dewey，1989a，p. 136）。在杜威理想的清单上，场所的布置要求很高，而且他并不羞于强调美、舒适、兴奋与环境的联系。

现在，在 21 世纪初的十几年里，当我们考量"全球生态模式网络、循环、流动和可持续发展时，我们开始看到一个新趋势，采用动态的、活的生态响应办法来设计学校和教育系统"（Taylor，2009，p. 47）。那些加入生态响应学校的孩子们有机会发展出 21 世纪的地域感，而这种情感是他们在这些绿色学校内学习、玩耍、探询的过程中萌发生长的，这经历中含有他们对自我和世界的认知意识（Buttimer，1980；Hart，1979；Jorgensen & Stedman，2001；Tuan，1980）。

本章首先讨论了学校在儿童作为学习者的发展中所起的主要作用，特别是学校建筑在促进学生的学习与幸福方面所起的作用。然后探讨很多学校领导者在试图确保他们的学生和社区获得高质量、动态的学习环境时所面临的困难。最后，本章提出了一个令人信服的案例，说明为什么优质、可持续的学校设施愿景是符合儿童的最佳利益的，既要激发他们目前的学习潜能，又要保护他们未来的生活质量。作为本章的结束，我们将巡视考察一所健康的、高水平的学校——一所以社会生态可持续发展为原则所建立和管理的学校，并畅想以此提升绿色学校领导模式的可能性。

体验学校建筑作为发展和学习的主要场所

当年幼的孩子们从家庭和邻里的熟悉环境进入学校，学校建筑的物理结构超出他们初始经验范围之外有关形态和理念的感知（Uline，2000）。只有教育工作者、规划师和设计师愿意"基于建筑设施的整体品质而不是一味紧盯无数个体标准"（Genevro，1992，p. 10）做出相应判断，学校建筑作为一种结构，才会开始激发思想、鼓励学习，就像它们能保护居住者免受侵害一样坚固有力。在绿色学校里，孩子们有机会在生态响应的学习环境中与其互动，这种环境揭示了其与更广大的社会及自然世界的关联。通过积极的、基于问题和项目的学习经验，学生们开始建立起对于他们彼此、社区、星球的责任感以及承诺。在绿色学校中，校园建筑设计和设施系统本身就体现了有关环境的管理，在这样的地方，孩子们首次了解了有其他人的社会以及世界是什么样子以及该怎么做（Gelfand，2010，p.3）。事实上，最近的研究表明，学校的可持续设计是反映儿童对环境态度的最佳预测因子，会促进他们与自然联系并增强他们对建筑环境会对自然环境有所影响的认识（Izadpanahi，Elkadi & Tucker，2015）。

考虑到有无数的变量会影响学生的学业成绩，包括学生的年龄差异、社会经济状况（SES）、可用地方和学校资源、教学质量、建筑自身的品质（如建筑年龄、设计、建筑系统、特点、设施运行与维护等等），而且这些混杂因素很难分离和控制，研究人员承认"建筑环境的影响看起来必然会较小一些"（National Research Council，2007，p. 38）。然而，有越来越多的研究将学校建筑设施的质量与学生的学习成果，包括成绩和态度以及教师的态度与行为联系起来（Earthman，2004；Earthman & Lemasters，1996，1998；Higgins，Hall，Wall，et al，2005；Lemasters，1997；Schneider，2002，2003）。

建筑的具体特点和条件已被证明会影响学生的成绩，这包括：气候控制和室内空气质量（Cash，1993；Earthman，2004；Hines，1996；Lanham，1999），照明（Barrett，Zhang，Moftat，et al，2013；Heschong Mahone Group，1999；Kuller & Lindsten，1992；Mayron，Ott，Nations，et al，1974；Wurtman，1975），室外景观（Heschong & Mahone，2003），声学控制（Evans & Maxwell，1997；Haines，Stansfeld，Job，et al，2001；Hygge，Evans & Bullinger，2002；Maxwell & Evans，2000），楼龄（Bowers & Burkett. 1988；Chan，1979；Earthman & Lemasters，1996；McGuffey & Brown，1978；O'Neill，2000；Phillips，1997；Plumley 1978），非现代化、现代化和翻新的建筑物（Maxwell，1999；McGuffey & Brow，1978；Plumley，1978）。此外，已发现各种设计都会影响学生的学业安排，包括灵活的课堂安排、运动和循环，以及积极的户外活动（Tanner，2008，2009；Tanner & Lackney，2006）。学生学习的地方对他们的表现、作为学习者的感觉以及整体幸福感有着很大的影响。

对造就动态学习环境的难度要有所认知

然而，有越来越多的证据显示，学校领导者，特别是资源贫乏地区的领导者，拼命努力使政策制定者及纳税人确信需要投入资源以更新或更换学校不良的、欠缺的设施。一份由 BEST（Building Education Success Together）发布的 2006 年国家报告描述了超过 10 年期间内美国公立学校建设情况（2006）。该报告介绍了全国范围内学校设施投资的规模、范围和分布情况。在过去 10 年中，美国的公立学校学区建造了 12 000 多所新学校，完成了 130 000 多个翻修和其他改善项目，有超过 3 040 亿美元用于建设、翻新和校园现代化等资本支出。数据显示，在用于相关设施建设的所有支出上，资源贫乏地区的学生获得的份额十分少。

一份有关密歇根州各区（已算出的资本存量与未达到资本投资要求）的当代研究表明，资源不足的地区持续保有最大的需求（Arsen & Davis，2006）。他们的结果也证实了 BEST 的发现（2006）。这些研究有助于完善和汇集更早前估计的需求，确认了许多最困难的学区只能继续将就地使用低质量的建筑（Mead，2005，p. 1）。社区和学区的领导者，特别是资源贫乏城乡地区的领导者，要尽力说服政策制定者和纳税人，需要扩大现有建筑存量，将落后的学校设施更新为 21 世纪的学习空间（Uline，Wolsey，Tschannen-Moran，et al，2010）。对于问题的严重性，似乎仍有许多人不为所动，与其他需要政策制定者、管理者、教师和社区成员关注的因素相比，资本投入对学生成绩的影响相对小。事实上，以往经验表明，对选择最好在何处投入我们的资源，这种非此即彼的决定可能是短视的（Crampton，2009）。

在最近一项名为“我们学校的状况：2016 年美国各州 K-12 学校的设施”研究中，核查了 20 年来国家与各州的公开数据，涉及美国 K-12 公立学校从 1994—2013 年的状况，以估计设施的运行、维护、现代化、适应入学率增长等有关成本（Filardo，2016）。全国范围内，各州和地区总共花了 9 250 亿美元用于维护和运营，平均每年约 460 亿。除了维护和运营支出外，各州和地区为新学校建设和改进现有学校投资 9 730 亿美元，平均每年近 490 亿美元。在过去的 3 年（2011—2013 年）总计支出每年近 990 亿美元。这看起来是对教育基础设施的一个巨大投资，然而，根据行业标准，各州和地区应支出每年约为 1 450 亿美元用于设施的维护、运行和更新，以“为 21 世纪所有的孩子提供健康、安全的学习环境”（Filardo，2016，p. 4）。

将历史开支与建筑业和负责设施管理的最佳实践标准进行比较，我们估计，国家在维护和运营方面支出尚缺 80 亿美元，而在基本建设费用上缺 380 亿美元。总体上，国家在学校设施开支上缺额为 460 亿美元，年缺口率约为 32%。差距随各州与地区有所不同，取决于地方社区的投资以及州一级学校设施经费的结构。不管怎样，除了 3 个州外，其余各州的投资水平均不符合标准。

并不是只有学生们会受到劣质建筑的影响。建筑的学习环境特点与质量也已被证明会影响社区持续参与学校事务（Berner，1993）以及教师的态度、行为、绩效（Buckley，Schneider & Shang，2004；Earthman & Lemaster，2009；Lowe，1990；Schneider，2003），还有他们会选择在哪里工作（Fuller，Dawter，Hosek，et al，2009；Horng，2009）。富勒及其同事的研究（Fuller，Dauter，Hosek，et al，2009）认为，洛杉矶新建的小学会吸引教学队伍中更年轻、近期培训过的成员。鸿恩（Horng，2009，p. 690）调查了 531 个加利福尼亚小学教师，询问他们在各种工作场所特性之间的选择，包含“学生的人口成分、工资和工作条件，包括学校设施、行政支持、班级规模”。早前的研究表明，教师会避开以低家庭收入、少数族裔、低水平学生为主的学校。对此的回应，鸿恩试图“将学生来源特点与教师工作的其他属性分离开”，以更好地理解生源特点是否作为低家庭收入、少数族裔、低水平学生为主的学校的一般工作条件的代表。这项研究的数据表明，当教师在选择学校时，平均而言，学校设施条件所占比重是生源变量的两倍以上，比工资一项要高 30%。

教师授课的地方对他们的表现、作为专业人士的感觉以及整体幸福感都有影响。事实上，为环境原则设计的学校形象会有助于招聘和留住高素质、在 21 世纪培训过的教师。研究表明，这些专业人士被吸引到这样的地方工作，这些地方能传达出有关学习和教学价值的明确信息。绿色学校对其成员的健康、福祉上的投入达到某种程度，学校建筑物本身就有助于促进学生学习、教师满意度以及更广泛的社会福利（Edwards，2006）。

是什么造就了绿色学校建筑的绿色？

2010 年，美国建筑师协会（AIA）、美国地方政府可持续发展协会（ICLEI）、雷德福中心（Redford Center）、美国绿色建筑委员会（USGBC）汇聚全国专家和当地领导，包括来自 10 个城市的市长和主管团队，研讨制定规划，以实现美国这一代人里每个孩子都能上绿色学校的愿景。由此产生的《绿化美国学校国家行动规划》，强调要每年花费数十亿美元建造和运营美国学校（学校基建在美国建筑业中占很大比例，2006—2008 年美国建造及维护学校的支出高达 800 亿美元）。根据规划的说法，有太多的学校被设计成最低标准，浪费了数百万美元的能源消耗，无法满足学生的学习需求。该规划还突出了全国各地的绿色学校，这些学校以等于或低于常规设计建筑物的成本建成，其构造和运营注重使用者的健康和能源效率（Rainwater & Hartke，2011，p. 5）。

按照被广泛接受的定义，这些绿色学校被称为是健康的高水平学校（Collaborative for High Performance Schools，CHPS）。绿色学校创建出健康的环境，有利于学习的同时节约能源、资源和金钱（USGBC）。绿色学校的建筑通常被称为高性能建筑，这些学校在其所有建筑系统中利用了可持续发展、节能的技术。这些建筑的设计特别注意其环境特征如声、热和视觉舒适度。绿色校舍还利用能源分析工具和生命周期成本分析，以确保持续的运营成本效益。正如本书第 1 章所述，美国有 1 732 所公立学校项目获得了 LEED 部分认证，这一数字仅占美国所有公立学校的 1%。虽然这些数据是令人鼓舞的，要实现《绿化美国学校国家行动规划》的愿景，即美国这一代人里每个孩子都能上绿色学校，学校学区与社区都面临着重大的挑战。

绿色学校领导是如何做到这一点的？

作为一个 21 世纪的学校领导，你无疑需要承认这是场艰难的战斗，你要问自己，在学校设计中我可从哪里开始运用这种生态反应的方法并发挥其作用？此外，考虑到目前职责的分量，我是否该付出完成这项任务所需的时间和精力？可以理解的是，规划做一所可持续发展学校，对学校学区来说，涉及新的设计、建设、管理做法，因而提高了风险赌注（Gelfand，2010，p. 19）。然而，考虑一下爱德华兹最近对英国小学的研究（Edwards，2006），他比较了 42 对绿色与传统学校，它们在占地大小、年级、社会经济状况和有特殊需要以英语为第二语言的学生人数上具有相似的特点。该研究考虑了五套绩效因素，包括标准化考试的表现、缺勤、欺凌、教师流失和因病缺课天数，以及教师和部门主管对他们工作经历的定性访谈数据。

这些绿色学校的设计以绿色生态原则为基础，展示出以下几方面特点：节能、健康（身体和心理）、舒适性、响应度和灵活性。研究结果证明了，除一所学校外，所有绿色学校的考试成绩一致提高了 3%~5%，而且那些待在教室时间更长、更年幼的学生会有更显著的改善。数据还显示，在绿色学校中，教师缺勤率和离职率降低，学生旷课率和欺凌（霸凌）率下降，学校所在社区也由此改善了相应形象。整体的绿色设计策略，即在设计、建筑和课程实践一体化的情况下，似乎比专注于绿色设计的单一方面有更大的优势。此外，无论地处城市还是乡村，优先考虑日光和自然通风的学校一般都会比其他学校表现要更好一点（Edwards，2006）。有意设计的高绩效学校似乎为学校领导者提供了一个独特的机会，从学校的物理特征、设施条件和当地环境方面来影响使用者和广大社区。这些理解可能影响社区对学校的承诺，显著影响学校学习气氛，并最终影响学生和教师的学习和表现。考虑到学校领导目前的所肩负责任的性质和分量，你似乎承担不起忽视那些绿色、生态敏感的学校设施所带来的好处。

出于孩子们的最佳利益来选择可持续发展的设计要素

根据国家研究委员会（National Research Council，2007，p. 2）的报告，绿色学校有两个互补的目标：首先，绿色学校旨在通过提供健康、安全、舒适和实用的物理环境来支持学生、教师和工作人员的健康和发展（身体、社会、智力等方面）；其次，绿色学校寻求具有“积极的环境和社区属性”。

将一体化方式方法运用于绿色学校的选址与设计，包括校址特征、建筑的取向、外立面；采暖、通风、空调系统；声学和照明系统等等方面，将会造就一个具有适当湿度、通风、空气质量、噪声、照明水平的物质学习环境（LPA，Inc.，2009; National Research Council，2007）。这种构思良好的建筑物起到了动态学习环境的作用，它们更健康，更环保。绿色学校的运营费用也不那么昂贵，而且在最好的情况下，建筑物本身就是学习的互动工具。

为了孩子们的现在

在第 2 章中，我们仔细探讨了教育者在考虑他们面临的决定——大的、小的、当前的或长远的决定时，会倾向于促进儿童最佳利益。我们观察到，当代对最佳利益概念的理解局限于人类中心主义、本地化和目前的基准框架，很少或根本没有注意到这些一天又一天的决定可能会影响校外或未来数代的孩子们。在这里，我们要考量那些构思良好、可持续的学校建筑设计如何促进我们现在和将来的孩子们的最佳利益，同时满足当地和全球生态、社会和经济方面的需求。

提供充足清洁的室内空气对孩子们最有利

室内空气质量取决于室外、室内空气污染物的存在与否，温度舒适度及感官负荷（气味、新鲜度），它影响孩子们和成人的健康，并可能影响学生的学习和教师的教学效率（National Research Council，2007，p. 54）。室内空气中的污染物和过敏原包括霉菌、灰尘、细菌和真菌产物，挥发性有机化合物（VOCs）和颗粒物，已确认与哮喘等呼吸道症状以及眼、鼻、咽喉刺激、头痛、疲劳等相关联（National Research Council，2007）。大气中二氧化碳（CO_2）的浓度升高的水平也与学生缺勤率相关（Shendell，Prill，Fisk，et al，2004）并降低小学生的注意力（Coley & Greeves，2004）。为了评估芬兰小学教学楼的室内环境质量与六年级学生健康状况与之间的关系，研究人员以健康问卷调查了 297 所学校的 4 248 名参与者（反馈率约为 62.6%）。在另一个涉及 56 所学校的子样本调查中，通过对学校教室通风率和热环境的测量来评估室内环境条件。学生们报告说鼻塞、疲劳、头痛为最常见的症状，而噪声和闷热的空气/很差的室内空气质量（IAQ）被确认为在教室中引起这些不适症状的最频繁因素（Turunen，Toyinbo，Putus，et al，2014）。

允许教室自然通风并结合可操作的窗户及其精心设计的可串联运作的机械系统，这样的设计思路可以确保教室内有大量的新鲜空气（National Research Council，2007）。例如，置换通风系统在靠近地板处引入洁净的、新鲜的、适度的空气，从而以较少的气流实现更大空间的通风。在这种情况下，在 4 至 6 英尺[①] 较小的舒适空间空气流动较少，使声学和能源使用更容易控制。更少的空气混合物同时能最大限度地减少灰尘和微生物的分布（Gelfand，2010）。一项有关瑞典 39 所学校建筑的研究证实，安装了新置换通风系统（其增加了新鲜空气供应率和降低了湿度）的

① 1 英尺=0.304 8 米

学校与没安装新通风系统的学校相比，两年内学校学生哮喘年发病率降低了 69%（Smedje & Norback，2000）。瓦国基和伟恩（Wargocki & Wyon，2007）所做的有关适度改善通风和温度（其他条件不变）的纵向研究证明，学生作业完成率提高以及每周测试的学生语言和数学技能的表现略有改善。当降低温度与增加通气量相结合时，在逻辑思维测试中作业完成率增加。最近一项有关美国西南部 70 所小学的研究中，研究人员在 2008—2009 学年内，在一个有关教室的子集中，调查和监测了多个室内环境质量（IEQ）参数。提取的测量数据来自 140 个五年级教室及其学生学业水平数据（基于社会经济变量及标准化考试成绩，$N = 3\,109$），研究人员运用一个多层次的分析，发现通风率与数学成绩有统计学意义上的显著关联。对应于每升每秒每人所增加的通风率，学生的平均数学成绩（平均 2 286 分）提高了 11 分（提高率为 0.5%）。对于有关阅读和科学的成绩，也观察到类似的规模效应，但具有更高的变异性（Haverinen-Shaughnessy & Shaughnessy，2015）。另一个被广泛引用的研究显示，在可打开窗户的教室里学习的学生要比在固定窗教室的学生成绩提高快 7% ~ 8%（Heschong Mahone Group，1999）。

充分利用日光和高品质的人工照明系统对孩子们最有利

在学校的每一天，学生们有各种各样的学习任务，其中大部分涉及视觉利用。事实上，“学习环境的视觉品质是设计中最关键的方面，因为孩子在学习过程中非常依赖视觉”（Baker & Bernstein，2012，p. 10）。光线的数量和质量参数都是设计决策中的重要因素，关于什么是适当的数量参数已有广泛的共识，而在质量参数上需要进行额外的研究（Baker & Bernstein，2012）。

高质量的自然光有助于创造一种身心愉悦感，而不仅仅是有助于视力（Barrett & Zhang，2009）。建筑朝向是有关光线控制的基本设计选择，要考虑到东、西、北、南各立面可用日光的变化。额外的采光设计策略，要通盘考虑到窗户的尺寸和位置、通风窗、天窗、日光灯和灯架，等等，来优化日光分布并尽量使光线深入到给定的空间。磨砂玻璃和易于操控的窗帘等遮光物有助于消除眩光，并为教师在白天和不同的学习活动中提供必要的照明控制。窗户、视景以及各种形式的光线，都与学生的健康、学习和行为相关联，日光对学生学业方面多有积极的影响，很可能是由于其对人体的生物效应。例如，库勒和林斯滕的研究（Kuller & Lindsten，1992）确定学生缺乏自然光照会使季节性皮质醇的产生出现延迟，而这是一种浓度与注意力呈正相关的激素。何斯昌・马宏集团（Heschong Mahone Group，1999）分析了加利福尼亚州橙县、华盛顿州西雅图市和科罗拉多州柯林斯堡市三地共

2 000 间学校教室的数据。其中考虑的因素包括：21 000 名学生测试结果、生源统计数据、建筑平面图、航空照片、天窗状况、维修记录、采光条件等。调查结果显示，在一学年内，学生在有日光的教室比在没有窗户的教室里的学习，在数学和阅读上表现出更大的改善。

哈萨韦（Hathaway，1995）进行了两年的研究，考察各种照明系统（全谱荧光、全谱荧光与紫外线灯的补充、冷白荧光、高压钠蒸气灯光）对小学生口腔卫生、出勤率、舞蹈、生长发育、视力和学习成绩的影响。结果表明，接受紫外线补充的学生比没有补充的学生有更少的蛀牙、出勤率更好、身高和体重增加、学习成绩更好。在高压钠蒸气灯照明下，学生的身高和学习成绩增长速度最慢，出勤率也较低。

学校通常所用的照明系统，结合了人工和自然光源，考虑了不同的房间配置、装饰布局、墙面和地面。理想的学校日光照明方案允许有弥漫性或反射的阳光，但不是在夏天而是冬季有需要的地方；允许可见窗外景但防止眩光；还需有电气照明控制，以调整人工光源响应可用日光和用户需要（Gelfand，2010）。控制光线要考虑适应各种学习活动和它对使用者的情绪的作用，学校安全和工作时间安排也是要考虑的重要因素（Uline，Tschannen-Moran & Wolsey，2009）。

规划设计出有效的教室音响符合孩子们的最佳利益

声学性能包括在封闭空间内控制周边和外部噪声，以便提供高质量的条件来产生和接收所需的声音。噪声的控制和听觉感知的质量决定了声环境的性质和质量（Barrett & Zhang，2009）。大量研究表明，为确保学生有最佳学习条件学习，减少背景噪声和最大限度地提高语音清晰度有重要意义（Berg，Blair & Benson，1996；Knecht，Nelson，Whitelaw，et al，2002）。学校的设计决策，要考虑位置以避免过多的外部噪声，还要考虑教学空间布局尽量减少内部噪声侵入，并按房间特点做好设计，利用吸声材料来降低声音的回响，确保高质量的声学性能。然而，大多数情况下，学生和教师受困于声学效果差劲的教室（Feth & Whitelaw，1999；Sato & Bradley，2008）。

在教室里过多的噪声和混响是一个困扰所有孩子的问题，尤其是听力受损的学生（Finitzo-Hieber & Tillman，1978，Nabelek & Pickett，1974）、学习困难的学生（Bradlow，Krauss & Hayes，2003；Elliot，Conners，Kille，et al，1979）和那些以英语为第二语言的学生（Nabelek & Donahue，1984）。最近有关德国小学生的研究结果表明，回声混响会对语音感知和口语内容短期记忆有重要影响（Klatte，Hellbruck, Seidel, et al, 2010)。相比于享受更高质量声学环境的孩子，从混响时间增加的教室出来的孩子对他们与同学和老师的关系的评价都不高。

生态良好的设计决策可通过高质量的供暖、通风、空调和管道系统缓解噪音问题。通过精心选址和空间配置规划以及仔细考虑窗户、墙壁和门的声学质量，也可实现对室外及相邻空间的噪音控制。总之，有效的教室声学效果是出自深思熟虑的规划，它考虑外部和内部噪声源、设置环境噪声水平标准，并通过调试过程验证效果(National Research Council, 2007)。我们将在第 7 章、第 9 章更详细论述调试过程。

保持教室内的舒适热度符合孩子们的最佳利益

通过控制温度、湿度和气流来保持建筑环境内的热舒适度。一个设计得很好的建筑外围结构(建筑外墙外壳)，加上高效率双层玻璃窗、有利于太阳能接收和通风的选址和利用高热阻绝缘体，可以有助于造就好的外部条件(Taylor, 2009)。高性能的加热、通风和空调(HVAC)系统有助于减少学生分心并使其专注学习。当教室太热、太冷或太潮湿时，学生和老师都很难静下心来。可以理解的是，他们想去那些更诱人和舒适的地方，而不是尽力从事手头的工作。

已有一份很专业的文献论述了办公建筑的温度和湿度对用户的舒适度和工作效率的影响(Wang, Federspiel & Arens, 2005; Wyon, 2004)。同样，一篇备受尊敬和经常被引用的研究综述，论及了学校设施对学生成绩的影响，并建议湿度水平在 40%～70%，温度在 68 华氏度至 74 华氏度[①]之间，会最大限度地提高学生的舒适度和学习表现(Schneider, 2002)。伟恩和瓦高基(Wyon & Wargocki, 2007)研究指出，降低房间温度与提高学生完成考试速度和考试水平有关系。瓦高基等人还曾对 2 个教室中 10 岁的学生们进行了一场干预测验(Wargocki, et al, 2005)，也揭示了温度降低与在减法和阅读中的作业完成率提高显著相关。

在这些研究中，想个人控制身体舒适度的希望尤为突出。老师们似乎非常看重他们有能力打开窗户然后调节房间温度使环境条件和课堂活动水平产生变化(Heschong & Mahone, 2003; Uline, Tschannen-Moran, Wolsey, et al, 2009; Wargocki, et al, 2005)。对于有能源意识的学校领导者来说，问题仍然存在，即"如何在保持能源使用的同时能够提供单独的热控制"(Baker & Bernstein, 2012, p. 13)。

① 68 华氏度=20 摄氏度，74 华氏度≈23.33 摄氏度。

提供进入自然和户外的充足途径符合孩子们的最佳利益

一处精心选择的学校校址，会增强地方感，尊重现有的地貌，支持循环，减轻热岛效应，并提供资源保护和栖息地保护的机会。生态敏感的校园设计创造学习景观（Taylor，2009）并带有无数的相互关联的特征，如包括自然（气候、植物、动物、土壤和岩石、湿地），建筑物（游戏场、岛区、通路、运动场馆、座椅），感觉（纹理、图案、色彩、声音、气味），文化（聚会场所、当地材料、学生和公共艺术、乡土设计），农业（园林、土地管理、果园），户外教室（气象站、太阳能和风力发电站、创新、绿色住宅、集水系统）等等元素（Taylor，2009）。在组合运用中，这些可持续学校校园的特征可为开展各种学习活动提供多样化场地背景（Gelfand，2010）。当设计一处学校庭院或广场或校园的任何其他一个地方时，选择能够满足多种教育功能的特征可能是最明智的投资，“一种设计选择，可以相继带来如阶梯瀑布般的正面效益……”（Cole，2013，p. 222）。例如，本地种植可以包括静态标志，以教育路人认识环境所带来的益处，也可以纳入生物课程供学生观察。通过教室窗户，绿化景观也为精神疲劳的学生和教师提供了恢复性的好处。（Cole，2013，p. 220）

大量研究表明，接触自然有益于儿童和成人的健康（Kuo & Faber，2004；Louv，2005；Noddings，2006，2013）；自然景观有愈合康复效果（Ulrich，1984）；自然对心理健康有积极影响（Zarghami & Fatourechi，2015）。此外，已证实户外活动比室内课堂能激发更多的创造力（Lindholm，1995），并对学习有积极影响（Fjortoft，2004）。

巴雷特等人（Barrett，Davies，Zhang，et al，2015）研究了教室物理特征对学业成绩的影响（如学生标准化考试的成绩），涉及英国 27 所小学 153 间教室及 3 766 名学生。巴雷特等人致力于探讨“教室空间对用户的整体影响……在特定空间里历经多重感官输入”（Barrett，Davies，et al，p. 119）。这种方法突出了“由内向外、感觉敏锐”的设计，让学习者处于决定一切的中心（Barrett，Davies，Zhang，et al 2015，p. 131）。研究人员认为，有三个设计原则，包括个性化（所有权、灵活性和连接），刺激（复杂度和颜色），自然性（光、声、温度、空气质量、与自然之联系）。建筑环境因素对学习的综合作用在学习进度量上占 16%，而设施设计中的自然性因素对学习的作用约占 50%（Barrett，Davies，Zhang，et al，2015）。

好的校园设计会在室内到室外之间设置各种过渡（Taylor，2009），允许学习过程延伸出课堂的墙壁，从而挑战那种自身只限于课堂教学的建筑（Uline，

Tschannen-Moran，Wolsey，et al，2009）。当学习景观的设计方式能让孩子感觉到那些空间和来往的通道所含的内在逻辑，他们在这种自然环境中会感到安全和自在。而且，当孩子们被允许体验大自然的各种各样的变化如颜色、形状、质地、声音和气味的时候，他们很容易产生激动、好奇和笃定的情绪。这些都是美好的经历，“希望那些对自然环境能有所理解、利用和感受的学生成长为懂得欣赏、保护大自然这些健康、功用和审美特性的成年人”（Taylor，2009，p. 327）。我们将在第 8 章中讨论所有这些益处。

为了孩子们的未来

盖尔芬德（Gelfand，2010，p.53）指出：“人们体验一栋建筑……通过移动和记忆，并没有意识到其中有机械和结构系统在起作用。”然而，这些机械和结构系统以及这些系统的持续维护和运行，在减少环境负面影响方面发挥着核心作用。进一步讲，绿色学校设计实践有可能改变我们体验建筑环境的方式。透明的绿色解决方案使建筑系统可见，儿童与成人有机会体验并与之互动，了解这些高效、可再生能源系统、资源系统、废物管理系统、生态敏感建筑如何集成一体，“放大”各组成部分的有效性（Gelfand，2010，p. 54）。为了孩子们的最佳利益，要实施一体化的设计方案，这些方案将生态良好的机械和结构系统用于我们的学校，不仅因为这样做会影响孩子们现在的学习环境质量，还因为它们有可能深刻地影响孩子们将来的生活质量。 我们将在第 7 章论述可持续运营和维护实践如何节约资金和减少学校的碳足迹，届时对这些系统会进行更详细的探讨。现在，结合以下这些例子进行思考。

我们在设计能提高能源效率和发电能力的系统时，保护孩子们的未来

除了节能型照明、供暖与制冷以及通风系统外，绿色学校领导也在利用风能、生物质能、地热能和小型水力发电厂为学校供电。绿色屋顶还能隔热，减少热量损失，并减少或消除屋顶热岛效应。

我们在设计资源保护系统时，保护孩子们的未来

不仅在厨房设施、卫生间和体育馆的更衣室利用节水管道技术，绿色学校领导还应利用生物技术净化这些水，然后再流入校园景观。绿色学校领导者还应实施有效的采购做法，这些做法考虑到建筑材料的生产和运输，并使用当地生产的、能快

速再生的材料和回收率高的材料。

我们在设计废物管理系统时，保护孩子们的未来

伴随建筑垃圾减量系统的利用，最大限度地回收、堆肥处理、循环利用那些建筑拆除和土地清理所产生的废物，绿色学校领导正在制定学校范围内的规章制度，期待并倡负责任的、有良知的习惯。

我们在设计促进生境保护制度时，保护孩子们的未来

结合紧凑的学校设计，充分再利用现有的学校场地，这有助于保护未开发的开放空间。此外，绿色学校的领导们应把他们的校址视为自然系统，尊重和保护湿地及其他现存的栖息地以作为学习的实验室。

通过这样一些举措，绿色学校建筑将成为可视化可持续发展行动的载体（Seibold-Bultman，2007），而通过综合应用这些生态系统和方法，我们的校园开始在确保孩子和星球所应有的可持续发展未来上发挥重要作用。然而，怀疑论者继续认为，绿色系统和技术对于学校维修人员来说太复杂了，绿色材料不耐用，而且最常见的是绿色材料成本太高。事实上，良好的采光、通风、场地设计和建筑系统的有效整合不应花费更多的钱（LPA，Inc.，2009）。然而某些材料、控制器和传感器自身是昂贵的，应在整个系统的背景范围内仔细考虑这些部件的费用（Gelfand，2010）。

格雷戈瑞·科茨（Gregory Kats）在 2006 年提出的一份全国性报告里，将绿色学校与传统学校的财务成本与效益进行了对比。所收集的数据来自 2001 至 2006 年间 10 个州的 30 所绿色学校，就每平方英尺的成本来讲，绿色设计比传统设计高出 4 美元，但绿色设计的运营效益实现了每平方英尺节省约 68 美元。因此，绿色学校的成本费用比传统学校高不到 2%，但产生的经济效益要大 20 倍。然而，像汤姆和安吉拉一样，那些正在尝试绿色学校领导实践的校长们经常要与当前学校设施与条件的局限作斗争。试想一下，如果他们喜欢的这些绿色设计和可持续管理实践所能带来的一切得以实现，那会怎么样。我们需要考虑一下前景。

当我们的学校实现绿色学校领导模式

当你离开你的车或者公共汽车，或放好你的自行车，或只是沿着人行道走过来，学校大楼即耸立在你面前，像生命一样伟大。你穿过一片上有光伏板的遮阳罩，它给你遮阳的同时又为你即将入的学校创造了能量。正面凸出的遮檐展示着学

生的成就并通知即将举行的活动。无须别人告知，因为你了解这个地方。无论你是在城市、郊区，还是农村，你都知道从星期一到星期五每天早上学生们会来到这个地方。一旦进入校园，他们就可以找到教室，坐在指定的椅子上，在那里，忙着处理手头的事情。 每一天，学生们加入学校建筑的隐秘节奏、充满活力的嘈杂和具有当地色彩的学校气场中。你可能是老师，也可能是学校校长，你可能是学校董事会的一员，或者管理一个有许多学校的学区。即使你从未在学校工作过，你对自己的学生时代也该记得很多。然而，这所学校是不同的，它是一所绿色学校。你注意到前门旁的标牌，表明这座建筑物已经 LEED 认证，表明它符合绿色建筑设计的高标准。你一进门，就发现这是一个有着舒适的长椅、生长的植物和顶上天窗透入充沛自然光的大厅，大厅可作为教室、图书馆，甚至一个礼堂，它让人感觉亲近和新鲜，暗示新的学习可能性。校长办公室就位于大厅一端玻璃墙的后面，这是你在校园里的第一站，了解校园的切入点。靠一面墙处有邮箱柜架，每个投递口下有不同的人名，下面是一个便利的回收桶以回收废纸。有个办事柜台，其背后是办公桌，用于秘书接待、接听电话，在他们身后是一扇门，上有校长的名牌。

周围的活动引起你的注意。孩子们、大人们不断地来来往往。几分钟后，你在来访者名册上签名，一个秘书给你一个访客胸牌，并指引你该去的方向。走廊的宽度比人们想象的要宽。教室里的门都敞开着，学生们在走廊两边舒适的长凳上三五成群地讨论，门和门周围的空间似乎被用作学习空间的延伸。在展示区，显著地陈列着与各教室不同主题研究相关的海报和学生创作作品。你会注意到从一扇门到另一扇门的距离，并发现走廊中这段不同一般的墙壁，墙是透明的，也许是有机玻璃，通常是隐藏有管道和电线。有个标牌解释了建筑物中水和能量的流动。现在你可以听到你的鞋子在瓷砖地板上的声音，你停在一扇敞开的门前，探头进去，一个学生走来欢迎你。教室很大，呈长方形，沿一面墙上开有高度适中的窗户，你可以看到书架和一些桌子，但没有单独的课桌。有许多学生互相交谈，但房间并不吵闹；房间的声学设计着眼于吸收而不是放大噪音，从而有利于学生专注学习。教室里配置有各种电教技术设施，一群学生坐在桌旁使用笔记本电脑，在前墙上安装了一块电子白板，被一群学生围住，老师正带领他们探讨当地的水文流域。这些学生们将在展示区继续他们对本地流域的探究，他们有机会通过研究、实地考察和资料收集了解当前和历史上土地的利用与水质情况。他们正在忙着为当地的水域委员会开发一份流域报告。

你选择一个合适的时间继续前行，你会注意到这座大楼保养得很好。地板和窗户闪闪发光。你旁边的一个学生弯腰从走廊地板上捡起一些纸片，然后将它们放进回收箱。你站在休息室，发现这个空间也很干净、空气新鲜，但没有一点儿空气清新剂或化学制剂的气味。这有教育性标牌解释厕所和水槽的节水策略，用户可以选择一种高效节能的烘干机或用再生纸制成的纸巾，额外的垃圾桶收集不可做堆肥的垃圾。回到走廊里，大楼里的空气清新，没有有毒的气味，你注意到，在许多教室里，窗户都敞开着。可以想象，像我们大多数人一样，老师也很重视打开窗户让新鲜空气流通。在拥挤的空气不流通的教室中，用不了多少时间，二氧化碳就会增加从而引起学生注意力分散。有充沛的自然光透过这些窗户；此外，走廊交叉路口的天花板上也有三个大型天窗，从这些走廊中心延展出各级侧翼。

这会儿对学生来说已是午餐时间，你跟着他们向自助餐厅走去。餐厅的特色是有一面长长的玻璃墙，提供了包括运动场、游乐区和花园在内的绿色开放空间的全景。自助餐厅经过精心设计，以提倡选择健康食品，沙拉酒吧的特色菜是在当地、甚至是在学校花园里种植的。学生们在抵达后很快就可以选择这些美味的蔬菜。他们参与过种植和照料这些蔬菜，知道这些食物来自哪里。今天的主菜不是你以为会有的热狗和薯条，而是些轻度加工而又诱人的美食，健康的学校午餐是学生成功的关键因素。

大楼的两侧是停车场和游乐场，或许也是中学的运动场和看台。在何种程度上校园能为学生提供在自然环境中学习和玩乐的机会，部分取决于地理环境。这所学校的校园设施是学生学习社区的一个重要表现。例如，几年前学生们发现一个运动场下雨后会遭水淹很长时间，限制了他们的运动。作为他们学习水文流域的一部分，他们发现了更好地管理水流的策略，能够消除那些既阻碍他们玩耍又成为蚊子幼虫滋生地的积水。在社区伙伴指导下，他们设计并建造了一个以当地植物为特色的、美丽的雨水花园。现在有社区成员来学校参加有关研讨会，学习如何在他们的院子里做同样的事情。

到你离开的时候了，你带着所思、所想、所获离开学校时，你会发现你在这里所花的时间是非常值得的。你来这里时有自己的想法，你认为在这里会找到或发现什么。在这里你已经学到了一些东西，而现在要离开了，已体验到学校有所转变。当穿过这所学校所在的城镇或城市回去时，你会意识到学校是与更大的社区连为一体的。从学校的每一栋楼起始，通过不同层次的学校学区结构，与当地社区相连并一直扩展延伸至市、州、国家，学校和它们互为期望和依托。社区将其未来托付于学校，学校也将其未来托付于社区。而对所有人来说，无论是现在还是未知的将来，他们的生活和生计都是相互依存的。

结论

回顾过去，展望未来，我们要建造不仅能容纳我们自己而且要超越自己的建筑。杜威写道："建筑……表示……人类集体生活的永恒的价值"（Dewey，1989b，p. 225）。然而，在讨论资金支出和学校设施规划时，有太多的社区缺乏资源或意愿以及无法超越预算和底线的棘手问题。有关舒适、美丽和幻想的理念常常被认为是难以理解且昂贵的。然而，如果我们希望学校成为卓越中心并支持本地和全球社区的价值观，也许现在正是时候更为注重未来了。也许学校领导者应该进行一次关于生活品质的对话，这品质超出孤立的地方社区范围，学校领导者要代表他们的学生、家庭与他们所服务的社区相互交流关于走向绿色的挑战和益处。

根据泰勒的观点，"理想的教育环境是精心设计出的客观场所，由自然、建筑和文化等部分组成，以协同适应身体、心智和精神上的主动学习"（Taylor，2009，p. 31）。作为学生们生活中的重要场所，当学校体现了可持续的设计原则，就成为丰富、多样和动态的学习环境，学生在其中获得作为当地和全球公民的使命感，他们可以为自己和彼此的未来做出贡献。此外，这些绿色学校就是"传播理应遍及整个社区理念的理想场所"（Gelfand，2010，p. 7）。因此，学生们就会通过实际体验富有特征的学校环境设施——菜园、示范厨房、堆肥场、能源系统监测器、池塘等等——形成责任感、当家作主的管理意识和主动参与学习的动机。他们从这些精心构思的空间中推导出意义和目的并获得信心向他人讲授他们所取得的重要发现。

讨论题

1.思考如下关于你的学校建筑的问题：在学校校园的什么地点或空间会使学生们感觉自在，有归属感？当我的学生们需要集中精神时，他们会去什么地方？他们最喜欢去什么地方与同学一起学习？让你的学校的一些学生们自己回答同样的问题，并与你的答案相比较，看有什么不同？

2.让教师们讨论说明他们计划安排的即将开始的学习活动，着重于他们所要利用的学习环境的物理特性，并记录这些对话。从这些对话中，你学到了什么？

3.列出学校的建筑设施服务符合学生们最佳利益的十种方式，以及不符合学生们最佳利益的十种方式。在哪些建筑设施条件或功能方面你有控制权？在你拥有控制权的条件或功能方面，如果不能全部改进，至少制定并实施一项改进计划。

第 7 章 全校可持续发展的运营与维护

学校各部门全面实施可持续发展举措具有良好的商业意义。如果学校的一个部门能显著减少运营维护预算，提高学生和工作人员的健康水平，并在培养学生应对21世纪复杂性能力的同时提高其考试成绩，那么就应该抓住每个机会推广这一做法。所需要的就是愿意从大处着眼，小处着手，行动起来。

——蒂姆·科尔（Cole，2015，p. 34）

我们是按人体的尺度建设学校的，即按身体的长度、宽度、质量，并考虑人所感知的空间以及在其中移动的幅度，也就是说我们如何展开、坐立、行走和互动。例如，一般人站立会占据 1 英尺[①]8 英寸[②]见方的空间，坐时则要 2 英尺 5 英寸见方。平均而言，三个人站在一起，需要 5 英尺 7 英寸见方的空间，而一个坐轮椅的人可能需要大至 6 英尺半见方的空间。在这些尺度之上还需考虑伸长手臂的距离，一步的长度，轮椅的轮子每转一圈完成的距离。 我们如何设计确定房间的形状、走廊的宽度、斜坡的坡度要取决于人的尺度。需要以对人体结构和功能的认知为指导来规划我们所居住的生活空间。就是说，我们要围绕学校实际来建设我们的学校。我们不想建超出实体所需尺度的建设，为了安全和效率以及便于移动和进出，我们需要一个合适的空间（Uline，2000）。

我们越来越认识到，建筑物也必须以适应和维持自然世界的结构和功能的方式建造。如同我们不想建超出人的实体所需尺度的建筑，就应该深究那些不考虑环境适应性的建筑方式的愚鲁。对传统建筑长期影响环境的担忧促使建筑业主寻求更可持续的选择。在最近的一项研究中，美国绿色建筑委员会（USGBC）核查了绿色建筑以及按“能源与环境设计领导模式（LEED）”进行的建筑施工对经济所作的贡献（如美国国内生产总值（GDP）、就业、劳动收入、个税、州及国家一级的环境

① 1 英尺=0.304 8 米

② 1 英寸=2.54 厘米

指标）。研究发现，目前绿色建筑的增长超过一般建筑。《2015 道奇建设展望报告》（2015 Dodge Construction Outlook）（它提供美国建筑业开工情况的预测）的数据进一步表明，绿色建筑的建设将持续增长至 2018 年底，从 2015 年至 2018 年，每年的绿色建筑支出预计将增长 15.1%，从 2015 年的 1 506 亿美元增至 2018 年的 2 244 亿美元（Hamilton，2015）。

同样，据“麦格劳—希尔建筑”的《2013 教育绿色建筑智能市场报告》的估计，在 2012 年教育部门的建筑开工量中，有 45%是绿色建筑。在被调查的 K-12 学校中，有超过 80%的学校已经至少进行了一些绿色改造和运营改进，而那些做了超过 90% 绿色改善项目的学校预计到 2015 年将增长到三分之一（McGraw-Hill Construction，2013）。正如学校是建立在人的尺度上的，在建设绿色学校时，要根据周围生态系统的尺度和动态，并依据有关结构、机械、技术的具体规则来建设。建筑规范是明确规定建筑能力和建材的规则。它们规定了有关建筑结构、开窗尺寸/位置、出口、供暖、通风、管道、污水、灯光、警报、现场排水和储存的要求。这些规则是基于健康、安全和一般福利而制定的。

还需要应用那些经由观察、体验、测试并形成共识的实践知识来制定这些法规。最近“绿色学校中心”在题为《我们学校的状况》的报告中估计，需要花费约 2 710 亿美元才可使美国的学校建筑达到正常使用状态并符合现行的建筑法规（Center for Green Schools，2013）。我们还没有把我们孩子的最大利益置于公众意识的中心，我们认为这些规则过于累赘，继续实行最低限度的承诺。

据美国总会计办公室的说法，有多达 1 400 万名学生所在的学校被认为是不合格的甚至是危险的，有近三分之二的学校建筑设施需要广泛的修理或更换（U. S. General Accounting office，1995）。我们有太多的学校陷入年久失修的状态，而对我们工作、吃饭、娱乐或购物的地方，我们是不能接受这种状况的。

2007 年，国家教育统计中心报道，近 44%的校长不满意他们的学校设施条件并发现这些失修的设施妨碍了教学（Chaney & Lewis，2007）。通常情况下，长期的资金短缺使建筑维修位居学校优先事项清单的末端，导致基本的加热、通风、照明系统老化、损坏（Kats，2006），特别是以低收入家庭学生为主的学校（National Center for Education Statistics，1995）。

加州大学伯克利分校“城市与学校中心”的最近的一项研究发现，在 2008 至 2012 年之间，超过一半的加利福尼亚学区未能满足资源更新的消费行业基准，超过 60%的学区不符合基本的运行和维护标准（Vinncent & Jain，2015a）。低收入家庭学生为主的学区与高收入家庭学生为主的学区相比，学校总体运营资金用于维护的经费反而更多，而为教学项目留下的资金更少。

“总的来说，这些结果表明，许多学区，特别是那些为高需求学生服务的学区，有很大风险会陷入设施预算资金严重不足、学校衰败、教育业绩衰落的困境”（Vincent & Jain，2015b，p. 2）。最近数据显示，在全国范围内各学区在设施资金分配上存在不平等分布（Filardo，2016）。

正如在第 6 章所论述的，很差的室内环境条件（包括不充分和低质量的照明、噪音过大、室内空气质量差、潮湿、表面污染、通风不足）影响了教师和学生的健康，影响了课堂教学和阻碍了学习（National Research Council，2007）。此外，研究表明，学校硬件设施失调、失修与学校环境的混乱显著相关，这些条件可以引起学生的恐慌感，从而削弱了学校的集体效能感（Plank，Bradshaw & Young，2009）。另一方面，数据还表明，随着学校建筑设施状况从较差提高到良好，平均成绩预期将增加 5.455 点；而从较差提高到全优，平均成绩则会增加 10.9 点（Berner，1993）。即使在如此令人信服的证据面前，我们常常选择短视并囿于在心态、政策和实践上的吝啬习惯，从而削弱了我们缩小成绩差距、改善我国儿童生活状态的努力。

当我们致力于解决学生和社区在 21 世纪的需求时，我们有机会扭转这一趋势，将我们的重点放在学校生活的人性方面，并加深我们对有关人与自然/非人类物种之间相互依赖性的理解。当我们学会阐明这种扩大的视角的好处时，我们就可以汇集公众的意愿，以满足现有的规范，甚至超过这些最低要求，为我们所有的儿童提供高质量、可持续的学习环境，不论其社会经济地位如何。这样的学校不仅改善了孩子们的生活状况，而且改善了我们的星球。

在这一章中，我们将从新的意义上探讨学校设施运行与管理的实际功效，因为我们已经明了它们对确保孩子们的福祉以及地球的福祉的重要性。首先，强调孩子全面整体的需要，提醒我们自己要充分认识到物质的学习环境对学生在生理、社会、情感和认知等方面福祉的影响。然后，要考查这些注重可持续发展的校长怎样与他们负责建筑设施的同事一起，以减少能耗、保护自然资源、减少浪费的方式来营造和管理健康、安全、可持续的学习环境。我们还要考虑，怎样通过这些绿色的运行和维护规程来充分利用我们日复一日常居其中的“三维教材”（Taylor，2009）。最后，我们要提醒自己，我们必须团结起来，成为绿色领导者，向公众宣传绿色学校的好处，造福我们的孩子、我们的地球和我们自己。

以学生为中心的建筑管理

近年来，教育和卫生保健专业人士公认，需要有统一方案处置学校卫生与学生福祉，这样有助于促使健康和教育成果之间更加协调并进（Lewallen，Hunt，Potts-Datema， et al，2015）。在过去的几十年里，这些专业人士的工作有些各自孤立。1987 年，美国疾病控制与预防中心（CDC）在学校实施一种促进健康和预防疾病的系统方法——“综合性学校健康计划”，这是一种被卫生界广泛接受的“协调学校卫生”（CSH）方法，但对学校教育工作者来说不一定有所闻或能接受。二十年后，监督与课程发展协会（ASCD）成立了完好学生委员会，促使教育工作者超越狭隘的学业成功定义，以确保所有学生享有良好健康以及在学校感受到支持、激励、参与感和安全感（ASCD，2007）。

2013 年春季，监督与课程发展协会和疾病控制预防中心召集了一批教育和卫生领域的专家探讨实施 CSH 和“全面完好的学生”方案所得的经验教训，并考虑综合利用这些知识，合作提出新的模式（Lewallen，Hunt，Potts-Datema，et al，2015）。这次合作的成果就是“全学校、全社会、全面完好的学生”（WSCC）方案，它综合、扩展了“全面完好的学生”与 CSH 方法的元素，创建了一个统一的模式。它支持运用系统的、集成的、协同的方法来促进学生健康与学习。根据作者的观点，“WSCC 模式是一种生态的方法，是针对整个学校以及学校从中获取资源和产生影响的整个社区，以满足培养全面完好学生的需求”（ASCD & CDC，2014，p. 6）。

健康、安全、能参与、受支持、受激励的学生们位于 WSCC 模式的中心。环绕“全面完好学生”的是学校和社区的社会生态系统，虽然自然生态系统没有明确地出现在该模式或模式说明中。该模式包括有关学校健康的十个部分：体育教育与体育活动，营养环境与服务，卫生服务，咨询、心理、社会服务，社会与情感环境，物理环境，员工健康，家庭参与，社区参与，健康教育（ASCD & CDC，2014）。不同于前面的“全面完好学生”方案和 CSH 方法，WSCC 包括一个单独的成分——物理环境，从而促使我们更多地关注本章所讨论的问题。根据 WSCC 模式，物理学校环境包括学校建筑及其内容、学校所在地和周围的区域。一处健康的学校环境将确保学校有完备的物理条件用于正常运行以及其他过程，如改造翻新（包括通风、湿度、温度、噪音、自然和人工照明等方面），保护学校成员身体免受各种威胁（如犯罪、暴力、交通、受伤等）及危害（在空气、水或土壤中的有害生物、化学制剂，以及那些故意带到学校的有害物质，如污染物、霉菌、危险品、农药、清洁剂等）（Lewallen，Hunt，Potts-Datema，et al，2015，p. 733）。

在讨论学习和教学时，经常忽视对物理学习环境的管理。通过强调学校物理环境对满足全面完好学生需求方面的重要性，WSCC 模式提升了绿色学校领导者（校长、托管人、工厂经理、车间工长）的作用，强调其对提供健康、安全的学习环境负有必要职责。

在努力成为绿色学校领导者的过程中，安吉拉和汤姆向他们学区运行和维护部门的关键成员寻求咨询。他们感兴趣的是有什么办法增强学校建筑的健康状况，同时减少学校的碳足迹；他们想更多地了解该地区在这方面有什么举措。这些知识将成为建立学校级绿色团队的基础，而教师、学生和家长在实施中会担当领导者角色。他们调动了教师的积极性，但也需要运行和维护部门接受他们所做的努力，如邀请专家参加会议，以培养知情决策的能力以及获取组织对未来行动的支持。汤姆分享了他与区车间工长第一次见面的感受。

运行和维护部门的职员对参与这一过程非常兴奋。这些职员中有一些已经在这里 40 年了，他们的父亲曾在这里工作过。他们去过这些学校，所以他们真正地投入这个社区。他们是技术专家，来自 9 个不同的车间，是 9 个拥有不同实际专长的工长，他们带来了巨大的知识储备，事实上并没有人要求这样做。要以培养“全面完好孩子”的需求为导向来管理整个学校设施，我们必须从整个学校及整个社区获取资源和影响力（ASDC & CDC，2014）。我们应发出衷心的邀请，不低估运营方面同事们的能力或期望，课程与教学、运营与维护不能够各自独立。事实上，绿色学校提供了一个案例，说明当我们并肩前行时会发生什么。

维护保持健康、安全、可持续的物理学习环境

第 4 章介绍了世界各地的一些绿色学校，那些学校的后勤设施专业人员与他们的课程教学同事齐心协力合作。在这些学校里，绿色学校领导者在学校传统上分离的课程教学与后勤设施两部门之间建立起桥梁，综合利用知识专长来管理物理学习环境以改善、提高教师的教学效果、学生的福祉和学业成绩。此外，这些学校自身成为重要的教学工具，可用于培植、构建可持续发展所必需的价值观、知识、品格和动机（Nolet，2016）。奥尔（Orr，1993，p. 27）提醒我们：“建筑物的设计、建造和运行是一门应用生态学课程。”他阐述道：建筑物可以设计成能利用微型生态系统来回收有机废弃物，而这些生态系统可以由用户来研究和维护；可以设计成能利用太阳能和自然空气流动来加热和冷却自身；可以设计成能告知居住者有关能源和资源的使用情况；可以作为景观地标加以美化，并提供阴凉，减弱冬天的风，种植稀有植物，为动物提供栖息地，恢复消失的生态系统；换句话说，建筑物和校园景观可以扩展我们的生态想象力。（Orr，p. 227）

在激发我们集体想象力的同时，我们改变了有关学校建筑运行和维护的思维，用全新的综合方案取代有关日常工作安排的陈旧清单，以充分利用我们每天居于其中的三维教科书。新《教育领导者专业标准》中标准 9 涉及与学校运行和管理有关

的主要职责，即“有效的教育领导者管理学校的运行和资源，促进每个学生的学业成功和幸福”。与学校设施管理最密切的相关标准内容如下（National Policy Board for Educational Administration，2015）：

· 寻求、获取和管理他们的财政、物质和其他资源，以支持课程、教学和评估，学生学习专业能力，家庭和社区积极参与；

· 作为学校货币、非货币资源的负责的、有道德的和可靠的管理者；

· 采用技术提高运营和管理的质量和效率；

· 开发和维护数据和通信系统，为课堂和学校改进提供可操作的信息。

有效的绿色学校领导者理解这项工作的共享性质。他们知道，他们达到标准 9 的程度跟他们与负责后勤设施的同事的合作有关，他们要扩展这些功能的实现方式，以“帮助学习者明确在可持续发展相关问题上他们的角色和责任，并发展能履行这些责任的有效方法与行动能力”（Nolet，2016，p. 74）。学生参与行动，“可作为一种催化剂，来深入探讨可持续发展，也给学生机会去尝试新的、可持续的行为”（Higgs & McMillan，2006，p. 45）。在绿色学校里，建筑运行与维护成为社区事务。

确保室内空气质量

上面提到的“麦格劳—希尔建筑”（2013）的报告指出，有 88%的 K-12 学校受访者认为，增进成员的健康和幸福是他们投入绿化工作的主要催化剂，同时减少能源使用和节省运营成本。有关提高室内环境质量（IEQ）的产品和做法，被视为实现这一目标的关键。有 87%的受访者将提高室内空气质量（IAQ）的做法列为非常重要，这一比重在所有绿色实践中是最大的。

正如在第 6 章所提到的，综合设计决策，将可操作的窗户与精心设计的机械系统相结合，确保教室里有丰富的新鲜空气（National Research Council，2007）。精通可持续实践的设计师们敦促学校领导“先考虑简单易行的方案，而不是高科技，从可开关的窗户开始”（LPA，Inc.，2009，p. 28）。在早期的研究中，我们了解到教师们高度重视影响、控制物理环境的能力，尤其是打开窗户，让新鲜空气流通的能力（Uline，Tschannen-Moran & Wolsey，2009）。

小心地安置新鲜空气入口也限制了机动车和其他经常出现在学校场地的设备产生的废气和其他污染物的侵入。小心维护通风道，控制传入空气的污染物和湿气。安吉拉和汤姆的学区为了进一步控制室外污染物，用压缩天然气汽车更换掉 14 辆使用期超过了 25 年的巴士。他们还在车队的旧巴士上使用含 5%生物燃料的燃油。

该地区交通主任承认教育劳动力的必要性。当压缩天然气巴士第一次出来时，没有人想开这种车，它们被认为是路上的毒气炸弹。但是经过几年的教育，现在它们已成为生活的一部分。燃料转换到用含 5%生物燃料的燃油也相当不错。我们预期的障碍之一包括生物燃料的清洁能力。事实证明，我们的担心是多余的，它的清洁能力表现得很好。我记得过去清早上班的日子，会看到大片蓝色的烟雾笼罩在运输场上，现在再也看不到了，这相当令人愉快。

绿色学校指导方案要求取消燃气灯，禁止在室内使用烧化石燃料的燃烧设备。这些做法减少了废气的潜在积累以及相关燃烧产物和颗粒物质（National Research Council，2007）。指导方案还呼吁对可能使用化学品的建筑空间使用专用排气系统，这些空间包括清洁设备及用品储存区、摄影实验室、复印/打印室等等（National Research Council，2007）。在学校完成建设、建筑物启用之前，常规施工材料会带来灰尘和各种排气污染物，降低室内空气品质。要施行可持续性采购，利用天然的建筑材料，包括地板、声学天花板、隔热材料、标牌、墙板，等等，以消除这些污染物。随着施工进展，每天用高效微粒吸附器清洁所有软装饰表面；在建筑完工后，要更换所有过滤器的滤芯，启用之前要有 28 天连续与外部空气的通风。这些都是保持建筑物室内清洁的积极措施（National Research Council，2007）。

为避免长期室内空气问题，绿色学校领导者要建立室内卫生与安全方案（National Research Council，2007）。美国环境保护署（EPA）提供了广泛的资源，以协助教育领导者制定相应方案以解决当前室内空气品质问题，防止未来室内空气品质问题，保持良好的室内空气质量（http：/ / www. epa.gov/iaq -schools）。室内空气质量学校专用工具包（IAQ Tools for Schools Action Kit）概述了解决室内空气问题的低成本或无成本的实践策略。该工具包包括最佳实践、行业准则、模型政策、室内空气质量管理计划样本等。另一份补充文件《室内空气质量参考指南》可以帮助学校了解室内空气质量问题的由来与发展，良好的室内空气质量的重要性，以及它对住户的影响。该指南附录提供与室内空气质量相关主题的详细信息，包括霉斑、氡、二手烟、哮喘、便携式教室、基本测量设备、专业援助规范和条例以及害虫综合治理等等。此外，EPA 的“室内空气质量学校专用工具包”提供了所有阶段的建筑设施规划与管理的指导工具，从初步设计到不断进行的运行和维护。该指南包括各种实用策略，如：控制污染，确保健康、高效的加热、通风、空调（HVAC）系统，控制湿度，调试建筑设施，整修现有学校建筑设施以及解决便携式教室相关的特殊挑战。

此工具包内有一份《教师课堂检查表》，可用以指导学生参与提高室内空气质量。学生可以协助完成检查表核对，实施头脑风暴策略，并承担适当的责任以保持教室的清洁、管理教室里的动物、减少湿气来源并采取其他预防措施以确保室内空气的健康。学生还可以检查教室建材并按类型分类为可再生能源、不可再生能源、可回收能源、自然能源、人工能源，等等，并了解它们是有益于还是有害于室内空气质量（Taylor，2009，p. 196）。

控制湿度

一栋建筑从物理上可分为内部和外部，包括基础、墙、地板、屋顶、窗、门。任何建筑组件与其外部环境都存在动态联系（National Research Council，2007）。因此，与建筑选址、建筑设计和建筑材料有关的综合决策增加了我们控制湿度的能力。建筑科学家进行“来源—路径—驱动力”分析，以确定水分的来源、路径以及沿路径驱动水分的力量。“如果建筑设计师能够控制这一链条中三种元素中的至少一种，就可以有效地控制水分。控制多个元素则更有余力”（National Research Council，2007，p. 46）。

某些建筑材料，如砖石墙，有储存水分的能力，而干燥后也不会产生有害影响（National Research Council，2007）。精心设计的排水系统和暖通空调（HVAC）的冷凝排水系统也能防止积水。在建筑物的外墙，屋檐、屋顶的出挑结构会直接排下雨水且远离建筑物墙壁，而周围的地面有从建筑物延伸出去的斜坡，将雨水从墙壁和地基附近排开（Freed，2010）。建筑设施运行和维护策略在避免潮湿与诊断湿度来源时也起着关键作用。保持现场灌溉用水到最小，用篦架和门垫等防止雨雪进入大楼，定期监测建筑漏水，将建筑材料存放在干燥、通风良好的地方，这些都是控制水分湿度的有效策略。

以安全健康的方式保持物品的清洁

传统的清洁用品对环境、学校及其使用者，特别是对受雇的清洁工造成不利影响（Gelfand，2010）。为了避免这些影响，绿色学校领导团队越来越多地选择对环境负责的清洁用品和使用程序。“许多州、学区、学校自愿实施绿色清洁机制，这些机制涵盖范围广泛，从学校层面的应对举措、到学区的政策、再到州的采购方法或技术援助项目，等等”（Arnold & Beardsley，2015，p. 2）。自 2005 以来，有 10 个州，即康涅狄格州、夏威夷州、伊利诺伊州、艾奥瓦州、缅因州、马里兰州、密苏里州、内华达州、纽约州、佛蒙特州和哥伦比亚特区已就学校的绿色清洁制定了法律。最近的研究结果表明，这些法律能提高认识，鼓励学校使用绿色清洁产品（Arnold & Beardley，2015）。

“健康学校网”（www. healthyschools.org）为这些选择提供指导，其建议包括：使用的产品应满足不包含任何可能致癌物、对皮肤和眼睛无刺激、组合使用时无化学反应、不是喷雾罐包装、可生物降解、有多功能用途以减少容器的浪费、利用了可再生资源成分、包装为可重复使用及回收的容器等要求。

汤姆的学校提供了一个很好的绿色实践范例，这是通过地区相关设施部门与汤姆的校级领导团队协作来实现的，这其中包括运营和维护专业人员。在最近学校进行翻修时，汤姆的团队决定按“绿色方式”进行混凝土地面抛光试验。学校现有的走廊地板是很久以前由水泥加上颜色平泼而成的。地板很粗糙，但当我们磨光时，颜色就出来了，效果相当不错。我们在上面涂了一层密封涂层，只需用水来维护它，不必使用任何清洁剂，也不必去刮除它。如果要翻修，只需擦洗、修补，然后接着用。

如我们在第 6 章所了解的，有越来越多的证据表明，当我们在学校实现了集成的设计解决方案并利用了生态良好的机械化和结构化系统，我们就会全面促进孩子的最佳利益。我们也知道这些机械化和结构化系统会受到使用者使用时间的影响，以及运行、维护、修理和清洁等措施的影响（National Research Council，2007，p. 3）。我们应该明智地尽力使绿色设计策略变得简单易懂（Edwards，2006；Gelfand，2010；LPA，Inc.，2009），便于设施管理专业人员可以更好地向校长、教师和学生传授可持续运营、维护的做法与程序，从而节省资金并减少学校的碳足迹。

节能学校的运营

随着节能照明、供暖、制冷和通风系统的使用以及以绿色为导向的选址和建筑取向，绿色学校领导者可以充分“利用校园建筑设施所带来的免费礼物”（LPA，Inc.，2009，p. 24）。这种有意识的建筑取向做法可以最大限度地利用自然采光，并通过室外的微风增加自然通风的机会（LPA，Inc.，2009）。绿色学校领导也利用可再生能源技术为学校提供动力。地热系统从地球汲取热量，将热量排回到地球以加热和冷却建筑物；生物质能系统利用生物废料发电；而光伏系统利用屋顶、遮阳面和外墙上的太阳能电池板发电（LPA，Inc.，2009）。太阳能基金会和太阳能产业协会 2014 年进行的一项研究显示，美国的 K-12 学校是全美最快采用太阳能的行业之一，在 2008 至 2012 年间增加了 3 000 个新的太阳能装置，增长了 5 倍。最初，学区只是采用太阳能作为教育的或象征意义的小规模系统，但现在学校正在更大规模地利用太阳能。根据该报告，已有 3 752 所学校配有太阳能装备，现在发电功率 4

兆瓦，“足以供数万教室用电，同时减少将近每年 443 000 吨的二氧化碳排放量”（Cusick，2014）。

学区也可以加入《太阳能购买协议》（PPA），从外部供应商购买能源或将能源回馈电网。此外，购买可再生能源可确保学校由替代能源提供能源。最后，能源服务公司（Energy Service Companies）几十年来一直向学校提供绩效性合同，它通过对节约费用率予以回馈促使改进效率。这种采购工具允许学区利用未来能源节约量来为能源升级的前期费用提供资金。在绿色学校里，学生们可以通过收集和比较他们所在地区学校的用电数据来了解能源管理，他们可以追踪学校电力使用的路径，从“源头”到“出口”，以亲自动手的方式去体验替代能源和节约能源（Taylor，2009，p. 202）。

良好的绝热

保温是“简单且极其重要的节能手段，”因为它“在夏季隔阻室外热空气和保持室内冷空气，而在冬季保持室内暖空气和隔阻室外冷空气”（LPA，Inc.，2009，p. 37）。绝热首先从建筑框架开始，“例如，一面 2 × 4 框墙，使用传统的玻璃纤维棉，其热阻值为 R13。一面 2 × 6 框墙，使用 R19 保温层，可以提高 50%的绝热性”。当建筑材料的热阻值 R 增大，其隔热性能更好。应该指出的是，以大豆或棉为原料的保温材料可阻隔毒素（LPA，Inc.，2009）。

隔热窗由于内外窗框之间的隔热材料，能阻止温度传递。高吸热量的材料，例如混凝土和石头，也能帮助保持内部温度。楼外土堤和绿屏沿外墙设置，提供进一步的隔热保温效果，从而减少空调的使用和能源消耗，这些景观设计元素也提供了绿色过渡。

利用自然产生的光

天然采光可以把学校建筑使用期内的能量成本降低 30% ~ 70%，可通过挡板、屋顶监视器、天窗和高侧窗提供漫反射光（Olson & Kellum，2003）。可操作的低辐射夹层玻璃窗户可减少通过玻璃的紫外线和红外光，而不影响可见光的透入，从而阻止热量的直接传入而不是阳光。丰富的自然光减少了对人工光源的需求，减少量可达学校建筑能源消耗的 60%（Gelfand，2010）。一种协调的照明系统，可综合利用自然光与间接、节能的人造光源，如先进的荧光灯与镇流器、发光二极管（LED），和/或高强度放电（HID）灯泡，提供高质量的照明和降低整体成本。

当自然光线充足时，教室调光系统会自动源减弱或关闭间接和直接人工照明。当没有人在场时，传感器会关闭灯光。而且，“如果还做不到这些，用现有的荧光灯更换白炽灯也可以节约能源”（Gelfand，2010，p. 102）。盖尔芬德进一步强调“虽然光源和控制技术得到了迅速的发展，使用自然采光仍是最节省能源的解决方案”（Gelfand，2010，p. 102-103），而且它对孩子的身心健康有好处，这已在第 6 章讨论过。安吉拉的学校使用大量的便携式教室，因而物理学习环境不是很理想。虽然这种教室提供了更多的自由，但它们往往是黑暗的，必须定期检查是否有霉斑。这一学区最近翻新和升级了这些设施，包括在一些教室安装 21 英寸太阳能管作为自然采光实验试点。安吉拉和她的老师和学生们一起学习了这些自然采光装置的机械原理，顶部的棱镜从日出到日落会透射及漫射光线，不管阳光从哪个角度照射过来，这些装置都可将其吸收进来。在装置顶部装有透镜，中间有一个高度反射的管子，光线在其中来回反射，然后底部另一个透镜把光线传播到教室里。如果用天窗，只能获取某些角度的阳光，而用这种装置就可获取更多的阳光。另一好处是，如果不想要阳光，直接关掉装置就行了！

那些知情的学生会成为绿色学校白天最好的监视器，提醒教师和同学在不用时关掉不必要开的灯，或调低照明水平。他们能根据人工和自然光的使用情况进一步作出节约方案。学生也可以对学校所有的人工光源进行测算，探讨高低压钠灯、荧光、全谱光源之间的差异（Taylor，2009，p. 191）。

加热和冷却效率

第 6 章讨论过低能耗的加热和冷却方法，如在近地板位置安装置换通风系统，降低能源成本和保持舒适、恒定的温度。高性能的加热、通风和冷却系统的共同特征有以下几个方面（Gelfand，2010，p. 145）：

- 超大冷凝器线圈能提高设备效率；
- 采用与风冷冷凝器相反的水冷方式；
- 采用机械传导系统，将建筑物某处回收的多余热量或水转移到需要热量的另一处；
- 扩大经济循环运行的周期。

通过对加热、通风、空调（HVAC）系统定期维护并利用高效过滤器及涵道返回技术，可以提高效率和将室内污染降到最低。学生们可以在学校进行徒步考察，测量不同地点的建筑温度。他们可以绘制人体循环系统图并与他们学校的建筑系统图进行比较（Taylor，2009，p. 199）。

监测建筑性能

为了实现和维护绿色学校潜在的健康和生产力优势，绿色学校领导者要明智地对建筑设施性能进行监测和诊断（National Research Council，2007）。对实施可持续举措所取得的节约成效进行长期有效的跟踪，支持未来对绿色建设与改造进一步的投入（McGraw-Hill Construction，2013）。监控系统与能互动的能源仪表板相结合，为学生进行观察、分析并报告结果提供了学习机会。要使学校建筑设施成为有效的教学工具，学校举措和运作的透明是必不可少的……这确保了绿色学校在生态、社会、经济等方面的影响（包括正面的和负面的）对学生们和其他人来说是"明显的"（Higgs & McMillan，2006，p. 45）。

美国环境保护署（EPA）的能源之星投资组合管理器是一个基于网络的实用跟踪工具，允许合格的建筑设施（包括 K-12 学校）用以记录、跟踪和检测能源和/或水的使用情况并与全国各地的类似设施相比较。环保署的能源之星可以用"能源使用性能表"来表示建筑设施能源利用效率（标度为 1～100 分）。比如，能源之星的能源使用效率分数为 50 分，则表明这是平均或一般的能源使用表现，而 75 分或更高的分数则显示了顶级的能源利用效率。能源仪表板为学生们提供了机会以监测建筑性能和报告结果，由此体现了他们对学校社区能源利用的关心。

在经济大萧条期间，面对资金短缺，宾夕法尼亚州北部学区（NPSD）制定出一套名为 SMART（具体的、可衡量的、可行的、相关的、有时限的）目标，然后实时地跟踪各学校的能源使用情况。一位新聘请的能源与设施运营经理（能源经理）负责跟踪数据、提交报告、快速响应能源使用问题。当有学校达到他们初步目标——能源之星标准 75 分，会获得表彰和庆祝，从而朝新目标继续前进。宾夕法尼亚州北部学区是能源之星 2013 年度的合作伙伴，实现能源使用减少 30%，节省了超过 110 万美元的公用事业费用，这些节余让他们可以在严重的经济动荡期间，仍能聘请教师和执行教育规划，满足整个地区儿童的教育需求（Kensler & Uline，2015）。

节约资源

设计绿色学校的目的是减少自然资源的消耗，创造建筑与自然环境的和谐关系（LPA，Inc.，2009）。看到学校从里到外以学生为中心（National Center for the 21st Century Schoolhouse）建立起来，同时也认识到它们对自然世界的影响，我们就会增强我们的观点。作为绿色学校的领导者，我们满足了孩子们的需要，同时也满足了健康的自然生态系统的基本要求。

减少水的使用

校园往往大到足以影响水的质量和水量（Harrington，2010）。伴随节水设施在厨房、卫生间、健身房的更衣室（包括低流量厕所和水池）以及屋顶绿化的应用，学校可以减少水的流失，同时还可成为一块当地的生物栖息地（Freed，2010）。安吉拉和汤姆的学区在其中最大的一所中学尝试建造了一个绿色屋顶。作为一个河边学区，区政府官员面临着环保局要采取法律行动以减少暴雨期间学校向河里排放污水的压力。区建筑设施主任解释说："当我们遭遇大雨时，下水道里就会灌满混合的雨水和污水，有时候会溢出流入居民房屋，然后流入河里。在我们开始我们的项目时，环保局正起诉市政下水道区办公室。我们没有采取传统的建造更大的下水道的方法，而是选择一处实验室来测试不同的想法，而下水道区办带来了资金。这座大楼现在有 33 000 平方英尺的绿化屋顶，是这一地区最大的一栋有绿色屋顶的建筑。植物种植在可更换的容器中，便于维护和修理。屋顶会首先收集到雨水，雨水是下水道溢出的最多的部分。草、碎石和树脂材料与多孔沥青都让水渗透和/或植物生长，同时也降低了热岛效应。"（Harrington，2010，p. 171）

在汤姆和安吉拉学区的一所学校里，市政下水道区管局也资助了一项工程，以减少硬路面铺装。这是一处雨水花园，种有本地乡土植物，而它们也在吸收水，这才是最重要的。学校和下水道区管局之间的这种合作代表一种"全学校、全社会、全面完好的学生"（WSCC）模式所提倡的生态方法，即学校为解决儿童的需求从整个社区获取资源和影响力。绿植屋顶和雨水花园不仅为儿童提供了一个健康的生态系统，而且为学校的三维教科书提供了丰富的补充资源。

绿色学校领导者将该生物技术与本土物种相结合，有助于净化水流。耐旱植物需要较少的灌溉。将回水系统用于灌溉减少了水的使用，总体上更多地使用零用水的方向（Harrington，2010）。可以综合采用以下节水策略，如避免中午浇水，按植物的位置和类型分区灌溉，对喷头和过滤器常维护，利用智能控制器，并使用低流量灌溉花园、树木（Eley，2006；Gelfand，2010）。学生可以通过制作每月水费账单，以确认、表彰学校运营和维护团队的努力。

保留和保护生物栖息地

充分利用现有的学校场地并结合紧凑的学校设计，有助于保护未开发的开放空间。此外，绿色学校的领导将他们的校址视为自然系统，尊重、保护湿地和其他现存栖息地并将其作为学习的实验室。国家野生动物联盟（NWF）协助学校开发被称为“校园栖息地”的户外教室，供教育工作者和学生学习如何吸引和保护当地的野生动物，这一项目致力于改进校园的组织。国家野生动物基金会（www. nwf.org）、常青基金会（www. evergreen-foundation.com）和野生项目（www. projectwild.org）网站提供相关信息和其他类似项目的链接（Rivkin，1997）。

NWF 的“校园栖息地”项目对全美各地的校园进行认证，并在泰国、意大利和英国设有国际站点。这些野生动物的栖息地成为学生了解地方野生动物物种和生态系统的窗口，同时培育相关学术技能和创造力（https：/ / www. nwf.org / How-to-Help / Garden-for-wildlife / Schoolyard-Habitats.aspx）。学校通常从小项目开始栖息地保护与发展工作，如蝴蝶园、喂鸟站与水禽池、植树、日晷、气象站以及本土植物花园。更大的项目往往与新的建筑一起开发，包括湿地、自然步道、草地、河流恢复、小动物收容所和大的植物园（Rivkin，1997）。

有一种趋势是选择生态上有价值的项目而不是简单美化，例如，将草坪转化为草场，这比起在学校里种杜鹃花更有助于当地的生态，更好的是有机会让学生参与项目的规划、实施和维护，这些重要目标既能激起学生们的主人翁精神，又能鼓励他们动手管理（Rivkin，1997，p. 64）。除了开发和照顾校园栖息地之外，也可通过对栖息地内繁殖生长的本地动植物的识别、拍摄和建档来加强学生们的自主感和管理意识。

废物管理

建筑垃圾消减系统可最大限度地进行废物回收、堆肥处理、抢修拆迁和清理土地废料。运用俗称“哪里来哪里去”（CZC）框架，使物品经制造、使用、回收过程进行循环利用，这些系统鼓励积极考虑物质生命周期的循环往复，一个周期的废物成为下一个周期的原料（McDonough & Braungart，2002）。

有越来越多的绿色学校领导正在制定学区和学校的规范与惯例，期望并表彰负责任的、有废物处理意识的习惯。俄亥俄州辛辛那提市的辛辛那提学区（The Cincinnati City School District in Cincinnati，Ohio）最近与市公园委员会合作，开展了独特的回收工作，成为社区的骄傲。由于蛀虫侵扰严重，公园委员会被迫砍伐了大量的白蜡树。通常，按市里常规的树木预防性维护周期，伐下的树木可做公园里使用的木柴和覆盖物，但是随着虫害的蔓延，公园委员会累积了成千上万根树木，学区建筑设施主管分享了他们解决方案的细节：

“白蜡树是一种很好的硬木材，所以我们与公园委员会合作弄到一批白蜡树，并与家具公司合作打造出教室家具，包括移动置物架（放外套和物品）和移动书架。随着这些被砍伐的树被学区买来作木材，又有资金投入用于树林恢复，重建城市森林网。我们还编写了一本书，讲述了城市木材计划和白蜡树的故事。我们也有木材样品陈列，学生可以在他们的小房间比较木材树种的不同：‘这是橡树，这是白蜡树。’他们得以了解这些关于树的故事，并有机会每天接触用它们做成的物品。”

从电子备忘录和在线作业取代用纸，到采购可以降解或回收的食堂托盘，到确保在整个学校中普遍使用回收容器，到学校广泛实行按可回收、堆肥、填埋的垃圾分类来处理垃圾，绿色学校的领导者们鼓励一种由学生掌舵的、共同担责的文化来减少和管理废物。

相关事例

通常情况下，绿色学校的费用比传统建筑高 1 ~ 2 个百分点，平均成本溢价为 1.7%或每平方英尺 4 美元（Kats，2006）。这种成本差异通常被称为绿色保险，来源于可持续材料成本的增加，更高效的机械系统以及其他高性能建筑的特点（Kats，2006）。任何前期成本的增加会使财政已经困难的学区担忧，然而，越来越多的证据表明，在绿色学校中，今天每花一美元会在未来实现节约两美元（Gelfand，2010）。以可持续发展为重点的组织实践要求我们采用按生命周期成本计算的常规方法，在一种物料或系统的整个生命周期内，对安装、运行和处置的成本进行分解比对，而不是依靠起始成本分析。这种从头到尾更彻底的价格核算揭示了绿色学校与常规学校建筑设施实际成本的对比（Eley，2006；Gelfand，2010），并帮助绿色学校领导建立起对初始投资的未来收益的认知。

绿色学校比传统设计的学校平均减少 33%的能耗，这是由于高效照明、更多使用自然光和传感器、更有效的加热和冷却系统以及更好的隔热墙壁和屋顶（Kats，2006）。经验表明，在采用了高效管道装置、屋顶绿化、雨水集蓄系统等举措后，用水量减少了 32%（Kats，2006）。耐用建筑材料和全面的建筑设施调试过程也减少了运营和维护成本。事实上，一项对加利福尼亚州 40 余个机构的公共建筑实施绿化的成本和增益的研究发现，在过去 20 年期间，每平方英尺节省了 8 美元运营和维护费用（Kats，Alevantis，Berman，et al，2003）。绿色学校的领导应该利用这些令人信服的数据，同时也积累自己的证据。

弗吉尼亚海滩市学区的可持续发展经理蒂姆·科尔，最近在《学校商业事务》上发表了一篇文章，讲述了他们学区如何转向一种从对社会、经济、环境的三重底线的影响来考量利害得失的教育运作模式（Cole，2015，p. 32）。科尔报告了学区实现的节约成果：这个区已经朝着缓解经济困难过渡期的方向前进，根据 LEED 标准建设了 8 栋新大楼并按能源之星绩效合同对现有建筑的暖、通、空系统和照明系统进行了更新，降低了能源成本；自 2006 年以来，学校的面积增加了 9%，已达到 1 060 万平方英尺，同时，每平方英尺的能源使用量减少了 21%（Cole，2015，p. 33）。

这个区的经验也挑战了绿色化昂贵这一说法的准确性。与特拉华州、哥伦比亚特区、马里兰州，弗吉尼亚州和西弗吉尼亚州的建筑成本相比，已建成的 8 个 LEED 项目均低于这些区域平均水平。科尔指出，大多数用来对比的学校建筑都是非 LEED 建筑（Cole，2015）。

由第三方进行的绿色项目认证作为绿色化实例会更有说服力。这些认证系统，如 USGBC 的 LEED 以及“合作建设高绩效学校”（CHPS），提供对可持续发展举措的公开确认，这样就能建立起对结果质量的公信。另外，全面综合的建筑设施调试过程（一种系统性质量认证程序，从第一阶段的规划，延伸到设计、施工以及启用）也提供了更多参与机会，得以最终成功地满足学生、教师、社会和自然世界的需求。此外，教育性的试运行过程可以使老师、学生，甚至家长和社区合作伙伴了解建筑设施的设计意图，帮助他们更好地全面利用客观的学习环境（Lackney，2005）。我们将在第 9 章更详细探讨这种过程。

结论

以绿色理念框架来运营和管理学校，增加了我们学校支持孩子全面福祉的可能性，不仅为他们的学业成功创造条件，而且还能满足他们在生理、情感、社会和认知方面的需求。随着我们提高和扩展对人类以及学校生活的自然尺度的审视，与学校建筑设施相关的负责人员如校长、监管人、工厂经理和区段工长就肩负起新的重要责任并展开令人兴奋的工作：减少学校的碳足迹，节省资金，丰富学生的学习体验并满足孩子们现在与未来的需求。

讨论题

1.与你的建筑设施运行和管理团队合作并组织教师们开展一次学校建筑实地巡游，就建筑设施的运行与维护提出以下这些或与之相似的问题：水是怎样从喷泉中喷出并变成水泡的？锅炉在什么地方，它的效率如何？屋顶是否漏水？教室的照明灯具是怎样的？我们使用什么样的物品清洁地板？

2.在什么时间学校的设施可以帮助你组织利用社区的资源与支持？作为这些建筑物的所有者，你是怎样持续参与社区事务的？

3.策划一种需要校内教学课程部门与建筑设施部门互动合作的活动或项目。说明你如何设计这样一种合作过程。在实地巡游中，你可能会产生新的想法，如第一道讨论题所说的那样。

第三部分

有意义、有目的、有吸引力的学习

第 8 章 出于对学习的爱

对学生而言，接受学校教育应是非常自愿的。孩子们必须要“上学”，而愿意“在校学习”实质上应是他们自己的决定。当然，这就意味着他们是学习过程中的关键决策者。

——墨菲（Murphy，2015，p. 725）

汤姆和安吉拉刚刚完成了一次排练并与他们学区的一组教师进行了对话。排练为教师和学校管理人员提供一起学习关于当前教学实践以及如何改进学生学习的机会（Kachur，Stout & Edwards，2013）。这天，汤姆邀请了一批小学教师到他的高中去观察学生参与教学的情况，这些小学老师提供了坦诚的反馈。与研究相一致，他们看到了学生参与课堂教学的程度有一个从游离到深入和富有成效的广泛分布。（Shernoff，Tonks & Anderson，2014）。安吉拉作了点评：“小学教师对设计合作资助项目的跨学科方法印象深刻，那些学生充分参与其中，他们一起寻求他们认为会改进建筑的解决方案。很明显，这些学生在学习中感到有目的和兴奋，这与其他班上老师极力想保持其注意力的学生相比，有巨大的差异。”

汤姆回应如下：“这样做确实顺应了学生的呼声，并把学生推到学校的中心，给他们一个机会对学校的各种建筑设施进行评估，了解它们的能耗、用水量、建筑材料的种类，查看相关场地并了解如何处理废弃物、清洗的种类和所用的化工产品，然后拿出一个行动计划。这项活动确实在这些班级燃起了火花，每个参与者都似乎有强劲的动力来改进旧建筑。”

“所有学生都能学习”，这是在许多学校愿景或使命陈述中都会提到的，但这就足够了吗？如果我们把焦点从“能”转移到“爱”呢？也就是说所有的学生都喜欢学习。人类，作为一个物种，普遍来说都喜欢学习；从穴居人到 21 世纪高科技的过渡，这当然需要世世代代的学习。我们相信所有的学生天生都爱学习吗？如果是这样的话，学校里该是什么样子？如果不是，那什么时候还有为什么孩子开始不爱学习？在我们蹒跚学步之初，我们都会感到那种充满活力的对学习之爱。如果我们相信，所有的学生，不管他们的年龄和能力有多少，都有对学习的天生之爱，那这又会对我们的学校和课堂意味着什么呢？当他们抵触学习和逃避上学时，我们该怎么办？我们会要求他们喜欢吗？我们会把他们禁闭起来直到他们喜欢学习吗？还是该反思我们的教学方式和内容，看看是什么妨碍了他们爱学习的天性并移除这些障碍，同时提供更多的参与学习的机会？新的“教育领导者专业标准”（PSEL）特别要求学校领导要增强每个学生“对学习的热爱”和关注学生的幸福感（NBEA，2015，p. 12），这是和提高学生学业成绩的两个相互依存的概念。正如在本章开头引语中墨菲所强调的那样，学生们会对是否情愿“在校学习”做出选择。绿色学校应是提高学生学习兴趣和学业成绩的场所，因为这些学校的领导能有效地促进学生在身体、社交、情感和认知方面的健康发展。哪所学校的学生福祉高，他们就更可能喜欢学习并真正投入，从而取得好成绩（Awang-Hashilill，Kaux & Noman，2015；Shernoff，Tonks & Anderson，2014；Sznitman，Reisel & Romer，2011）。正如我们在本书中常提及的，绿色学校的目标是成为充满活力、投入式学习的健康场所；它关注我们的学生、社区和星球的最大利益。对全力以赴的学习的探讨是本章的重点。首先，我们将人类的学习视为一项至关重要的生态系统服务，这基于我们将学校作为生活系统而非工厂的理解。我们将概述一下有关心理、大脑和教育科学（MBE）。然后，我们把有关学习的科学与可持续发展教育联系起来，展示绿色学校能最大限度地发挥学生学习潜力，同时还可以培养更强、更健康的社区并降低学校的生态足迹。总之，通过目前进行的实践以及培养终生热爱学习的能力去强化学习，绿色学校有能力为应对我们世界所面临的最紧迫挑战作出显著贡献。

为生态系统服务的学习

从理论上讲，绿色学校建立在组织和教育的生命系统模式的基础上。它们有可能摆脱工业化模式，最大限度地提高学生的学习能力。学业进益应发生在一个全面健康的学习生态系统中，是学生完美发展和热爱学习的结果。同时，完美发展在其最广泛的意义上涵盖“个人在任何给定的时间所能感知的作为人的全面体验”（Gillett-Swan & Sargeant，2014，p. 136）。吉勒特·斯旺和萨金特解释说，幸福依赖于语境，包括社会、经济、环境、心理、情感和认知的成分。学生对自身幸福的感知是学习所需的能量和注意力的源泉。（Gillett-Swan & Sargeant，2014）

没有主观幸福感（个人感知一切都好），个人会缺乏专注于学习的能力。学者们确定，幸福是动态的、跨学科的、多层面的概念，是一个状态和一个过程（Dodge，Daly，Huyton，et al，2012；Gillett-Swan & Sargeant，2014）。因此，当谈到幸福，学校领导有责任：①设计、领导、管理好健康的环境条件，以支持个人的幸福感；②培养学生的适应能力，即让他们有能力来识别和使用他们的资源，以使他们能关照好自己目前的幸福并有能力迎接未来。

促进学生的福祉是绿色学校领导的核心。绿色学校的领导者通过健康的建筑环境、高质量的营养食品、大量的清洁饮用水、每天的户外活动、自然时间来照顾学生的身体健康；通过培养正面的、包容的、与文化相关的学校氛围和文化，致力于增进学生的社会和情感方面的福祉；通过促进以学生为中心的学习在当地的社会—生态社区中培养学生的认知幸福感；通过解决学生的整体幸福感和参与学习来促进学生对学习的热爱。

我们把爱好学习看作是人类的一种生态系统服务，人类的学习对我们所有人都有显著的价值，人类的学习会导致创新并适应方面带来巨大的飞跃。当人类进入工业时代，我们也变得对高效生产是如此迷恋，以至于我们将受工厂模式启发派生的制式经验应用于我们生活的许多方面，特别是学校。我们应用这些工程经验来“改进”学习的过程。什么是自然的过程以及什么是有价值的人——生态系统服务，在工业化时代变成为一种工程目标。工厂化模式深深地影响着今天的教育理论、政策与实践（Senge，Cambron-McCabe，Lucas，et al，2012），给我们留下一个过度工程化的学习生态系统。

自然系统，我们称之为生态系统，在处于更自然的状态时会提供有价值的服务。这些服务包括物资供应服务（例如，农作物、水、食物、药用植物）、调节服务（例如，授粉、湿地的水过滤、水循环、碳储存、湿地防洪）、文化服务（例如，娱乐、精神和美学价值、教育），以及配套服务（例如，土壤的形成、光合作用、养分循环）（Sukhdev，Wittmer，Schroter-Schlaack，et al.，2010，p.7）。越来越多的人认识到随着对自然进行工程化改进，这些有价值的生态系统服务可能会消失。例如，佛罗里达大沼泽地，这个自然状态的生态系统覆盖了 300 万英亩[①] 土地。在过去的 100 年，为了农业及其他发展用途，所实施的工程对水系进行了限制和改道，导致生态系统的面积缩减为不足原来的一半，大大减少了其提供有价值生态系统服务的能力，如改善水质、钓鱼、打猎、旅游。最近的一份报告发现，投资恢复沼泽地自然功能的项目都会产生一个 4：1 的效益成本比（Houten，Reckhow，Loomis，et al，2012）。自然生态系统服务比退化的、过度工程化的系统更经济。当然，它们也更环保。

另一个令人印象深刻的例子来自纽约。为满足纽约的用水供应，城市官员只花 15 亿美元给流域的农民和地主，减少水的流失和污染，而不是去耗资 60 ~ 80 亿美

① 1 英亩≈ 4 046.86 平方米

元建一个新的水处理厂（Sukhdev，Wittmer，Schroter-Schlaack，et al，2010）。关爱并与自然生态系统建立合作关系，比起对自然不关心，这样做成本效益要高得多，而且这样做也有利于整个流域系统。

充满生机的学习是人类最有价值的生态系统服务。当然，它产生了经济效益。同时，学习是地球上为更可持续生活所进行的创新和适应性转变的源泉。绿色学校领导有机会将自然视为合作伙伴，以多种方式方法来设计造就、引领管理充满活力、欣欣向荣的学习社区。我们提出，绿色学校运动更多的是一种对学习进行生态恢复的运动，而不仅是学校改革或更新运动。自然位于这一学习努力的中心出于以下 3 个理由：第一，地球的自然系统处于危险中，人类必须学会以不同方式在我们的星球上生活并与其相处（Wijkman & Rockstrom，2012）；第二，人类与大自然有着紧密的进化关系（Wilson，1984），自然界有时间促进人类健康和幸福（Kuo，2015；Russell，Guerry，Balvanera，et al，2013）；第三，自然界有我们可以从中学习的课程，而这将有助于我们减少对学习生态系统的工程化干预。用惠特利的话说："我们希望大自然能教我们像生命系统一样运用学习、适应、改变这样的技能去运作。"（Wheatley，1999，p. 158）仿生学就是基于寻找大自然的设计灵感的新兴学科，并且迅速成为普及的跨学科实践（Baumeister & Herzlich，2015；Benyus，1997；Wilson，1984）。模仿自然在有关日常用品、建筑甚至组织过程的设计中有广泛的应用（Seeley，2010）。在考虑学校时，我们需要了解自然学习生态系统的两个主要方面：人类学习的本质；自然本身在促进人类学习中的作用。

生态系统恢复项目需要深刻理解原始的、自然的系统。为了学习生态系统如何进行恢复工作，我们需要更好地理解我们的幸福和学习繁荣的条件，然后我们需要设计、管理和引导这些条件。人类天生的学习能力和与自然相关的能力正指导着这项工作。

学生的学习

学习的本质

15 年前，美国国家学术出版社发行了《人是如何学习的：大脑、思想、经验和学校》扩展版（Bransford，Brown & Cocking，2000）。这版书汇集了对人类学习的不同科学观点。10 年后，经济合作与发展组织的教育研究与创新中心发布了《学习的本质：通过研究激励实践》（Dumont，Istance & Benavides，2010）。同年，图库哈马 · 埃斯皮诺萨（Tokuhama-Espinosa，2010）的《教与学的新科学：在课堂上运用最好的头脑、心智与教育学》出版。这些著作展示了从各种学科的角度，如认知、社会、教育心理学、人类发展、人类学、社会学、计算机科学和神经科学对学习的研究。有关人类学习的一幅有力的、有证据的、有凝聚力的图景正在展现。对教育工作者的指导原则是一贯的和明确的。但自然界在指导原则上还不是一个重要的参与者，尽管我们将很快讨论有新证据显示出自然正在参与进来。

心理、大脑和教育科学（MBE）告诉我们，学习是一种生态现象，涉及整个儿童、内容和多个情境之间的相互作用。图 8.1 代表了我们对促进学生学习的 MBE 建议的综合归纳，这来自三篇主要的参考文献（Bransford，Brown & Cockillg，2000；Dumont，Istance & Benavides，2010；Tokuhama-Espinosa，2010）。我们注意到三个框架缺少了一种元素——自然。在我们探索与自然、人类幸福和学习有关的新兴研究之前，让我们更仔细地研究一下 MBE 对教育工作者的建议。

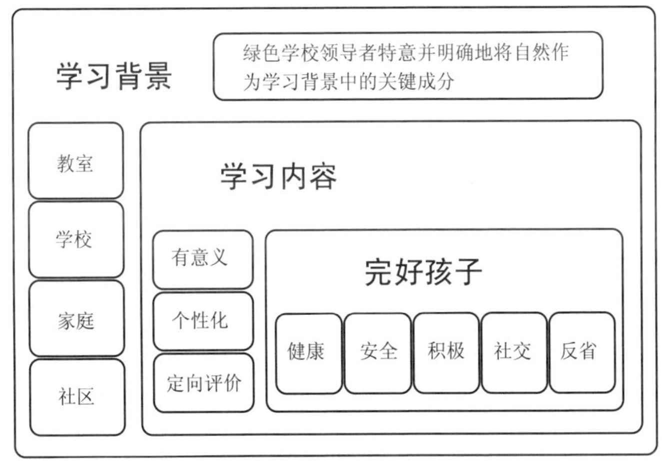

图 8.1　有关促进学生学习的 MBE 建议的综合归纳，将自然增加为绿色学校学习环境的一个重要组成部分

学习背景

学习是在情境中进行的。MBE 研究告诉我们，家庭、社区、学校和教室都是学生学习环境或生态系统的一部分。这些情境定义了学生在身体、情感、认知和社交等方面健康发展的条件。当我们特别关注学校组织时，学习科学家对学习和教学的本质了解很多，但往往对容纳这些日常活动的组织和文化知之甚少。换句话说，了解个人如何学习并不是设计使他们学得更好的环境的充分依据——这至少需要注意方程的另一半——环境本身（Dumont，Istance & Benavides，2010，p. 28）。

学习环境是复杂的、动态的社会生态系统。学习者不断受到物质环境和社会环境的影响，我们在这本书中论证了生态和民主原则支撑着健康的组织环境的设计。生态学原则主要应用于物质环境，直接关系到学生的身体健康和幸福感。民主原则适用于社会环境，直接关系到学生的情感健康和幸福感。我们早先已经描述了生态原理如何与自然法则相联系，帮助我们在自然中更负责任地生活，同时也受益于自然创造的更健康的条件。对环境负责也会有益于人类的健康。绿色的学校建筑，除了对生态更少的干扰，其特点是拥有干净的空气和水、充足的日光、良好的声学效果、舒适的温度以及与自然和户外充分的接触途径（见第 6 章）。绿色学校的领导者也关注食物环境，目的是提供健康的食品服务，尽可能多地采购本地、最少加工和有机的食品。物质环境的这些特征有益于学校成员的健康和福祉，还可减少旷工、缺勤，增加注意力，并通过这些途径支持学习（Chan，Mense，Lane，et al，2015；Frumkin，Geller，Rubln，et al，2006）。

课堂和学校的社会背景或氛围会影响学生的情绪。社会氛围可以唤起归属感或疏离感、信任感或恐惧感、喜悦或悲伤、愉悦或厌烦。“情感在整个学习中是至关重要的”（Tokuhama-Espinosa，2010，p. 105）。以关怀、尊重、开放、响应和参与为特征的更民主的课堂，会培育出享有充分人际关系和学习的健康社交体系。这些课堂和学校，无论是否被标记为民主，通过所带来的归属感、信任、快乐、喜悦和参与感来提高学生的成绩（Jennings & Greenberg，2009；Mager & Nowak，2012；Thapa，Cohen，Guffey，et al，2013；Vieno，Perkins，Smith，et al，2005）。德博拉·梅尔，一位民主学校运动的杰出领袖，将民主学校定义为：在那里，你可以不断地探索怎样才能使每个人的呼声都被听到和有所作为（Knoester，2012，P.12）。倾听每一个学生的声音和满足他们的学习需求，这是教育工作者所面对的挑战性工作。虽然它不是一件容易的事，但它是有效教学内容的基础。

学习内容

MBE 提出针对教学内容进行课程设计，对他们基于研究所提的建议，我们总结为内容要有意义、个性化和协调一致。再次强调，学生是中心焦点，学生将选择是否投入并学习对他们有意义的内容，这就意味着教师必须很好地了解学生并成为建立联系的大师。新材料与每个学生的预备知识、个人兴趣和发展阶段之间的联系衔接需要对学生明晰可见。 由于没有两个学生有相同的生活经验，他们的先验知识、个人兴趣和发展阶段的体现都是独一无二的。因此，MBE 研究总是要求某种程度的个性化内容来促进学生学习。

联系衔接做得好不仅要针对学生做个性化安排，还必须横跨内容区域及其背景进行横向集合。这些横向联结有助于开发精确的知识框架（Dumont，Istance & Benavides，2010）。学习目标和评估模式之间的协调一致也是至关重要的。评估为学生的学习需求提供及时和具体的反馈，以促使学生继续学习。这些一般的内容指南适用于每一个发展阶段和所有学科，无论是数学课或社会研究课（或更好的是以一体化方式整合数学与社会研究课），或任何其他课程内容，教学材料应对学生有意义，能满足他们的个人学习需求，并可通过相应的评估提供适当的反馈。

完好孩子的学习

MBE 告诉我们，学习就是创造新的意义。学习需要花费时间去思考新的想法，虽然这种思考大部分可能发生于大脑，但我们的认知功能取决于身体、情感和社交等方面的美满。大脑是物质的、社会的和情感的器官，MBE 科学明确地告诉我们，当人类处于健康、快乐、主动并乐于社交的状态时，学习效果才是最好的。考虑到这一点，“监督与课程发展协会”（ASCD）和“疾病控制与预防中心（CDC）”最近合作开发了一种新的指导模式，供教育工作者、卫生专业人员和决策者使用。我们在第 7 章介绍了“全学校、全社区、全面完好孩子的模式”（WSCC）（Lewallen，Hunt，Potts-Datema，et al，2015）。WSCC 模式反映了当前 MBE 科学的成果。认知增长和发展不是孤立发生的，而是发生在孩子整体成长之中。因此，教育工作者必须设计、管理和引导涉及孩子整体成长的环境和内容。21 世纪的教育要培养所有孩子了解自己、与他人交往、为可持续未来做贡献的充分能力（Goleman，Bennett & Barlow，2012；Goleman & Senge，2014）。绿色学校领导者正努力以更全面的方式引领学习。通过明确和有意地将自然纳入儿童的学习体验，他们的方法打破了工厂化模式，甚至延伸超出了 WSCC 模式。

自然与学习

虽然大自然在主流 MBE 框架和指导方针中不是一个突出的参与者，但越来越多的证据表明，与大自然相接触在儿童的幸福、发展和学习中起着至关重要的作用。大自然，正如我们在这里所使用的，被广泛地定义为不是人类的或人类创造的世界的所有生物和物质元素。人类通过在建筑环境之外活动或者通过将自然引入建筑环境来体验大自然。通过扩展的窗户使室内自然光充盈并呈现窗外的自然景观，以及通过在工作和学习空间中布置植物、鱼缸、喷泉，等等，大自然越来越多地融入建筑环境中（Gillis & Gatersleben，2015；Kellert，Heerwagen & Mador，2008）。绿色学校的领导们通过既让学生置身户外又将自然引入室内的方式让孩子们与自然相接触。

最近的许多研究评论表明，与自然接触会带来与整体健康和幸福相关的益处，包括在情感、身体、社交和认知等具体方面的幸福（Hartig，Mitchell，De Vries，et al，2014；Kuo，2015；Louv，2008；Russell，Guerry，Balvaner，et al.，2013）。郭氏 2015 年（Kuo，2015）的评论认为，在自然中度过的时光本质上有益于人类健康，可增强免疫系统功能（并减少注意力缺陷与多动障碍（ADD/ADHD）、焦虑症、抑郁症、偏头痛、癌症、心血管疾病等）。她总结说："这里所确定的自然—健康途径的多样性，为自然促进健康的假说提供了可信性，同时也为自然显著影响的惊人规模和范围提供了一个潜在的解释。"（Kuo，2015，p. 6）自从罗夫（Louv，2008）的《森林中最后一个孩子》一书出版以来，评论特别关注与儿童接触自然的好处（Chawla，2015；Gill，2014；Mustapa，Maliki & Hamzah，2015）。有关证据很明确——儿童受益于与大自然的接触。虽然有关接触自然与具体学习结果的直接关联的研究还很少（Russell et al，2013），但我们知道幸福感是参与学习的基础。因此，我们认为，将接触自然作为孩子们学校体验的明确组成部分会有助于增加他们的福祉，因而也会提高他们的学业表现。

自然与身体健康

体育活动对儿童至关重要，它既是一种促进健康又是一种预防疾病的方式。十多年前，对相关证据的一次广泛审查促使专家小组建议"学龄青少年应该每天参加 60 分钟或更长时间的适度和剧烈的身体活动，这是令人愉快和有益于发育的"（Strong，Malina，Blimkie，et al，2005，p. 736）。在大自然中开展体力活动会增加额外的好处。慕斯达法等人（Mustapa，Maliki & Hamzah，2015）回顾了 1990 年代中期至 2013 年间所作的相关研究，这些研究探讨了儿童接触自然和身体发育需求之间的关系。户外玩耍、运动与儿童健康的身体发育和运动能力有关。他们的综述强调了这样的研究结论：在森林等自然区域玩耍的幼儿比那些在传统游乐场玩耍的幼儿会更容易发展运动能力。

查拉（Chawla，2015）在她的研究评述中报告说，有机会接触大自然并在其中度过时光的孩子会有这样一些益处：更健康的体重、较低的血压、更强的身体活动能力以及受阳光照射产生的维生素 D。她还强调了在自然玩耍区要保持不使用除草剂或杀虫剂的重要性，因为这些化学物质与"一系列不良影响相关，包括流产、低出生体重、出生缺陷、儿童癌症、呼吸和肺部疾病、智商降低、注意力缺陷与多动障碍（ADD）及其他学习障碍，还有自闭症谱系障碍"（Chawla，2015，p. 443）。最后，相关研究广泛支持利用花园来增加孩子们的健康食物选项（Williams &

Brown，2011；Williams & Dixon，2013）。

自然与社交幸福

研究发现在更自然的环境中玩耍的孩子们与他们的同伴会有更亲近的社交行为（Chawla，2015；Gill，2014；Mustapa，Maliki & Hamzah，2015）。有研究对学龄前儿童进行了调查，他们发现，儿童在包括不同特点（如树木、山丘、植被、可移动的树枝、各种原木和岩石等）的自然游戏空间会进行更富有想象力、协作性和多样性的游戏玩耍，这种游戏玩耍为形成健康的社会关系、友谊和社交技巧提供了基础。查拉还报告了学校办学理念在使孩子们获得这些益处方面的重要性（Chawla，2015）。在一些拥有自然环境的学校里，由于学校并没有把重点放在促进游戏上，儿童的游戏也会缺乏创造性和少有益处。花园是孩子们互相协作并发展社交技能的一个地方（Williams & Brown，2011；Williams & Dixon，2013），而友谊和社交技巧是维持情感幸福的关键因素。

自然与情感幸福

时间在自然界中具有恢复性的潜能，并可减少压力对人的影响以及培养幸福感。研究表明，孩子的幸福感与家庭收入无关，那些在自然中度过时光的孩子比起不那么做的孩子，会有较低的压力水平、更高的自我价值感和较低的抑郁率（Chawla，2015；Mustapa，Maliki & Hamzah，2015）。身处大自然时，所有年龄的孩子都自我报告说感到自由、放松、平静以及有全面的积极情态。此外，查拉（Chawla，2015）指出，在自然中有积极体验的青少年更可能报告说自然会缓冲他们在青春期的压力。没有自然体验的青少年在陌生的自然环境中会感到恐惧和焦虑，而不是和平。这一点表明，学校在儿童早期就将孩子们引入自然起着重要的作用，如果这样做的话，他们更可能在青少年和成年时期推崇自然并受益于自然。考虑到花时间与自然相处会带来有关的认知益处，学校有充分的理由做出这样的努力。

自然与认知幸福

波士顿公立学校在 20 世纪 90 年代中期开始修缮他们的学校。在翻修之前，校园设施是不受人喜欢的，在许多情况下，对儿童来说是不安全的。到 2005 年初，近 66%的学校大大改善了他们的校园。这些改进包括除设置一些传统的游戏运动设施外，还在一些区域恢复了自然特征，如小山、植被、巨石、原木和一些可移动元素以鼓励孩子们想象力的发挥。一项针对四年级学生成绩的研究（在学校层面上汇总）发现，就标准化测试成绩来看，即使在控制了诸如家庭收入和种族等人口学特征条件的情况下，校园所有改善的学校学生表现更好（Lopez，Campbell & Jennings，2008）。虽然他们的研究没有解释更自然的校园和学生表现之间的正相关联系，却有其他研究揭示了这种关系。

学业成绩在很大程度上取决于学生对学习是否保持专注和投入。新兴的研究一直表明花时间置身自然提高了学生的专注能力（Chawla，2015）。多项研究表明，注意力缺陷障碍（ADD）和注意力缺陷与多动障碍（ADHD）患者在接触自然后症状会减轻。在最近的一项研究中（我们在上面的述评中没有提到过），博托等人（Berto，Pasini & Bathiero，2015）发现，与花同样时间在教室或操场相比，9～11 岁学生的注意力表现最好的是花时间置身森林之后，而森林也是学生们反映的最具恢复力的区域。要更好地理解与自然接触和认知、幸福之间的因果联系，需要进一步研究。然而，新出现的证据确实表明学生的学习成绩会随着有时间置身自然而受益。当学校领导考虑如何提高学生的学习水平时，他们应该好好地看看教室外面。

为 21 世纪而学习

在 21 世纪，我们对学习的了解比我们以前所知道的要多；我们也发现我们需要最大限度地发挥我们的学习能力，这是前所未有的。21 世纪的需求要求我们为了繁荣的未来，学会如何以不同的方式生活。面对这个时代的挑战和机遇，不是简单地调整一下我们的生活方式就行了。相反，我们正处在一个需要深度、适应性学习的时代（Barth & Michelsen，2012；Kagawa & Selby，2010），这一适应性学习的要求触及我们生活的每一个方面。“社会期待学校系统的毕业生可以识别和解决相关问题，并显示出有适应性素质以使他们对社会有所贡献”（Bransford，Brown & Cockillg，2000，p. 133）。布兰福德和其同事进一步解释道，适应性专家能够灵活地应对新的情况并在他们的一生中不断地学习，他们不仅使用他们所学的知识，他们是元认知的，并且不断质疑自己的专业知识水平然后试图超越它们，他们不是简单地试图更有效地做同样的事情，而是试图把事情做得更好。（Bransford，Brown & Cockillg，2000，p. 48）如果学校有目的地服务于 21 世纪的需求，它们需要让学生有机会发展适应性能力，绿色学校的学生经常从事这种学习。他们通过深入地方来学习可持续发展，并培养他们成为合格公民的能力。

深入地方实践

正如我们在第 5 章和第 6 章中所学到的，我们生活的地方为我们从事学习提供了相关的、有意义的和强有力的机会。索贝尔（Sobel，2004，p. 7）将地方教育描述为：以当地社区和环境为起点，在语言、艺术、数学、社会研究、科学等课程中教授概念。强调动手、实际的学习经验，这种教育方法提高了学习成绩，帮助学生与他们的社区建立更强的联系，提高学生对自然世界的鉴赏力，并立下成为主动、积极的公民的郑重承诺。通过促使当地居民、社区组织和环境资源积极参与学校生活，来提高社区活力和环境质量。

在索贝尔对地方教育做出里程碑式评论以来的 10 年中，教育工作者和研究者们继续证明了使用当地社区作为学习资源的深刻价值（Demarest，2015；Gruenewald & Smith，2014；Sobel，2008）；最近一项学生参与的有关研究也强调了地方的力量（Lawson M A & Lawson H A，2013）。这些作者将学生参与的概念扩大化，“将参与比作一种抽象化的胶水，将学生主体（包括学生在学校、家庭和社区中所形成的知识、经验和兴趣）及其生态影响（对同龄人、家庭和社区）与学校的组织结构与文化相连接”（Lawson M A & Lawson H A，p. 433）。为了让学生参与式学习实现最大化，他们的建议包括“放弃谋求适合所有人的同一方式，而代之以一种量体裁衣式的方案以满足适应当地学生、学校、社区各自不同的需求、背景与文化”（Lawson & Lawson H A，p. 457）。以地方为基础的教育应是如此。它深深地激发了学生在地方学习中的力量并赋予他们活力。

创造课程以满足学生和社区的多样化需求，这成为一种促进信息流动的举措，给那些信息交流缺乏活力的地方带来了生命的活力。当学生和社区投入知识产出时，它就成为一个更有活力的过程，形成了充满生机的汇集点，融合了有关目标、自我指导、知识和未来的种种可能性（Demarest，2015，p. 166）。以场所为基础的教育给课堂与社区的生活带来民主。学生在其中“搞民主”，而不仅仅是学习民主，“民主一直是为了理念和变革的斗争，而地方教育必须向学生展示集体努力所面临的挑战和所具有的潜能”（Gruenewald & Smith，2014，p. 20）。这些基于地方的学习机会可能会在特定的课堂中开始，教师们要学习以根本不同的方式进行教学和学习。或者，他们可以延伸扩展出学校范围，让每个人以自己的方式开展基于场地和/或主题的学习（Meier，Knoester & D’Andrea，2015）。梅尔在纽约（Meier，1995）和波士顿（Knoester，2012；Meier，Knoester & D’Andrea，2015）引导了若干所学校，对学生在民主化学校中进行学习提供了启发性实例。

基于地方的学习长期以来一直是环境教育的一部分，比如通过对教室附近的自然生态系统的调查，如当地的小溪、池塘、森林、草地和沿海地区，加深孩子们与自然的联系（Krapfel，1999）。正如本章前面所描述的，汤姆的学生们深入了解了学校的情况，对他们的建筑系统进行了调查并为改进项目提供了设计建议，这些项目既为使用者改善了建筑设施的条件，又能减少建筑的生态足迹。学生们也可以离开校舍去调查他们当地的社区，如安吉拉的一位小学教师带领她的班级开展了徒步实地考察课，他们收集了附近社区有关新鲜农副产品的信息。他们参观街角的杂货店、药店甚至餐馆。在与店主、厨师和其他社区成员的交谈中，他们对食品质量、可用性、成本和健康提出了富有挑战性的问题。在这些社区调查之后，他们学校花园里种植的新鲜食物的价值就显得更大了。以地方为基础的教育包括整个学校的建筑环境、学校以外的社区以及学校所处的生态系统。学生们成为当地的专家，更加了解他们的社区从而更好地准备成为负责任的公民。

为可持续发展设定公民身份

公民可以通过系列实践参与他们社区的事务。韦斯特海默与卡恩提出了 3 个主要类别的公民类型：负责的公民、参与的公民和致力于理解和解决挑战性问题的公民（Westheimer & Kahne，2004）。盖洛普（民意预测机构）告诉我们，那些捐钱给慈善机构、自愿提供时间或帮助陌生人的美国公民比世界上任何一个国家的公民都多（English，2011）。然而，盖洛普没有涉及韦斯特海默与卡恩所提出的第三类公民，我们将第三类人称为可持续公民。这类人不仅仅是负责任的社区成员，他们也参与改善他们的社区；他们是系统思想者，他们理解许多社会挑战之间的深层联系；他们了解环境、社会和经济问题的相互依存性；他们相信有能力在我们的民主制度中运作并影响我们的民主制度；他们知道如何努力去促进有关社会制度、过程和政策的转变。在这个更深、更广、更具战略性的层面上培养为共同利益而奋斗的公民并非易事。

教学生如何运用系统思维来理解 21 世纪的复杂挑战是至关重要的，但还不足以培养他们作为公民的能力。查拉和库欣（Chawla & Cushing，2007）对培养青年的有关研究进行了调查，这些研究涉及培养青年通过参与集体政治行动更积极地保护环境。他们的文献综述涉及培养爱护环境行为、民主实践、个人能力和集体能力等方面的相关研究，虽然评述主要集中在战略环境行动的前导，而不是专门针对可持续公民，但他们对战略环境行动的描述与我们可持续发展公民身份的概念有很好的吻合。这些公民能亲身负责，超越个人领域为共同利益作战略性努力，他们的研究成为呼唤绿色学校的号角。

研究机构都指向一种教育模式，它不仅旨在产生积极的公民，而且在教育过程中嵌入民主原则。根据研究，儿童和青少年需要对他们所做的事有自主权，能选择个人主要的目标，并将基于共同利益的行动融入他们的认同感。他们也需要直接体验的机会，从熟悉的自然区域开始，延伸到参与管理他们的学校和探询社区项目，在那里他们可以自己了解到当地政府如何工作，感觉到他们正在做有意义的事情。在这些体验的过程中，他们需要讨论的机会，共同分析公共问题、确定共同目标、解决冲突、阐明克服挑战和取得成功的策略。在这个过程中，他们成为彼此成功的榜样（Chawla & Cushing，2007，p. 448）。

结论

事实证明，培养可持续发展公民所需要的实践，跟我们已了解的支持个人福祉和参与学习的做法非常相同。绿色学校领导在基于生态民主原则的实践中，创造条件以增进学生的幸福感，促使他们更深入地投入有意义的学习，这样他们也会有助于改善他们的社区。这样的学校会让学生和老师一起床就想去学校，即使不要求，他们也想每天都来。想象一下，一个已复原的学习生态系统，能提供充满活力的投入式学习的生态系统服务，这就是绿色学校运动鼓舞人心的地方。

讨论题

1.注册并完成美国绿色建筑委员会（USGBC）“绿色教室职业证书”认证项目。你们学校的教室中有哪些常规的绿色措施或做法？对你及你的学校来说，有哪些创新的绿色措施或做法？对你们的教室施行绿色化会如何促进学生对学习的热爱？

2.反思你作为公民的所作所为。在韦斯特海默与卡恩所提出的 3 种公民类型（负责的、参与的、可持续的）中，你最符合哪一类？在拓展你作为公民的行为方面，你认为还有什么样的机会或空间？

3.你们学校的学生在学做可持续公民方面已达到什么程度？他们还有什么机会来拓展个人负责任的行为，比如在参与班级、学校、社区等范围内的行动方面，或在影响班级、学校、学区、社区等各级政策或规章制度方面？你认为还有哪些机会或做法会最大化促进他们成长为可持续公民？选择其中一种，组建有你的同事、社区成员、学生参加的核心团队，共同创立新的实施举措。

第 9 章

绿色学校的创新教学

教育机会的不公平是不利于可持续发展的。任何一个渴望为可持续发展而努力的人，都必须致力于所有学生的成功；同样地，任何旨在促进可持续发展的教育程序，首先必须把重点放在提高所有孩子们的学习成绩上。

——诺莱特（Nolet，2016，p. 11）

在第 4 章中，我们探讨了绿色学校领导者培育全学校可持续发展的强大愿景。这些领导人与他们的老师、学生、家长和社区利益相关者一起，致力于发展所有成员的学习能力，以此作为在 21 世纪为本地和全球需求服务的方式。绿色学校努力成为健康的社会生态系统，让孩子们和成年人深入学习如何以更可持续的方式生活。这样的愿景将学校的日常工作与有意义、有目的的目标联系起来，为教师和学生提供了强有力的激励。绿色学校领导和他们的老师建立起有关教学、课程和运作的目标，这些目标体现出个人强烈的诉求和相应的挑战，他们会进一步产生对这一愿景的集体承诺。

即使作出了承诺，绿色学校领导也很可能会遇到这样的教师：他们在面对更为紧迫的挑战时，很难“看到过度消费与全球气候变化的相关性或关注它的未来几十年的影响”（Nolet，2009，p. 412）。教师目前面临着州和联邦的问责制政策带来的认知不和谐感，这些政策反映出学生在学习和取得好成绩方面的机会是不公平的。最近实施的更严格的共同核心州立标准（CCSS）和下一代科学标准（NGSS）可能只会增加这种紧迫感和挫折感，因为在学生的学习上更具挑战性的期望会形成更大的差距。面对这些挑战，有效的校长要寻求培养他们教师的“获取新的知识、技能、思维方式和价值观的能力，”（Waters，Marzano & McNulty，2003，p. 51），还要厘清这样的问题：谁能、谁不能掌握这些严格的学术标准。

可持续性教育（EFS）和全学校可持续性实施方法致力于提供一整套有关的知识、技能、思维方式和价值观的教育，以图重新提振教师士气并建立他们的效能感，以满足学习者多样化的需求。为他们提供必要的时间和资源，使他们基于上述方式方法来开发和实施跨学科的、以学习者为中心的、基于问题和基于地方的学习举措，他们将认识到这些方法的潜力，以确保他们所有的学生都有充分的机会进行学习和取得学业成功。事实上，对于是否该为学习这些方法投入时间和精力，会由他们的学生提供最有说服力的证据，因为他们期待“向老师寻求有关一个安全的、健康的、可持续的未来的答案和保证”（Bauermeister & Diefenbacher，2015，p. 326）。我们的孩子们可能会“向我们展示可持续性如何能并且应该被视为有关 21 世纪学习的、具有紧迫社会必要性和关键性的主题”（McClam & Diefenbacher，2015，p. 129）。

本章将探讨绿色学校的教师如何就培育学生与可持续性相关的行为、品格和思维习惯进行学习和形成规范。首先，我们得考虑教师们如何获取有关可持续发展教育及全学校方法的原则与架构方面的深入知识。我们将研究教师们如何利用以可持续发展为中心的概念，促使所有学生掌握严谨、综合的学科内容以及教师们如何发展自己相应的思维习惯和实践方式。我们会探索绿色学校校长如何发展和维护学校教师中的专业群体，为教师们提供深刻反思自己教学实践的机会。我们会考虑这些校长如何重新打造相应的结构和过程来开展这项工作。最后，我们会看看教师怎样了解绿色建筑设施的设计意图，以便他们可以更好地模拟绿色运作和维护程序，并充分利用绿色三维教科书的所有特征。

绿色学校教师有义务追求深度知识

《地球宪章》于 2000 年正式在海牙和平宫发布，并由 6 000 余个政府机构、非政府组织、企业、大学、学校、宗教和青年团体签署，现在被认为是“一份关于可持续发展核心原则的全球共识宣言”（Nolet，2016，p. 51）。《宪章》直接号召“以授权青少年积极促进可持续发展的方式教育青少年”（The Earth Charter Initiative，2015）。正如我们在第 3 章中所介绍的，《联合国可持续发展教育十年规划》（UN-DESD）始于 2005 年，旨在致力于大规模改变我们的教育系统以促进这种教育。教师培养及其职业发展是 UNDED 工作的主要焦点之一（Wals，2009）。当你开始研究如何在你的学校里更好地实施可持续发展教育时，你可能需要花一些时间探索相关文档和网站作为你探究的基础。当你决定如何能更好地运用《地球宪章》的基本原则并致力于达成 UNDESD 目标时，你和你的老师无疑会发现有多种相互关联的方式方法可用于你的工作。表 9.1 总结了有关可持续性教学的常用术语。

表 9.1　与可持续性教学有关的术语

环境教育	让学生参与环境研究，鼓励他们改变行为和行动（Thomas，2005）。EE 采用动手活动和相关主题来吸引并鼓励学生参与。EE 是一个创造性和动态的过程，在这个过程中，学生和教师们一起寻找解决环境问题的方法（Fien & Tilbury，1996；Riordan & Klein，2010）
可持续发展教育	培养学习者以做出知情、明智的决定并采取针对环境完整性、经济可行性和社会公正性的负责任行动。ESD 是跨学科的、整体的、嵌入在整个课程中的、以价值观为基础的。它强调开放式思维、生成性思维、批判性思维、解决问题、参与式决策和系统思考。ESD 是基于本地情境，但与全球问题相联系，注重文化响应和以学习者为中心（UNESCO，2005）
生态公正教育	通过检查和应对使生命系统和社区福祉退化的东西来保护生态公正。生态正义教育认识到生物和文化多样性的重要性以及需要代表最受影响的所有人及其他物种（包括后代等）做出决定的必要性。从世界各地的文化和社区中认识并重新评价以生物和文化的不同及共性为基础的实践、传统和知识（Lowenstein，Martusewicz & Voelker，2010）
可持续性教育	旨在使学习者应对来自环境、文化、社会和经济（这些特征代表了 21 世纪的生活方面）的相互关联而产生的挑战。EfS 帮助学习者开发新的思维方式、协作方式和解决问题的方法。学习要聚焦于当地关注的问题事务，并通过更大的全球性视野来予以解释。可持续性教育是跨学科、整体和嵌入的课程，它侧重文化响应和以价值观为基础，采用多种教学方法，特别注重以学习者为中心的策略（Nolet，2016）
全学校可持续发展	认识到可持续性与学校生活的各个方面相关，包括正式的和隐性的课程、学校领导模式与管理以及教师职业发展。全学校方法鼓励学校实践它们所宣扬的内容

所有这些方式方法强调了对环境问题和相关内容的关注。有些超出了环境的范围，包括了在地球上生活的经济和社会层面。这些方式方法特别强调要考量价值观并谋求在行为上要有所改变。它们敦促在当地的背景下进行学习，但需要应用全球化的视野。所有的方式方法都把学生置于中心，让他们投入主动的、基于地方、基于问题和与社区相结合的学习，以鼓励学生的参与和批判性思维。大多数情况下，学术性内容以严谨的、跨学科的方式呈现，以使学生努力解决现实世界的问题。这些方式方法都依赖于教师建立起有关可持续发展概念的基础知识。在第 3 章中，我们介绍了全学校可持续发展的基本原则，这些原则值得与你们的老师分享。维克多•诺莱特在他最近一本名为《可持续发展教育：有关教师的原则和实践》（Nolet，2016）的书中确定了一些宏观想法，与威金斯和麦克蒂格（Wiggins & McTighe，2005，p. 10）的方式相同，采用引入可持续发展世界观的结构或主题，比如，“一种通过可持续发展的透镜看待世界并参与世界的方式”。这并不是一张综合性的与可持续发展相关的概念列表，诺莱特提议将下面 8 个理念作为一个最小的集合，一旦被理解，将能“帮助教师优化内容、确定学习进度、制定长期计划、预测学生的动机与指导学生学习”（Nolet，2016，p. 68）。诺莱特的 8 个理念为：公平与社会正义、和平与合作、普遍责任、健康与弹性、尊重极限、与自然相连、地方与全球、相互联系。这些理念为教师的学习提供了一个出发点。

公平正义是可持续发展世界观的核心。这一理念包含了许多相关的概念，包括社会公正、经济正义、环境正义、性别平等、食物公正、气候公平和代际公平。通过公平和正义的观念，我们来考虑获取资源和机会的途径，排除特权观念，区分欲望和需求。和平与合作，作为一个伟大的理念，确认了我们人类对友好和安全的根本需求，它也强调了要关注威胁和平的环境条件。当我们了解人类和自然系统的相互联系时，我们明白和平与合作对健康星球的贡献，而人与国家之间的冲突对人类和自然界都有有害的影响。

普遍责任要求我们坚持对我们的决定和行动的后果负责。这个伟大的理念强调了我们的义务，“为所有人创造一个永远安全和公正的空间”（Nolet，2016，p. 74），普遍责任要求我们避免更多伤害和危害。在这里，我们期望我们的学生认识到他们的潜力，作为积极的行动者，创造一个可持续的未来。

健康和适应性为学生们提供了探究健康的、繁荣的系统特征的判断依据（Nolet，2016，p. 75）。我们一方面考虑个人的健康和幸福问题，另一方面考虑诸如饥饿和疾病等大规模的问题。强调适应性是鼓励发展个人或系统对变革、气候灾害或创伤的应变能力以及能继续运作和谋求发展的能力。这一理念也鼓励学生们考查他们自己适应生活的能力。汤姆和他的九年级学生开展了一个简单的户外生活科学与木工制作项目，旨在体现学校校园的健康和恢复力。学生们努力在教室外的墙上建鸟舍，鸟儿来到这里，筑巢，生下它们的孩子，甚至有一只喧鸻鸟在我们花园的畦上、地上筑巢。我们正在为新的生命创造和提供机会。我们社区里这些大型综合高中面临许多问题，有很多孩子辍学，在那里有各种社会病。然而，我认为当一个孩子能在青春期的环境中创造条件以孕育新的生命时，这真的很有意义。

尊重对地球以有限能力来支持其居民生存的认知。这一理念要求我们改变思路来考虑我们与其他物种之间的关系以及与我们后代的关系。在学生们探究消费与公平和正义之间的关联与影响时，要求他们反省自己的需求。

建立与自然的联系体现了人类与自然互动的方式。我们在第 8 章已更深入地探讨了这一理念，因为我们认为与自然接触对于儿童的幸福、发展和学习有着至关重要的作用。当学生们在自然中学习时，他们会对自然系统的优雅、平衡、效率和适应性有新的尊重。“在自然中学习也有助于学习者将那些抽象的理论性概念融会贯通，形成更主动和个性化的理解”（Nolet，2016，p. 77）。

从地方到全球随处可见我们的社会、经济、政治和自然诸系统之间的相互依赖性。进一步的探讨会揭示我们本地的行动如何影响全球社区；事实上，这会提醒我们，我们都是这个全球社区的成员，无论是好是坏。我们在本书中反复地提及这一重要理念，显示了可持续发展教育是如何促进学生把他们所居住的地方作为一种实际和深刻的手段将他们与更广阔的世界联系起来的。

相互联系使我们注意到人类和自然系统的交织形态，即社会—生态系统（Nolet，2016）。作为一种理念，它引导学生开展系统思维，考查系统的各个元素（如生态系统中的有机体）是如何相互作用的或探究全球范围内复杂、大规模的环境，社会和经济系统及其对各国、各地区的影响。

这些与可持续相关的重要理念为学生提供了一个“坚实框架”，以在共同核心州立标准（CCSS）和下一代科学标准（NGSS）的基础上“探讨有关批判性思维、解决问题和系统思考的内容标准和实际应用”（Nolet，2016，p. 102）。诺莱特（Nolet，2016，p. 41）警告说：“许多被称为‘可持续发展教育’的举措缺乏计划性、很肤浅，持续时间太短，不完整，或者只是错误地认为其等同于进行‘绿色洗涤’。”他向教师提出了挑战：“要对可持续发展知识领域及相关信息有深入全面的理解。”诺莱特的书为激发教师们的兴趣和动机提供了坚实的基础。他还建议教师研讨那些有效实施可持续发展教育的范例，它们已产生了积极的学生业绩（Nolet，2009），例如《生态素养：教育我们的孩子们建立可持续的世界》（Stone & Barlow，2005）、《地球宪章在行动：走向一个可持续的世界（Corcoran，Vilela & Roerink，2005）、《基于地方的教育：连接教室与社区》（Sobel，2005）、《学习花园与可持续发展教育：给学校带来生命和使学校走向生命》（Williams & Brown，2012）。

绿色学校教师塑造有关心智与实践的综合规范

新《教育领导者职业标准》（PSEL）的标准 6 要求学校领导发展学校员工的职业能力和工作实践以促进每个学生的学业成功和幸福，通过招聘、支持、培养和保留那些有工作效率、有爱心的教师和职员来形成富有教育成效的教职员群体。标准 7 建议通过建立教师职业社区来促进对教师的这种支持和发展，鼓励一种对实现共同愿景及相关目标努力参与及负责的文化，重点是开展完好孩子的教育。根据这一标准，有效的校长要对教师实践、业内反馈和集体学习提供合作、考查的机会。标准 10 要求校长在教师中培养领导者，并赋权他们进行探究、实验和创新以持续改进课堂和学校（National Policy Board for Educational Administration，2015）。

我们对老师看待他们工作的方式已经有充分的了解。改变教师对工作的看法并非易事，抵制变革的力量是巨大的（Goodlad，1984）。教师对隐私和自主的期望以及他们主要致力于课堂教学事务常常妨碍了建立那些可持续发展教育所需要的进一步的合作关系。当学校实施更严格的学习标准时，也需要这样的合作关系。可持续发展教育和 CCSS 都需要一种综合的方法来开发课程，通过这样的方法，教师可以同时跨多个标准和学科来培养学生的能力。诺莱特（Nolet，2016，p. 8-9）提醒我们："没有一个学科可以主宰可持续发展教育，所有的学科都有责任，包括定量推理性的数学、探究性的自然科学、创造性的艺术、批判性思维和政策分析、社会研究、大众传播和媒体、语言文学类的艺术、空间推理性的地理等各学科内容。"

可持续发展教育在整合学科内容和教学形式方面的基本实践为学校实施更严格的学习标准提供了合适的背景条件。这些新的综合性一体化做法差别不大，本质上是相互关联的，因此需要时间来发展和完善。面对这些做法，教师常受困于"了解""评价""施行"之间的脆弱关系，担忧个人和集体是否有能力改变课堂教学规范，从而提高学生参与度，激发了他们对学习的热爱（Nolet，2009，p. 429）。但对于教师来说，有一个好消息，可持续发展从本质上讲是要"创建可行路径来帮助新、老教师将学科和教学内容与现实世界问题联系起来，把握深度学习的内在本质"（Nolet，2009，p. 432-429）。

正如我们在前面章节中所讨论的，学生选择投入学习及其深入的程度取决于学习内容的有意义的程度。随着教师对学生越来越了解，他们能够更好地促进各学科之间的关联，以及新材料与学生的储备知识及个人兴趣的关联。第 8 章强调教师努力将内容个性化并与内容领域和背景进行横向连接的重要性，以此建立精确知识框架（Dumont，Istance & Benavides，2010）。毫无疑问，当老师在理解学生如何转变学习观念时，他们会审视他们目前的知识。这些新的理解和期望将要求教师横跨教学单元、内容领域、年级和学校水平来考虑制定有针对性的计划，以构建学生学习综合化知识内容的框架，这样的有关课程和教学实践的全面观点会促使你考虑新的结构和系统以促进工作。单一教室中的优秀教学是不够的，为了实现更大的愿景，教师们必须以更加协作的方式进行规划、组织、研究和实验。

绿色学校教师协作探究解决问题的模式

当你关注培养教师可持续教学的能力时，有必要为反思性对话提供多重的、持续的、与工作相关的机会。为了使教师能够成功地适应和完善他们的教学实践，他们必须有机会参与普特里亚姆和博科所说的"话语共同体"（Putnam & Borko，1997，p. 1247-1250）。正如学生不能只通过与物质世界而不与其他了解科学的人互动来学习科学一样，教师也不可能自动超越他们自己当前对教学实践的观点，而不需要从另外的来源获取关于教学、学习主题的思想或思考方式。正如学生需要学习推理、交流和思考的新方法以及通过参与课堂话语共同体来探究意义建构的动因，教师需要在支持性学习社区的背景下，构建他们有关教学实践的复杂的新角色及思考方式。

这些专业性的学习合作社区为教师提供了深刻反思自己的教学实践、教学内容、学生的经验及背景的机会。以这种方式与别人分享会支持教师们在改革实践中承担风险并进行相应的斗争。它也可以帮助教师，根据他们现有的知识和信念，对输入的信息赋予意义和加以组织（Putnam & Borko，1997），在相互尊重的背景下与其他教师一起工作。那些鼓励有意义的辩论、挑战甚至争执的教师，就能以增加智力刺激来激发教学，并能澄清那些日益明确和被认同的价值观（Putnam & Borko，1997）。

学校领导者在以下几方面起着至关重要的作用：提供和确保教师在专业社区中有时间充分接触，指导实现现阶段所追求的愿景及专业发展目标，提供必要的资源来支持教师进行探究。这也是专业社区工作的中心（Louis，Marks & Kruse，1996；Mullen & Hutinger，2008；Olivier & Hipp，2006）。随着参与讨论、计划、分析、评估和实验，并通过有计划和结构化的职业发展，教师可以得到进一步的提升。其中大部分活动可以而且应该是自我发起和引导的。由于教师有责任指导学生并与其保持最直接、持续的联系，教师是学校系统中有关目的和手段知识体系的主要来源（Bacharach & Conley，1988），明智的领导者会利用这一资源，给老师提供互相启发的机会。

教师们职业阶段各不相同，其中有些富有经验的专业人士已准备整个地投入基于项目的、协作的、融合地点和社区的教学和学习中。而对是否有能力适应和把握在挑战传统教学架构时所面临的不确定性和模糊性，有些初任教师可能不太自信，所有的教师都必须学会引导学生进行探究，让问题浮出水面，以适应由此产生的复杂性和不确定性（Lowenstein，Martusewicz & Voelker，2010）。当教师在课堂上和课堂之外都进行富有挑战性的学习时，教师需要有自己的效能感。教师与学生一起工作，随着时间的推移，教师看到他们的学生有能力进行深入的思考和逆向思考，这超出了他们的预想，因此教师的自我效能感就会增加（Woolfolk，Davis & Pape，2006，p. 734）。

安吉拉观察到，有些中年级学生及其老师在开展有关遗传学的科学项目时体现出这种深层次的思考和推理。她把观察与该学区实施的新学习标准联系起来。学生们对学习科学或任何与他们日常生活相关的课程感到兴奋。而且，这种应用性学习和我们正在尝试实施的新 CCSS 标准之间有着惊人的协同作用。教师们的学习曲线是陡峭的，他们走进花园，与他们的学生一起探究孟德尔和精细遗传学。而且，他们能从豌豆开始，这是一种非常实际的方式。

绿色学校教师与物理学习环境的互动思考

当老师们更好地了解了绿色学校建筑设施的设计意图时，他们会被激励更多地开展合作与尝试，并在教室外的景观中探险。了解建筑设施如何运行以及为什么这样运行，是教师职业发展的一个重要焦点。

当可持续设计和课程安排之间出现间断时，教师可能面临额外的压力。绿色学校会遇到一些典型问题，诸如窗户是太高还是由于计算机管理系统控制而不易打开……面南的窗户遮阳不足……冬季气温有时过低，而夏天温度太高……。这些最普遍问题的产生是由于学校设施没有得到足够的维护，或者是教师对环境控制的操作不了解（Edwards，2006，p. 26）。

如第 7 章所述，可通过一个全面的建筑设施调试过程，从预设计到全面启用，到甚至超出使用范围，为使用者提供最有效的培训（Lackney，2005）。最早运用调试的情况之一是用于测试美国海军舰艇的性能，以确保其在入列前的可靠性和质量。调试后来成为建筑设施专业人员的作业程序，以描述验证建筑设施与操作要求和设计意图相关的性能（Lackney，2005）。在过去的十年中，拉克尼和他的同事推出并使用“教育调试”这一专用词，它指的是通过特定的背景和过程，教师、学生、甚至学生父母和社区合作伙伴都了解并接受了学校新建建筑设施的设计意图（Lackney，2005，p. 1）。虽然类似于先前的术语概念，这个派生的术语超越了原来只涉及简单的质量评价和磨合过程的思想。通过这种全面贯穿设计、使用等诸过程的调试，让使用者和利益相关者亲自参与、接受相关教育培训，我们就更可能促使建筑设施支持这些使用者的特定学习和教学需求。这样的调试也会提高建筑设施设计的成功率和有效率。

例如，设计师可以分享有关设计意图的故事，促进教师们就各种设计决策展开对话。应鼓励教师提问并分享他们的趣闻轶事，探讨有关物理空间布置、家具、技术资源、户外学习环境等各方面是否有益于教育体验。在这些建筑空间中生活和工作之后，这些调试活动还可以包括教师的反思巡视，在此期间教师可以花时间思考他们的个人感知和回答有关这些建筑空间如何支持学习和教学的问题。最后，教师可以促使学生参与类似的绘图活动，鼓励他们探讨各自在学校的经历，并绘制标出他们喜欢和不喜欢的空间、支持或限制他们学习的方式。

目的教育是特别重要的，因为设计意图对用户来说并不总是显而易见。教师可能不会详细关注物理学习环境，特别是它对他们自己和学生行为与福祉的影响，因而他们很少会想到从这些设计决策中受益，也更容易误用或忽略其具体的特征。我们常常不必要、不适当地使用空间，浪费时间去试图辨明空间如何被调控以满足特定的活动需求，并/或以非常传统的方式使用那些创新的、非常规的空间。当学校建筑使用者更多地了解这些可能性并更多地参与定义相关参数时，对可持续特征及技术的适应就会有保证，并且用户能够更好地想象如何利用这些空间来改变学习的方式。当教育者有机会学习绿色建筑时，“他们开始利用物理环境作为教学工具来帮助学生理解那些支配宇宙的基本规律和原则”(Taylor, 2009, p. 3)。

绿色学校领导平衡挑战与支持

面对新的挑战，有效的领导者通过调整那些不再支持教师和学生工作的系统和结构，消除畏惧并保持富有成效的学习文化(Leithwood, Louis, Anderson, et al, 2004)。当学校领导考察那些支持全学校可持续发展的可行系统和过程时，他们明智地将探究转向“与学生体验直接相关的课堂条件以及能促进、激发、支持这些条件的更广泛的组织条件”(Leithwood & Sun, 2012, p. 413)，同时关注学习和教学的技术核心以及影响这个核心的组织目的、结构和过程，将帮助校长激发学校职业群体的能量，来促成对学校教学和课程规范的必要改革。

在受联合国教科文组织委托所作的文献综述中，蒂尔伯里(Tilbury, 2011)确定了推动世界各地可持续发展教育的四种共同的学习与教学过程。首先，目前进行的合作和对话过程鼓励多方利益相关者积极参与投入，促进在学校、大学、博物馆、企业、政府组织和社区机构之间开展跨文化交流并建立学习伙伴关系。第二，从幼儿园教育到高等教育，在各教室、科目和年级之间，整个学区和教育系统的各个层次上通过全系统参与的过程开展能力建设和达成相关行动承诺。教育工作者不仅要质疑他们所教的东西和如何教，还要发明新的组织结构、操作程序和管理实践来促进和支持这些新的教育方式。正如本书所讨论的，全学校方法意识到可持续发展与学校生活的各个方面相关，包括正式的和隐性的课程、学校的领导与管理，以及教师的发展(Ferreira, Ryan & Tilbury, 2006)。第 10 章将介绍影响组织各层次变革的策略，以及美国教育部“绿丝带学校”的有力案例，这些案例被公认为反映了大步实现了这种变革的过程。第三，创新的过程鼓励学术性学习的转变，让学生们从他们自己解决问题的过程中学习体验，澄清他们的价值观并促进变革。最后，积极和参与性的学习过程使学生提出反思性的问题，设想更积极的未来，开展系统性思考，运用他们在过程中所学的知识，探讨传统与创新之间的矛盾关系。从幼儿的讲故事、唱歌、舞蹈和户外游戏到现实生活项目、行动研究和大龄学童的互动座谈会，学生们与作为学习促进者和合作伙伴的老师一起，积极地构建他们自己的知识。

实施可持续发展教育为学校领导提高学校的教学效率提供了新举措。可持续发展教育要求学生为更高、更复杂的主题思维水平而努力，它要求教师在内容区域和年级层次上实现更高层次的整合。从低年级开始，可持续发展教育提供了大学教育和职业生涯所必需的知识和技能。学校领导比以往任何时候都更多地在课堂层次上开展探究和观察，解决诸如“这门课程的中心智力思想是什么……要注意它们是在怎样的课堂结构和教学实践中发展出来的”等问题（Nelson & Sassi，2000，p. 574）。教师们需要对他们自己的实践进行仔细的考查，以便确认他们是否能使学生达到严格的、综合的、与实际结合的高水平课程要求。

当你试图在处理日常事务的同时开展变革，你和教师所面临的挑战将变得更加严峻。参与重大变革会涉及一段不平衡的时期，这会使教师和管理者感到焦虑、不确定和压力（Uline，Tschannen-Moran & Perez，2003），即使这些变化也带来了新的兴奋和活力。汤姆反映了在他的学校中如何消除影响进步的障碍：学校管理者只需要拖延就能获得巨大的否决效力。另一方面，如果我们积极参与，如果我们相信并交流这种新的学习方式对所有人来说都是重要的，事情就会向前发展。当我接近老师们并探讨：“我们怎样做才能使这个更大、更强？”“我怎样才能让你更容易完成这件事？”“我可以撤掉什么，能让你有时间集中精力？”“我怎样做才能让你的工作更有可行性？”如果我们在教育系统的各个层次上完成这种谨慎、周到、综合的改变，那么施行更具可持续性的实践做法就会顺理成章，它们不会被挤压进或硬加进日程安排，也无须加倍计划或甚至重新计划。我们不会再有以其他更重要的事情为由来取消它们的风险。我们所引入的举措将真正是名正言顺的，知道是谁发起的，谁促成的以及为了谁，谁会参与还有为了什么目的。

结论

即使是最有技能和最有学问的绿色学校领导也无法实现独立于更大的公共教育体系的《联合国可持续发展教育十年规划》（UNDESD）所制定的目标。如果实行可持续发展教育和全学校实施方法学习，就有一个公平的机会，州和联邦官员可能需要重新考虑与教师的教学和学生的学习内容标准有关的政策。可持续发展的课程目标已经被嵌入其他国家学生的学习标准中。至少有 50%的联合国成员国报告了已制定与可持续发展教育相关的政策（Buckler & Creech，2014）。在美国，经常被称为创新者的州包括加利福尼亚州、马里兰州、马萨诸塞州、明尼苏达州、俄勒冈州、佛蒙特州、华盛顿州和威斯康星州（Feinstein，2009）。美国威斯康星大学麦迪逊分校 2009 年有关美国可持续发展教育的研究报告显示，只有两个州——佛蒙特州和华盛顿州，将可持续发展融入正式的教育政策（Feinstein, 2009）。这两州采用了与可持续发展教育直接相关的课程和教师教育标准。

根据该报告，许多国家都在传统学科的内容标准中纳入与可持续发展教育相关的学科材料，如环境科学和经济学。由于推行美国教育部“绿丝带学校”计划，许多州已经在州一级的绿色学校倡议和竞赛中应用了可持续发展教育的理论和理念。然而，这些计划仍然是自愿的，没有相应的正式可持续性标准或相关教育政策可采用。应谨慎考虑进行这些政策调整，要意识到措施须针对学生和教师的具体需要和利益而制定。任何改变都必须发生在“关于教育手段与目的的持续公开的对话”的背景下（Tyack & Tobin, 1994, p. 478）。正如诺莱特（Nolet，2016，p. 10）提醒我们的那样，“如果可持续发展教育无助于让所有学习者在基本的学术技能和知识上建立牢固的基础，那它是没有意义的干预……可持续性教学应加强教师的日常职业实践”。

在本书各章节中讨论的每一个领域都对设计和领导更环保、更可持续和民主的学校社区这一愿景有着不同的影响。每个领域都通过学校教育的某一方面制定航向，如通过交流和参与的媒介、通过参与的人、通过所建立的结构、通过所使用的工具和技术。来自美国和世界各地的绿色学校的证据表明，当采用严谨的方法和敏锐的思维时，我们作为绿色学校领导的行动可能是革命性的。将学校建成生态敏感的地方，使教师、学生、家长和社区成员得以积极参与创造一个更可持续的未来，这并不会消减绿色学校领导所承担的责任。学校管理者会继续被追究责任，他们也应该如此。然而，如果学校能起到更可持续、更民主的社区的引领作用，教师及他们的学生将开始对学校的日常运作承担更多的责任，从而释放管理者以进行真正的领导。这应该带来乐观的情绪和对人类行使权力的信心，正如杜威提醒我们的：我们没有陷入循环，我们是沿螺旋式轨迹上升，在这样的过程中，社会习俗催生了一些相互依存的意识，这种意识又会体现在行为中……这就会永远产生对社会的以及生态的联系的新认识（Dewey, 1922, p. 78）。

讨论题

1.选一项诺莱特（Nolet）所提出的与可持续发展相关的理念。制定一个讨论提纲，用以促进教学团队、年级规划团队、职业群体来考虑如何按照这一理念设立参照框架，以探讨目前执行的学习标准，并提炼相关的讨论内容。

2.描述你所设计的工作结构与过程——用以确保教师们有充分的时间来相聚、

参与、一起学习。你怎样安排可以确保教师们有时间并一直使探讨专注主题并有成效？

3.阅览《地球宪章》（网址：http：//earthcharter.org）。《地球宪章》中的原则或精神会怎样影响你学校的教学与学习？

第 10 章 绿色学校网络、认证项目与相关资源

我们必须确定我们希望生活在一个理智、快乐、健康的世界里，而这是每个人都应该得到的。

——马嘉拉·卡特（Majora Carter, in CNN, 2008）

教育是用来改变世界的最有力的武器。

——纳尔逊·曼德拉（Nelson Mandela, in Strauss, 2013）

绿色学校是全球迅速发展的现象。虽然绿色学校的实际数量仍然只占所有学校的一个非常小的百分比，早期的范例表明走向绿色是未来之路。正如我们在本书中所分享的那样，对绿色学校的早期评价正为学生、教师、社区和环境展示积极的成果。绿色学校提供了一个高杠杆策略来应对 21 世纪的许多挑战，从学生的参与及表现到气候变化和社区适应力。最近有关绿色学校领导者的一项研究发现，99%的受访者报告学生参与度有所提高，77%的受访者报告在他们的绿化行动后社区参与程度有所改善（Sterrett, Imig & Moore, 2014）。这些积极的学习成果，以及节约和环境效益越来越引起人们的关注，正如绿色学校联盟（Green Schools Alliance, GSA）、生态学校和美国教育部“绿丝带学校”（Department of Education Green Ribbon School, ED-GRS）奖项目所显示的那样。本章先简要介绍 GSA 和生态学校的举措，然后着重介绍 ED-GRS 获奖学校的学习。

GSA 是国际学校联盟致力于更可持续化的一个例子。GSA 促进学校层面的目标设定、实施和评估以及在网络范围分享成功的故事。2016 年 1 月，GSA 执行主任莎伦·杰耶在电子邮件中报告说：“我们的会员学校从 2014 年的 3 500 所增长到 7 884 所，遍及美国 41 州、53 个国家。”学校加入 GSA，以求与其他正在实施设施、场地和课程绿色化的教育机构交流联系，成员资格并不一定意味着已有足够绿色化水平，成员学校的这种快速增长至少体现了希望与其他对可持续发展感兴趣的

学校进行交流联系，这表明这种教育创新正在全世界传播。绿色学校运动服务于儿童、社区和我们的星球，这是一个有目的的、实用的、强有力的改进学校的策略。

GSA 在 2016 年 1 月宣布，有一批新的区域合作，涉及 21 个美国公立学区，其中 8 个学区位居全美 12 个最大学区的名单中。表 10.1 为成员学区的完整列表。这 21 个学区服务 5 726 所学校的 3 600 万学生，预算共计 530 亿美元。这种合作的目的是“利用他们的集体购买力来促进运用可持续举措并促进市场转型，影响本地、区域和国家政策决策，促进绿色学校联盟成员地区级可持续性项目的发展，并在区一级确立和分享最佳实践”（GSA，2016）。在他们的共同影响下，GSA 区域合作肯定会帮助绿色学校成为美国学区的主流实践！

表 10.1　GSA 区域合作网的学区成员表（按规模由大至小排列，截止至 2016 年 1 月）

纽约市教育局，纽约州
芝加哥公立学校，伊利诺伊州
克拉克县学区，内华达州
布瓦德县学区，佛罗里达州
休斯敦独立学区，得克萨斯州
桔县公立学校，佛罗里达州
菲尔法克斯县公立学校，弗吉尼亚州
棕榈滩县学区，佛罗里达州
费城学区，宾夕法尼亚州
圣迭戈联合学区，加利福尼亚州
丹佛公立学校，科罗拉多州
奥斯丁独立学区，得克萨斯州
弗吉尼亚海滩市公立学校，弗吉尼亚州
圣弗朗西斯科联合学区，加利福尼亚州
波士顿公立学校，马萨诸塞州
底特律公立学校，密歇根州
奥克兰联合学区，加利福尼亚州
哥伦比亚特区公立学校，哥伦比亚特区
菲亚特县公立学校，肯塔基州
林肯公立学校，密苏里州
肯萨斯市公立学校，堪萨斯州

生态学校是另一个致力于可持续发展的国际网络。虽然该项目 10 多年前始于欧洲，美国国家野生动物联合会（NWF）自 2008 年以来一直在美国主办生态学校，截至 2016 年初，共有 59 个国家参加了生态学校项目，美国有 45 个州加上哥伦比亚特区的 735 所学校参与。该项目是一个认证项目，具有 7 步申请程序和 3 个级别的认证，最高奖项是“绿旗奖”（Green Flag Award）。学校首先注册为生态学校，然后致力于通过认证，要保持绿旗称号需要每两年更新认证一次。申请文件需要列出相关活动，例如，设立生态行动小组、进行环境审计、编写生态行动计划、评估进展、将环境教育融入学习中、开展社区活动、发展学校范围的生态规范等等（NWF，2016）。美国另一项倡导绿色学校的全国性奖项是美国教育部“绿丝带学校”（ED-GRS）奖，该项目已确认近 300 所学校为实施全校可持续发展学校。虽然 ED-GRS 项目认证范围包括 K-12 学校、学区和高等教育机构，但这一章我们仍然专注于 K-12 学校。获奖学校的申请是公开的，因而为全学校可持续发展实践提供了很好的例证。塔尼亚·麦基是本章的合著者，她是奥本大学 2016 年 8 月入学的教育领导学博士生，我们从她的论文研究中提取了大量相关数据，以详细描述 ED-GRS 奖、2015 年的获奖者以及他们的实践范例。在本章和本书的结尾，我们会对学校的绿色化建设提出一些建议。

美国教育部“绿丝带学校”奖项目

“绿丝带学校”项目的第一批获奖者于 2012 年 4 月获得认证。获奖者名单每年 4 月公布。该奖项的目的是“通过表彰普适的最有前途的实践与资源，激励学校、学区和高等教育机构（IHEs）追求 21 世纪的卓越”（USDOE，2015）。ED-GRS 奖励计划包括三个支柱：①减少环境影响和成本；②改善学校、学生和工作人员的健康和福祉；③提供有效的环境及可持续性教育。这三个支柱的目标是解决整个学校的可持续发展，包括学术团体、建筑设施和课程设置。支柱①和②促进运营和管理中的可持续、健康的实践做法，支柱③促进课程中有关环境和可持续性的教育。该奖项不一定需要建筑设施部门与课程教学部门领导之间的深层次合作。华纳和埃尔瑟（Warner & Elser，2014）发现，在 ED-GRS 奖第一批获奖者中只有很少的相关案例。该奖项也没有特别提到领导的方式方法，像我们在第 2 章所讨论的那些，如培育民主社区、促进学习以及以可持续发展为导向的改革。然而，这一奖项对表彰学校在实施全学校可持续发展方面的进步来说是一个很好的起点。如斯特雷特等（Sterrett，Imig & Moore，2014，p. 13-14）所报道的：各学校非常欣赏 ED-GRS 奖所带来的验证、名气与认知。在如此多的开放式反响中体现出的激情和兴奋表明人们多么渴望这种认可，而绿色化的努力往往是无形的，而且被无名英雄所拥护。

虽然这是由美国教育部管理的全国性认证项目，但须由各州教育部门或其他合格的权威部门为他们所辖的学校提名申请奖励。每个权威机构都可以开发自己的申请程序或采用 ED-GRS 奖项目所提供的申请程序范例，他们必须设计和实施自己的申请审查程序以选择学校，然后由他们提名进入国家级别申请，一般情况下，学校会进行自我学习以完成他们的申请。学校会记录它们在三个支柱中每一方面的实践情况，如减少环境影响、改善健康和福祉以及可持续发展教育。这种自我评估既表彰了当前的绿色实践，同时也强调了持续增长的机会。学校在获奖后是否继续保持绿色增长，这完全取决于它们自己。目前，各学校只能获得一次 ED-GRS 奖。这项奖没有按年度认证或重复认证的程序。

ED-GRS 奖项目为 K-12 学校制定了提名指导性规则

ED-GRS 奖项目为 K-12 学校制定了如下提名指导性原则（USDDE，2015）：

· 如果提名超过一所学校，提名机构必须至少包括一名候选学校，其学生中至少有 40%为低收入家庭的学生；

· 如果提名一所私立学校，至少有一所公立学校或学区也必须被提名；

· 在五个被提名者中，只能有一所是私立学校。

ED-GRS 奖项目在四年多的运行中，有 12 个州（阿拉斯加州、爱达荷州、路易斯安那州、缅因州、内华达州、北达科他州、俄克拉荷马州、南卡罗来纳州、南达科他州、得克萨斯州、犹他州、怀俄明州）和两个领地（波多黎各、维尔京群岛）至少参加过一次。然而，不参与这一特定奖项评选并不意味着有关教育当局缺乏推行绿色学校的努力。内华达州和得克萨斯州都有学区列入绿色学校联盟（GSA）地区合作名录。得克萨斯州有 235 所学校参加生态学校项目，仅次于纽约州的 427 所学校，位居美国第二位。在不参加 ED-GRS 项目的其他州中，南卡罗来纳州有 37 所，路易斯安那州有 17 所，其余州有 10 所或更少的学校注册为生态学校（NWF，2016）。2016 年初，“俄克拉荷马绿色和健康学校项目”称，已有 27 所活跃的绿色学校（Oklahoma Green and Healthy Schools Program，2016）。已有越来越多的示范性和活跃的绿色学校以及国家和州一级的绿色学校网络，为新绿化学校提供了丰富实用的启发性与指导性资源，回顾前 4 个年度 ED-GRS 获奖者，包括将近 300 所学校。

ED-GRS 奖得主

249 个 ED-GRS 奖得主包括各种各样的公立学校、特许学校和独立学校，服务于多样化的学生群体。我们的描述从回答“这些获奖者都在美国的什么地方？”开始。

表 10.2　ED-GRS 奖获奖学校按州（或提名机构）在 2012—2015 年的分布

州（或提名机构）	2012	2013	2014	2015	总学校数	总年数
亚拉巴马州	2	3	3	3	11	4
亚利桑那州	2	0	0	4	6	2
阿肯色州	1	0	0	0	1	1
印第安教育局	1	0	0	0	1	1
加利福尼亚州	4	4	3	0	11	3
科罗拉多州	3	1	3	1	8	4
康涅狄格州	0	3	2	1	6	3
特拉华州	0	1	0	3	4	2
哥伦比亚特区	2	3	0	3	8	3
国防教育活动部	0	0	0	2	2	1
佛罗里达州	3	2	0	3	8	3
佐治亚州	3	1	2	2	8	4
夏威夷州	2	0	0	0	2	1
伊利诺伊州	3	0	1	1	5	3
印第安纳州	0	1	2	1	4	3
艾奥瓦州	0	1	0	0	1	1
堪萨斯州	3	1	0	0	4	2
肯塔基州	3	3	1	2	9	4
马里兰州	4	2	2	2	10	4
马萨诸塞州	0	3	1	2	6	3
密歇根州	2	0	2	0	4	2
明尼苏达州	3	3	2	4	12	4
密西西比州	0	1	0	0	1	1
密苏里州	2	0	0	0	2	1
蒙大拿州	0	0	0	3	3	1

续表

州（或提名机构）	2012	2013	2014	2015	总学校数	总年数
内布拉斯加州	2	1	1	2	6	4
新罕布什尔州	0	1	0	0	1	1
新泽西州	4	2	2	4	12	4
新墨西哥州	0	0	1	0	1	1
纽约州	3	3	1	0	7	3
北卡罗来纳州	2	0	1	0	3	2
北达科他州	1	0	0	0	1	1
俄亥俄州	2	1	3	1	7	4
俄勒冈州	4	0	2	1	7	3
宾夕法尼亚州	4	3	0	0	7	2
罗得岛州	2	2	2	2	8	4
田纳西州	0	2	0	0	2	1
佛蒙特州	0	3	3	0	6	2
弗吉尼亚州	2	2	0	4	8	3
华盛顿州	4	4	2	3	13	4
西弗吉尼亚州	2	2	2	1	7	4
威斯康星州	3	4	4	3	14	4
总学校数	77	63	48	61	249	
总提名单位	30	29	24	25	42	

表 10.2 告诉我们每一个州或特殊行政机构每年获奖学校的数量；可提名学校的特殊行政机构包括波多黎各（PR）、维尔京群岛（VL）、国防教育活动部（DoDEA）、印第安教育局（BIE）。表 10.3 给出了有关学校资助模式和获奖学校的贫困学生所占比例；表 10.4 按申请者所报，总结了获奖学校的地区位置分布。

表 10.3　ED-GRS 奖获奖学校的资金来源（按年度的百分比）

资金来源	2012（%）	2013（%）	2014（%）	2015（%）
公立与特许	84	84	81	90
私立与独立	15	16	19	10
印第安教育局	1	0	0	0
贫困率	45	50	29	44

表 10.4　ED-GRS 奖获奖学校的位置分布（按年度的百分比）

学校位置	2012（%）	2013（%）	2014（%）	2015（%）
乡村	26	16	25	26
郊区	45	48	56	49
市区	29	36	19	25

总体而言，39 个州和哥伦比亚特区、印第安教育局及国防教育活动部在项目的前四年中至少有一个 ED-GRS 奖得主，这代表了 55 个法定提名单位的 74%参与率。12 个提名单位只参加了一次 ED-GRS 奖项目评选（阿肯色州、印第安教育局、国防教育活动部、夏威夷州、艾奥瓦州、密西西比州、密苏里州、蒙大拿州、新罕布什尔州、新墨西哥州、北达科他州和田纳西州）。13 个提名单位参加了所有四年的 ED-GRS 奖评选（亚拉巴马州、科罗拉多州、佐治亚州、肯塔基州、马里兰州、明尼苏达州、内布拉斯加州、新泽西州、俄亥俄州、罗得岛州、华盛顿州、西弗吉尼亚州、威斯康星州）。这 13 个单位中有六个拥有十所以上获奖学校（亚拉巴马州、马里兰州、明尼苏达州、新泽西州、华盛顿州和威斯康星州）。在三年次的参选中，加利福尼亚州有 11 所获奖学校（2012 年、2013 年、2014 年）。

虽然参与评选机构当局的总数自第一年以来有所下降，但已经有大量机构参与这个奖励项目的早期阶段。这些早期的获奖者是开拓者，即使在“不落下一个孩子”的高风险环境下，他们也把健康学校、完好发展和环境教育放在首位，这样它们就有资格获得这些早期奖项。现在许多开拓者可能已经获得了奖项，预计在接下来的几年里将继续参与，预计未来的参与人数可能会上升，因为学校领导、教师和社区正继续学习和采用绿色学校的做法。

获得 ED-GRS 奖的先行学校存在于从公共资助到私人资助、从低收入到高收入、从农村到城市社区的所有不同的背景环境中。按如前所述提名规则，学校的资金来源、学生社会经济地位，甚至地区位置都在一定程度上影响了获奖学校的分布（表 10.3 并表 10.4）。这些规定确保了低收入学校（通常是在城市或农村地区，而不是郊区或私人资助的地方）得到认可，高贫困学校的比例从 2013 的 50%变化到 2014 的 29%。制定规则的方式表明，在创新实践更普遍的州，那些资金雄厚的学校可能没有资格全被提名为绿色学校，这种情况可能会一直延续到绿色化实践扩散并扎根到不太受资助的学校为止。在颁奖的第一年，有 10%的参选机构只有一所学校获奖；第二年，2013 年，这个数字上升到 34%的参选机构只有一所学校获奖；从 2014 至 2015 年，只有一个获奖学校的机构比例从 29% 降为 24%。这些提名标准为继续发展绿色学校实践提供了一个极好的激励，而这些适用于所有类型学校的实践做法都会造福于儿童、社区和地球。

ED-GRS 获奖实践

我们通过总览每个支柱方面的绿色学校实践结束对 ED-GRS 奖获得者的深入研讨，我们没有大篇幅报告他们所有的实践，只是强调最常见的。第一支柱是减少对环境的影响及其成本。各学校报告指出，通过能源管理计划、参与“能源之星”项目、改造照明系统、翻新、利用自然光、屋顶绿化及规范使用者行为等措施来跟踪和减少学校能源的使用。他们把能源使用从非可再生能源转移到可再生能源，包括太阳能、风、地热和生物能。各学校还报告通过创新的景观美化、收集和使用雨水、改建管道和规范使用者行为来跟踪和减少他们的用水量。废物回收利用是支柱 1 最常见的一种活动，堆肥化处理有机废物，包括学校午餐废物，似乎越来越成为获奖者普遍的举措。最后，处理气体排放也减少了对环境的影响，大多数获奖学校都对汽车和公共汽车实行严格的“不空转”政策，许多学校鼓励安全步行和骑自行车上学，这曾是一种常见的做法。

支柱 1 的活动，如“不空转”政策、骑自行车/步行上学也改善了学校学生和员工的身心健康，身心健康是支柱 2 的重点。大多数获奖学校报告通过如下措施来保证他们的室内空气质量（IAQ），如综合虫害防治计划、使用绿色清洁产品及低挥发性有机化合物（VOC）室内用品、控制湿度/霉菌/霉变、禁止宠物及禁用空气清新剂、香味蜡烛和其他哮喘触发物。健康和健身项目也有助于身心健康完好，获奖学校鼓励学生和员工餐饮丰富，保持精力充沛。学校菜园、农场至学校的直供项目和自助餐厅的沙拉酒吧在教学生吃新鲜蔬菜和水果方面起着核心作用，减少甚至消除含糖饮料和零食的做法在获奖学校中并不罕见。绿色学校的学生参加许多不同的体育项目，每天都有时间在户外玩耍，在大自然中度过大量的时间。

通过将环境及可持续发展教育整合纳入整个课程体系，支柱 3 构建了基于支柱 1、2 的举措。大多数获奖学校报告至少有一个学习单位专注于当地的环境。许多学校甚至超越了这个基本水平，它们与专业的非营利组织和学生驱动的公民参与项目合作，建立起创新伙伴关系，这些公开的申请材料带来有关学校怎样正在实施“绿色化”的丰富信息和灵感。这些申请材料也提供了相关早期措施，反映了学校教育如何从机械模式转变过渡到生命系统模式。几乎没有学校消除了工厂化模式的所有痕迹，但许多学校正准备这样做，引领这种变革性转变需要向大自然寻求新的灵感。

为孩子们、社区和地球来建设绿色学校

如果你已读到这里，那么我们希望你相信全学校可持续发展提供了改善教育、社区和地球的综合性路径。如果你在开始阅读本书时已对此深信不疑，那么我们希望你找到一些新的想法和可能性，以继续、扩大和深化你的工作。绿色学校是吸引人的、健康的、资源高效利用的学习场所。本书并不打算做具体指导，而是对全学校可持续发展的可能性和支持性研究做详细描述，但我们在结束本书之时会对建设发展绿色学校给出一些指导意见。可持续性举措谋求深刻的变革（Doppelt, 2010），而不是对我们惯常做事情的方式进行小幅调整。可持续性变革需要学习在教育事业的各个领域进行不同寻常的工作。专制的领导者和“讲台上的圣贤”的教学模式被永远抛在后面，教师和学生成为共同的学习者。对我们如何以不同的方式生活的共同探究激发了学习潮流和新的洞察力以及随之而来的行为。绿色学校有潜力成为充满活力的学习场所，真正有助于使世界变得更美好。在这里，仅就启动和继续领导全学校可持续发展提供若干建议。

孕育变革

引领变革是一个大量学术专著、畅销书、杂志和播客都关心的话题。有众多咨询顾问为你的组织提供更容易导致改变的模型和公式。而现实是，变革是具有挑战性的，因为每个背景环境都是独一无二的。没有对实际情况的深入了解和认知，万能的模型和公式通常也不起作用。在本书的序言中，我们给出过戴和利思伍德对于有效的学校领导模式进行反思的一段引文，我们在这里重新引用并加以扩展。

但我们想在经验证据表面下进行深入挖掘，而不是做这些解释。这种挖掘使我们认识到，有关成功的领导模式的经验，可以部分地由领导者及其同事对他们的组织所持的基本比喻加以解释。两个对抗性的比喻——“将组织作为机器”和“将组织作为生命系统”，在惠特利的解释中体现了组织和领导模式在功能和结果上的根本不同。那些成功的校长所做的工作强烈地表明他们认为他们的组织是活生生的系统，而不是机器。总而言之，作为观点中一个重要内容，对我们研究中那些成功的校长的工作所做的解释是，他们把学校看作是惠特利的“生命系统”或“家庭”，或者是“学习型组织”，并把自己视为其中的角色，而且就是为了孕育这样的系统而设计的（Day & Leithwood, 2007, p. 200）。

成功的学校领导有效地引导学习和变革，无论是否为了可持续发展。戴和利思伍德深刻的洞察力是源于几十年来对学校领导力的研究。这告诉我们，我们对领导和学习的根本比喻是有效实践的基础。

惠特利（Wheatley，1999）为指导学校的变革提出了基础性的比喻："我们发现生命系统是思想和智慧的丰富源泉，使我们人类能够应对这样的挑战——创造学校或任何复杂系统，它有能力随着时间的推移成长变化，但仍然保有其目的性和有效性。"我们在此提出我们所采纳的惠特利式框架，以及具体应用举措可用于领导走向全学校可持续发展的变革，这些是源于我们作为研究人员和参与组织以可持续发展为导向的变革的经验。

构建有志向、有目的的工作网络并培育信任

变化是通过工作网络的连接发生的。对组织成员之间的网络连接缺乏信任，改革举措就会失败（Daly，Moolenaar，Bolivar，et al，2010；Louis，2007）。惠特利解释说，许多组织都是由独立的个体组成的，而他们是依从自己的个人目的和愿望来运作。不幸的是，这些组织中残酷无情的政治成了破坏性的规范。按地区划片入学的学校，成员间没有有意义的联系，面临由于成员相互失联和互为竞争的特点所带来的挑战。当惠特利研究生命系统时，她解释说，他们是围绕着共同利益而不是按照各自独立和纯粹利己的议程自我组织起来的。因此，为了酝酿变革，领导者必须参与社区成员有关目的和愿望的对话（Wheatley，1999）。

帕克·帕尔默（Palmer，1998）雄辩地指出与我们成为教育者的初心相关联的价值。通过连串的设问——"我为什么在这里？""是什么让我投身教育事业？"，我们可以重温初心和更新思想。与同事们就更深层次的动机进行真实的交谈，通常会引导出我们想在世界上实现积极变革的愿望。每个人的动机和愿望可能有所不同，但组织范围内的对话会导致更深的理解，理解会导致更深层次的信任，而信任会导致连接。以信任为特征的连接网络为变革提供了健康的背景条件（Daly & Finnigan，2009）。当各群体围绕着目的和愿望进行对话时，彼此共享的概念很可能会清晰浮现（Senge，Cambron-McCabe，Lucas，Smith & Dutton，2012）。然而不可能为每个学校社区规定这些逐渐明晰的目标及愿望是什么。事实上，主要的问题是由各州政策（在第 3 章中讨论过的）引起的公式化的、陈腐的任务陈述。对一个系统强加以目标和抱负注定要失败。上述的这种强制性的做法是从视系统为机械的假设出发的，它不符合生命系统如何生长和变化的规律。机械式的做法让人们感觉不连贯、冷漠和缺乏灵感。惠特利的著作（Wheatley，1999）清楚地表明，生命系统并不是无意识服从。我们不能要求一朵花更快地生长和开放，或者说一片草地长成一

片森林。自然界的变化是以自身的速度发展和展现的。相反，领导者必须巧妙地培养健康的关系网，并在学校社区内部寻求变革的准备，那些与社区产生共鸣的变化将会扎根和成长，仔细倾听人们发现了哪些最有意义的东西会展现这些机会。

发现对你的学校社区而言最重要的东西

寻求意义是为变革提供能量和承诺。“有意义的信息点亮一张网络，就像风吹野火一样燎原般扩散。与之相反的是，没有意义的信息只在门前闷烧冒烟，直到一些人把冷水泼到它上面”（Wheatley，1999）。当要决定从哪里开始实施全学校可持续发展举措的时候，要为你的学校社区寻找合适的地方。你可以从任何地方开始，但是成功取决于开始的地方有能量（即对你社区的人来说什么最重要）来积极支撑你的工作。北宾夕法尼亚学区督学迪特里希提供了一个很好的例子，为这种领导实践提供了一个很好的例子（Kensler & Uline，2015）。肯斯勒和乌林（Kensler & Uline，2015）描述了北宾学区（North Pennsylvania School District，NPSD）从耗能大户到节能明星的转变。虽然迪特里希督学渴望将与可持续发展相关的举措引入他的学区，但他在等待正确的机会。他十分了解他的社区，知道对他的社区来说，减少他们的碳足迹以影响气候变化的举措还没有足够的意义或激励以进行大规模实施。例如，呼吁教师们为了拯救地球的目的，撤掉他们教室的冰箱以减少他们的能源消耗肯定行不通。2009 年进入经济大衰退，该地区面临严峻的经济状况，迪特里希知道他的社区会愿意牺牲一些便利来换取彼此的工作。他和领导团队一起制定了一个全区范围削减能源使用的方案，他明确表示节约能源等于挽救就业，他们在相互交流、实施过程和项目评价中保持了包容性、系统性和一致性。到 2013 年底，北宾学区被授予“能源之星年度伙伴”奖，实现所有建筑设施能源使用量减少 30%，节约公用事业成本超过 100 万美元”（Kensler & Uline，2015，p.57）。

为共同创造和自主权设计过程

行政领导者有权决定是否分享权力。他们有权力决定是否参与设计过程。那些理解他们的组织可作为生命系统的领导者知道，“人们只支持他们所创造的事物。我们必须始终参与那些影响我们的事物的发展过程”（Wheatley，1999）。因此，明智的行政领导者践行民主原则（第 3 章），巧妙地设计真实、包容的过程，让社区成员共同创立有意义的变革举措。（Senge，Cambron-Mclake，Lucas，et al，2012）。比起直接发出指令，这些过程不可避免地花费更多的时间。然而，我们知道指令不利于深入的、二阶层次的变化。麦肯锡公司是从事组织研究和咨询的全球合作伙伴，运营时间已超过了 90 年。基于其对首席执行官（CEO）的国际代表性调查，他们一致性地报告说，有近 70%的变革举措会失败。而那些成功的人呢？报告指出，有员工广泛参与共同创造的变革计划会成功（Keller，Meaney & Pung，2010）。服从和同意不足以让深层变化生根成长，员工参与的过程有两个主要的影响。他们利用集体智慧创立自主权，集体智慧确保变革举措体现了对有关组织的全面认知，而不仅仅是一些处于组织结构顶部的头脑所想。自主权保证了承诺和后续行动。两个有关废品垃圾回收的故事可以说明这一点。在一个故事中，一个学区范围的回收工作基本上是按上面规定所为。所有学校都收到了一份文件，要求他们立即开始回收。在一些学校，有些成员已经收集可回收材料并予以处理，因而这是一个受欢迎的举措，参与热情很高。然而在有些学校，还没有对回收利用感兴趣，参与回收的情况就不能长久。学校的回收计划依赖于每个人的参与，成功取决于自主权。学校成员，从学生到管理者，必须了解并选择把他们的垃圾放在正确的地方。当自主权很低的时候，人们会毫无顾虑地抛弃他们的垃圾。

作为一个与上述故事对比的故事，考虑一个同样大小的城市学区几年后的情况。在这里，新的和改进的回收工作由一个地区办公室的员工主导，他们带来了一个多元化的团体共同设计更有效的回收策略。该组织包括社区积极分子、城市代表、设施/监管人员、学校领导和教师。通过真正的利益相关者参与、协作规划、对许多学校的调查，以及周到的实施，该地区的回收参与率迅速攀升。这一实施阶段跨越了几年时间，允许学校自主选择参与这个项目，这种选择的力量是项目成功的关键因素。在学校的要求下，学校接受了相关培训，并支持以学校为基础的回收团队，这包括管理人员、教师、监管员和学生代表。这一项目的整体指导框架具有灵活性，允许团队按自身的环境条件调整回收计划。如果你的目标是进行深刻的变革，那就值得花费时间和精力来施行参与的过程。

保持好奇、观察和反省

领导变革是一个复杂的过程，充满了有益的、充满挑战性的惊喜。领导变革的人必须对什么样的变革可行、什么样的变革不可行保持足够的好奇。他们必须仔细观察，观察个人以及群体动态。惠特利（Wheatley，1999）解释说，这种敏锐的好奇心需要领导者及时出现在现场，而不是“全神贯注于我们想让世界成为什么样的想象”。她继续说，置身当下现实并不意味着我们没有意图行动，或没有任何计划地终生随波逐流。但在一个不可预测的世界里，我们应更好地把规划与措施视为各种过程，它们使一个群体能够发现其共同兴趣并阐明其意图，以及加强群体与新人和新信息的联系。

我们需要减少对作为目标的计划方案的器重，需要更加重视规划和评估的过程。关注的是过程，而不仅仅是产品，这会使我们能够编织一个灵活、有弹性的组织（Wheatley，1999）。

关系、网络、意义、信任都是响应组织过程的流体属性。有效的领导者会经常基于他们的观察进行反思，并在与他人交谈时测试他们的解读。他们将依赖于正式的数据收集以及个人洞察力，来指导他们的学习和进行必要的调整。

虽然，从根本上说变革需要在特定环境中培育健康的学习关系，但全学校可持续发展框架及评估工具配以行动研究框架（Bryk，Gomez，Grunow，et al，2015；Spaulding & Falco，2012）是用于开展变革性工作的基本组合。多特勒蒙·史密斯（Dautremont-Smith，2012）确认了与学校可持续发展实践相关的 80 余个项目和应用工具。在这里，我们特别感兴趣强调一些支持全学校可持续发展实践的评估工具，而不是这项工作的更狭窄的方面（比如节能、清洁空气、绿色清洁等）。首届 ED-GRS 颁奖是在多特勒蒙 · 史密斯那篇论文发表之后，因此他的评述中没有包括这个项目。

当涉及全学校可持续发展时，《ED-GRS 奖申请程序》是一个优秀的自我评估工具，可用来记录学校的进步和发现新的机会。如果你的州还没有参与 ED-GRS 项目，可以在网址 http：//www2.ed.gov/programs/green-ribbon-schools/applicant.html 中找到一个示例应用程序。已参与的各州及其 ED-GRS 联系方式列在：http：//www2.ed.gov/programs/green-ribbon-schools/state –contacts.html。

另一个最近可用于全学校可持续发展、易于免费下载的评估工具位于“指南针教育”，网址：http：//www.compasseducation.org/sustainability-self-assessment-tool/（2015 年 4 月发布）。这一《可持续性自我评估工具》（SS-AT）可指导广泛的有关实践的自我研究，这些实践反映了四个罗盘方位点（自然、经济、社会和幸福）中的每一个，沿着四点方向由无实施举措（0）连续发展到有全面实施举措并整合进实践（3）。在 ED-GRS 奖申请中要提交关于全校可持续发展实践的开放式问题，SS-AT 提供了更详细的指导来评估不同程度的实践。

正如本章前面所提到的，美国国家野生动物联合会（NWF）主办美国生态学校，学校也可以免费参与该项目。该项目提供在线指导（http：//www.nwf.org/eco-schools），用 7 个步骤来指导绿化学校。这 7 个步骤包括建立生态行动团队、进行环境审查/审计、制定生态行动计划、监测和评估进展、链接到教育课程、扩展到整个学校和更大的社区以及创设生态条款或使命陈述。这些只是若干可用的评估工具。可在梅茨格（Metzger，2015）的述评中找到更新的和更全面的各种绿色学校框架。

促进绿色创新的“肥料”

威廉姆斯和布朗（Williams & Brown，2011，p. 199）提出了另一种思考学校领导模式的生命体系框架：生命流淌在活性土壤中。为求生动形象，在我们以无生命的机械隐喻为表征的教育论辩中，我们引入有生命力的土壤作为另一种有再生力的框架来思考作为活的有机体的学校。将有活力的土壤比作教育的基础，这表明了向可持续性发展的转变，并强调我们坚信真正有意义的学习是与生命相关的。在学校场地上直接建起的学习种植园提供了一个有关活性土壤这一基本隐喻的应用实例，就像在富饶肥沃的活性土壤中茁壮成长的变革种子一样，学校花园和其他可持续发展教育举措在纳入以活性土壤为模式的教育生态视野观点中是最为有效的。

有了活性土壤的比喻，我们提供了一些优质的肥料促进实施全学校可持续发展。当然，我们选择了有机肥料，而不是合成的、速效肥料。它们丰富而复杂，可以提供更多的信息、材料和连接。访问如下网址 www.centerforgreenschools.org，找到美国绿色建筑委员会“绿色学校中心”（USGBC，the Center）。这里的资源丰富，从基本介绍材料到示范性案例研究、研究报告、如何指导实战性和政治性行动，还有远远超过我们在这里能完全描述的项目。我们将重点介绍一些项目、资源和伙伴关系。

· “绿色课堂专业证书”是一个两小时在线课程，用于学习绿色学校基础知识。如本书前面提到的，如果你想了解关于绿色学校实践的知识，这是一个起步的好地方。它为学校的专业发展做出了卓越的贡献。

· “绿色进展”（通过“绿色学校中心”网站或访问网站 www. greenstrides.org 访问）是提供所有绿色和免费工具的门户网站，以支持实施全学校可持续发展。最初由美国教育部开发，以支持学校争取获得 ED-GRS 奖，该中心现在主办和管理这一门户网站。你可以通过关键字搜索访问资源。还有一个范围广泛的网络研讨会日历，可注册登录新闻快讯，了解新的和各有特色的资源。

· “学习实验室”，是“生态青年创新”（EcoRise Youth Innovations）的合作伙伴，该中心提供了精选的基于标准及项目的、以英语和西班牙语为基础的课程。这是为教育者开发的相关资讯，以将可持续发展整合进课程中。欲了解更多，可访问网址 https：//learninglab. usghc.org。

· “我们学校的状况”（Filardo，2016）是汇集有关报告的互动网站，提供了大量关于公立学校设施的资金状况的数据和信息。可访问网站并搜索相应的学区，了解相关设施支出和投资，看其与推荐的水平是否有差别。

· 该中心还构建了一个美国全国性的各学区可持续发展专业人士的工作网络。

这个网络利用技术可使各方人士全年保持相互联系，每年聚在一起分享各自成功的故事、如何应对挑战和进行学习，以促进全学校可持续发展。可以通过访问该中心网站来了解如何加入。

· “绿色学校会议和博览会”召集学生、教师、管理者、可持续性倡导者、政策制定者和商界和行业领袖——每一个对绿色学校感兴趣的人，每年来参加一次会议。如果你想和其他有绿色意识的人联系，而他们也都在努力将他们的绿色学校实践推进到下一个层次，那你每年都该来参会。

· “绿色苹果服务日”（访问该中心网站或 http://greenapple.org）是一个以绿化学校为中心的国际志愿者运动。在 2014 年，志愿者注册了将近 4 000 个项目，涉及全美各州和 43 个国家。志愿者近 306 000 人，募集了 470 万美元来支持绿色学校项目，服务 210 万名学生。

查看“**绿色学校联盟**”（网址：www. greenschoolsalliance. org）。这是一个由绿色学校和绿色学校领导者组成的国际联盟。成员可以是学区、学校、学生俱乐部和/或个人可持续性协调员，这里有广泛的资源和技术能力，可用以与本地和全球的其他成员建立网络联系。“绿色杯挑战赛”是一个有趣的竞赛，旨在减少能源使用和改善回收及废物削减项目。除许多其他的绿色项目外，他们还推出了免费在线杂志《绿色杂志》，在那里教职员工可以分享他们关于学校绿化的故事。

查看“**生态教育中心**”（网址：www.ecoliteracy.org）。生态教育中心提供有关可持续性和生态教育的系统变革的资源、举措和职业发展资讯（Goleman，Bennett & Barlow，2012；Stone，2009；Stone & Barlow，2005）。本书经常提及的卡普里（Capra，1996，2002；Capra & Luigi，2014）是该中心的创始人之一。因此，在这里发现他们基于生命系统的观点所做的所有工作并不奇怪。特别值得关注的是他们为了孩子改善学校食物所作的工作（Stone，Brown，Conines，et al，2010）。

查看“**可持续发展教育云研究院**”（网址：www.cloudinstitute.org）。云研究院提供与可持续发展教育相关的咨询业务、职业发展和课程设计。正如他们的网站所描述的：“我们的可持续发展教育框架阐明了全系统实施方法，而它源于这样的认知：教育的持续变革要求在课程、制度和社区层面进行创新。”

查看“**绿色学校全国网**”（网址：www.greenschoolsnationalnetwork.org）。进入该网站，就可以下载他们的 GreenPrint™ 应用，“成为一个绿色、健康、可持续的学校。”这是一个优秀的应用工具，可指导你的绿化工作。你还可以找到范围广泛的绿色学校网络列表，可帮助你与所在地区的其他绿色学校进行联系。加入这个组织还将获得额外的好处，并可订阅《绿色学校催化剂季刊》。

结论

本书的目的是对新入行的学校领导者介绍全学校可持续发展，他们对绿色学校的理念只有初步了解；而对于已经在实施绿色化的学校领导者，拓展他们的视野使其看到更多的变革机会。每一章论述有关学校领导模式的一个主要领域，及有关的新兴实践做法、研究成果以及实施全学校可持续发展的可能性。在最后一章，我们着重讨论了在美国和世界各地学校中正在兴起施行以可持续发展为导向的领导模式。像安吉拉和汤姆这样的先锋领导者正在展示的：加入可持续发展全球运动能造福我们的孩子、我们的社区和我们的地球。保罗·霍肯在其著作《神圣的运动》（Hawken，2007，p. 186-189）中描述了这场超过 1 百万个组织的全球运动。它是近几十年来一直不显见的有生运动，但是它的存在、组织和作用正变得越来越明显，越来越有影响力。他描述了这一运动的意图："如果你审视它的价值观、使命、目标和原则，你就会发现，尽管没有明说，所有组织的核心都有两个原则——首先是黄金法则，其次是所有生命的神圣性，无论它是生物、孩子还是文化……我相信这场运动终将获胜。我不是说它会击败、征服或伤害其他人，而是恰恰相反。我不想以一种神谕的意义来提出要求。我是说，赋予运动以目标的思想会成功。"我们看到绿色学校运动与这些包容和慷慨的意念相一致并且这对其成功至关重要。教育工作者有机会培养致力于可持续发展的本地人群，那些人是像生命系统那样思考成长起来的，而不是像机器那样运行。面临当前宏大的工作态势和未来变革性潜力，我们深受鼓舞，我们希望你也是。

讨论题

1.选一个绿色学校理念框架并对你的学校进行自我探究。你能看到有什么机会使你的学校持续发展为一所更加绿色化的学校？

2.考虑你的学校或学区近来有关变革的一项举措。进行详细说明并与本章给出的有关孕育变革的指导相比较。在你的变革举措中有哪些地方反映出生命系统的有关原则？在什么地方反映出传统的或机械的处理方式的转变？你打算怎样改进将来的变革措施？

3.读完本书后，你受到启发最想做的事是什么？为什么？

参考文献

前言参考文献

1. BARR S K, CROSS J E, DULLBAR B H. 2014. The whole-school sustainability framework: guiding principles for integrating sustainability into all aspects of a school organization. http://centerforgreenschools.org.sites.
2. BLEWITT J, TILBURY D. 2013. Searching for resilience in sustainable development: learning journeys in conservation. New York: Routledge.
3. BUCKLER C, CREECH H. 2014. Shaping the future we want: UN decade of education for sustainable development (2005–2014). http://unesdoc.unesco.org/mages.
4. DAY C, LEITHWOOD K. 2007. Successful principal leadership in time of Change: on international perspective. Dordrecht, the Netherlands: Springer.
5. LEONARD A. 2010. The story of stuff. New York: Free Press.
6. MEADOWS D, WRIGHT D. 2008. Thinking in systems: a primer. White River Junction, VT: Chelsea Green Publishing.
7. SENGE P, CAMBRON-MCCABE N, LUCAS T, et al. 2012. Schools that learn (updated and revised): a fifth discipline fieldbook for educators , parents , and everyone who care about education. New York: Crown Business.
8. WIJKMAN A, ROCKSTROM J. 2012. Bankrupting nature: denying our planetary boundaries. New York: Routledge.

第 1 章参考文献

1. AUTOR D, LEVY F, MURNANE R. 2003. The skill content of recent technological change: an empirical exploration. Quarterly Journal of Economics, 118: 1279-1333.
2. BARNARD H. 1970. School architecture or contributions to the improvement of

school-houses in the United States. New York: Teachers College Press.

3. BERNSTEIN T. 2003. Building healthy, high performance schools. Washington, DC: Environmental Law Institute. http://www.Elistore.org/reports_detail.asp?
4. BERNSTEIN T. 2010. Healthy, high performance school facilities: developments in state policy. http://www.eli.org/Program_Areas/Healthy_Schools/index.cfm.
5. BETTENCOURT L M A, KAUR J. 2011. Evolution and structure of sustainability science. PNAS, 108 (49): 19540-19545.
6. BIRNEY A, REED J. 2009. Sustainability and renewal: finding from the leading sustainable schools research project. Nottingham: National College for Leadership of Schools and Children's Services. http://dera.ioe.ac.uk /2061/.
7. CAPRA E. 2009. The new facts of life. Center for Ecoliteracy. http://www.ecoliteracy.org.
8. CARSON R. 1962. Silent spring. New York: Houghton Mifflin Company.
9. CCSSO. 2008. Educational leadership policy standards: ISLLC 2008 as adopted by the National Policy Board for Educational Administration. Washington, DC: Council of Chief State School Officers.
10. CHRISTENSEN L J, PEIRCE E, HARTMAN L P, et al. 2007. Ethics, CSR, and sustainability education in the Financial Times top 50 global business schools: baseline data and future research directions. Journal of Business Ethics, 73: 347-368.
11. CORCORAN P B, WALS A E I. 2004. Higher education and the challenge of sustainability: problematics, promise, and practice. Norwell, MA: Kluwer Academic Publishers.
12. DRENGSON A. 2011. Shifting paradigms: from technocrat to planetary person. Anthropology of Consciousness, 22 (1): 9-12.
13. EDWARDS A R. 2005. The sustainability revolution: portrait of a paradigm Shift. Gabriola Island, BC, Canada: New Society Publishers.
14. EDWARDS B W. 2006. Environmental design and educational performance. Research in Education, 76: 14-32.
15. FURMAN G C, GRUENEWALD D A. 2004. Expanding the landscape of social justice: a critical ecological analysis. Educational Administration Quarterly, 40 (1): 47-76.
16. GLADWIN T N, KERTNELLY J, KRAUSE T S. 1995. Shifting paradigms for sustainable development: implications for management theory and research. Academy

of Management Review: 20 (4): 874-907.

17. GLASSER H. 2007. Minding the gap in social learning. In A. E. J. WALS, Social learning towards a sustainable world. Wageningen, the Netherlands: Wageningen Academic.

18. GOLEMAN D. 2009. Ecological intelligence: how knowing the hidden impacts of what we buy can change everything. New York: Broadway Books.

19. GOODLAND R. 1995. The concept of environmental sustainability. Annual Review of Ecology and Systematics, 26: 1-24.

20. GORDON D E. 2010. Green schools as high performance learning facilities. Washington, DC: National Clearinghouse for Educational Facilities, National Institute of Building Sciences.

21. GOUGH A. 2005. Sustainable schools: renovating educational processes. Applied Environmental Education and Communication, 4 (4): 339-351.

22. GRIFFITHS D E, STOUT R T, FORSYTH, P B. 1988. Leaders for America's schools: the report and papers of the National Commission on Excellence in Educational Administration. Berkeley, CA: McCutchan Publishing Company.

23. GUMP P V. 1987. School and classroom environments // STOKOLS D, ALTMAN I. Handbook of environmental psychology. New York: Wiley-Interscience Publication.

24. HAWKEN P. 2007. Blessed Unrest: how the largest movement in the world came into being and why no one saw it coming. New York: Penguin Group.

25. HAWKEN P, LOVINS A B, LOVINS L H. 1999. Natural capitalism: the next industrial revolution. London: Earthscan.

26. HENDERSON K, TILBURY D. 2004. Whole-school approach to sustainability: an international review of whole-school sustainability programs. Canberra, Australia: Australian Research Institute in Education for Sustainability.

27. HIGGS A, MCMILLAN V. 2006. Teaching through modeling: four schools ' experiences in sustainability education. The Journal of Environmental Education, 38 (1): 39-53.

28. ISLLC. 1996. Standards for school leaders. Washington, DC: Council of Chief State School Officers.

29. KALLIO T J, NORDBERG R. 2006. The evolution of organizations and natural environment discourse. Organization & Environment, 19 (4): 439-457.

30. LEOPOLD A. 1949. A sand county almanac and sketches here and there. New York:

Oxford University Press.

31. MARX G. 2006. Future-focused leadership: preparing schools, students, and communities for tomorrow's realities. Alexandria, VA: Association for Super Vision and Curriculum Development.
32. MATHAR R. 2006. Eco-schools and green schools // LEE J, WILLIAMS M. Environmental and geographic education for sustainability：cultural contexts. New York: Nova Science Publishers.
33. MORGAN K, SONNINO R. 2008. The School food revolution: public food and the challenge of sustainable development. London: Earthscan.
34. MURPHY J. 1992. The landscape of leadership preparation: Reframing the education of school administrators. Newbury Park, CA: Corwin Press.
35. MUSE A, PLAUT J. 2006. An inside look at LEED: experienced practitioners reveal the inner workings of LEED. Journal of Green Building, 1 (1): 1-8.
36. NATIONAL POLICY BOARD FOR EDUCATION ADMINISTRATION. 2015. Professional standards for Education al Leaders. Reston, VA: http://www.ccsso.org.
37. NCES. 2013. Fast facts. https://nces.ed.gov/fastfacts.
38. NOLET V. 2009. Preparing sustainability-literate teachers. Teachers College Record, 111 (2): 409-442.
39. NWF. 2016. Calling all eco-schools. http://www.nwf.org/Eco-Schools-USA.aspx.
40. ORR D W. 1992. Ecological literacy: education and the transition to a postmodern world. Albany: State University of New York Press.
41. PURSER R E, PARK C, MONTUORI A. 1995. Limits to anthropocentrism: toward an ecocentric organization paradigm? Academy of management Review, 20(4): 1053-1089.
42. RAUCH F. 2002. The potential of education for sustainable development for reform in schools. Environmental Education Research, 8 (1): 43-51.
43. ROACH V, SMITH L, BOUTIN J. 2011. School leadership policy trends and developments: policy expediency or policy excellence? Educational Administration Quarterly, 47 (1): 71-113.
44. SCHELLY C, CROSS J, FRANZEN W, et al. 2010. Reducing energy consumption and creating a conservation culture in organizations: a case study of one public school district. Environment and Behavior, 20 (10): 1-28.
45. SCHRADER P G, LAWLESS K A. 2011. Research in immersive environments and

21st century skills: an introduction to the special issue. Journal of Educational Computing Research, 44: 385-390.

46. SCHULTZ P W, ZELEZNY L. 1999. Values as predictors of environmental attitudes, evidence for consistency across 14 countries. Journal of Environmental Psychology, 19: 255-265.
47. SENGE P M, SMITH B, KRUSCHWITZ N, et al. 2008. The necessary revolution: how individuals and organizations are working together to create a sustainable world. New York: Doubleday.
48. STONE M K, BARLOW Z. 2005. Ecological literacy：educating our children for a sustainable world. San Francisco: Sierra Club Books.
49. STUBBS W, COCKLIN C. 2008. Conceptualizing a "sustainability business model" . Organization & Environment, 21 (2): 103.
50. STUBBS W, COCKLIN C. 2008. Teaching sustainability to business students: shifting mindsets. International Journal of Sustainability in Higher Education, 9 (3): 206-221.
51. SUAREZ-OROZCO M M. 2005. Rethinking education in the global era. Phi Delta Kappan, 87 (3): 209-212.
52. ULINE C. 2000. Decent facilities and learning: Thirman L. Milner Elementary School and beyond. Teacher College Record, 102: 444-462.
53. ULINE C, TSCHANNEN-MORAN M, WDSEY T D. 2009. The walls still speak: the stories occupants tell. Journal of Educational Administration, 47 (3): 400-426.
54. UNESCO. 2005. UN Decade of education for sustainable development (2005-2014): The DESD at a glance. Paris: UNESCO.
55. USGBC. 2010. http://www.centerforgreenschools.org/leed-for-schools.Aspx.
56. USGBC. 2016. Personal communication.
57. WALS A E J. 2009. Review of contexts and structures for education for sustainable development 2009: learning for a sustainable world. Paris: UNESCO.
58. WCED. 1987. Our common future. Oxford: Oxford University Press.
59. YANARELLA E J, LEVINE R S, LANCASTER R W. 2009. Green versus sustainability: from semantics to enlightenment. Sustainability, 2 (5): 296-302.
60. YATES J J. 2012. Abundance on trial: the cultural significance of " sustainability" . The Hedgehog Review, Summer: 8-25.

第 2 章参考文献

1. ABURDENE P. 2007. Megatrends 2010: the rise of conscious capitalism. Charlottesville, VA: Hampton Roads Publishing.
2. ANDERSON R C, WHITE R A. 2011. Business lessons from a radical industrialist. Toronto, Ontario: McClelland & Stewart Ltd.
3. ATKISSON A. 1999. Believing Cassandra: an optimist looks at a pessimist's world. New York: Chelsea Green Publishing Company.
4. ATKISSON A. 2008. The ISIS agreement：how sustainability can improve organizational performance and transform the world. Sterling, VA: Earthscan.
5. BARTH R S. 2001. Learning by heart. San Francisco: Jossey-Bass.
6. BATTISTICH V, SOLOMON D, WATSON M, et al. 2010. Caring school communities. Educational Psychologist, 32 (3): 137-151.
7. BEBELL D, STEMLER S. 2012. The school mission statement: values, goals, and identities in American education. New York: Routledge.
8. BECKER C. 2011. Sustainability ethics and sustainability research. New York: Springer Science & Business Media.
9. BEGLEY P T, STEFKOVICH J. 2007. Integrating Values and ethics into post secondary teaching for leadership development. Journal of Educational Administration, 45(4): 398-412.
10. BEZZINA M. 2012. Paying attention to moral purpose in leading learning: lessons from the leaders transforming learning and learners project. Educational Management Administration & Leadership, 40 (2): 248-271.
11. BOONE C G, FRAGKIAS M. 2012. Urbanization and sustainability: linking urban ecology, environmental justice and global environmental change (Vol. 3). New York: Springer Science & Business Media.
12. BOTTERY M. 2014. Leadership, sustainability, and ethics // BRANSON C, GROSS S. Handbook of ethical educational leadership. New York: Routledge.
13. BOWERS A J, URICK A. 2011. Does high school facility quality affect student achievement: a two-level hierarchical linear model. Journal of Education Finance, 37 (1): 72-94.
14. BOWERS C A. 2010. Educational reforms that foster ecological intelligence. Teacher Education Quarterly, Fall: 9-31.

15. BRIDGELAND J M, DILULIO JR J, MORISON K B. 2006. The silent epidemic. http://www.civicenterprises.net/MediaLibrary/Docs/the_silent_epidemic.pdf.
16. CHAWLA L. 1998. Significant life experiences revisited: a review of research. Journal of Environmental Education, 29 (3): 11-30.
17. CHAWLA L, CUSHING D F. 2007. Education for strategic environmental behavior. Environmental Education Research, 13 (4): 437- 452.
18. DE GRAAF J, WANN D, NAYLOR T H. 2104. Affluenza: how overconsumption is killing us—and how we can fight back. San Francisco: Berrett-Koehler Publishers, Inc.
19. DE LEEUW A, VALOIS P, SEIXAS R. 2014. Understanding high school students' attitude, social norm, perceived control and beliefs to develop educational interventions on sustainable development. Procedia—Social and Behavioral Sciences, 143: 1200-1209.
20. Dewey, J. 1916. Democracy and education. New York: Free Press.
21. FREEMAN B. 2016. I wasn't supposed to drop out. The Times: Apalachicol & Carabelle，2-17. http://www. apalachtimes.com/news/20160217/.
22. FRICK W C. 2011. Practicing a professional ethic: leading for students' best interests. American Journal of Education, August: 527-562.
23. FURMAN G C, GRUENEWALD D A. 2004. Expanding the landscape of social justice: a critical ecological analysis. Educational Administration Quarterly, 40 (1): 47-76.
24. GIROUX H A, PENNA A N. 1979. Social education in the classroom: the dynamics of the hidden curriculum. Theory and Research in Social Education, VII (1): 21-42.
25. GOLEMAN D, SENGE P M. 2014. The triple focus: a new approach to education. Florence, MA: More Than Sound, LLC.
26. GRISSOM J A, LOEB S, MITANI H. 2015. Principal time management skills. Journal of Educational Administration, 53 (6): 773-793.
27. HODGKINSON C. 1991. Educational leadership: the moral art. Albany, NY: SUNY Press.
28. INDVIK J, ORLOWSKI M, FOLEY R. 2013. Green revolving funds: a guide to implementation & management. http://www.centerforgreenschools.org.
29. INTERFACE. 2016. Our sustainability journey—Mission Zero. http://www. interfaceglobal.com/Sustainability/interface-Story.aspx.

30. KAHNE J E, SPORTE S E. 2008. Developing citizens: the impact of civic learning opportunities on students' commitment to civic participation. American Educational Research Journal, 45 (3): 738-766.

31. KENTLI F D. 2009. Comparison of hidden curriculum theories. European Journal of Educational Studies, 1 (2): 83-88.

32. KOMBLUH M, OZER E J, ALLEN C D, et al. 2015. Youth participatory action research as an approach to sociopolitical development and the new academic standards: considerations for educators. The Urban Review.

33. LEONARD A. 2010. The story of stuff. New York: Free Press.

34. LOUV R. 2008. Last child in the woods: saving our children from nature deficit disorder. Chapel Hill, NC: Algonquin Books of Chapel Hill.

35. LOWENSTEIN E, MARTUSEWICZ R, VOELKER L. 2010. Developing teachers' capacity for eco-justice education and community based learning. Teacher Education Quarterly, Fall: 99-118.

36. MARTUSEWICZ R A, EDMTMDSON J, LUPINACCI J. 2014. Eco-justice education: Toward diverse, democratic, and sustainable communities. New York: Routledge.

37. MARX G. E. 2014. Twenty-one trends for the 21st century：out of the trenches and into the future. Bethesda, MD: Education Week Press.

38. OZER E J, WRIGHT D. 2012. Beyond school spirit: the effects of youth-led participatory action research in two urban high schools. Journal of Research on Adolescence, 2: 267-283.

39. PBS NEWSHOUR. 2014, August 18. Would greater independence for teachers result in higher student performance? http://www. pbs.org/newshour.

40. PEKARSKY D. (2007). Vision and education: arguments, counterarguments, rejoinders. American Journal of Education, 113: 423-450.

41. PINK D H. 2006. A whole new mind. New York: Riverhead Books.

42. ROBINSON K. 2015. Creative schools: the grassroots revolution that's transforming education. New York: Viking.

43. SCHAFFT K A, BIDDLE C. 2013. Place and purpose in public education: school district mission statements and educational embeddedness. American Journal of Education, 120 (1): 55-76.

44. SHAPIRO I R, STEFKOVICH J A. 2010. Ethical leadership and decision making in

education: applying theoretical perspectives to complex dilemmas (3rd ed.). New York: Routledge.

45. SMITH G A, WILLIAMS D R. 1999. Ecological education in action: on wearing education, culture, and the environment. Albany, NY: SUNY Press.
46. STARRATT R J. 2007. Leading a community of learners: learning to be moral by engaging the morality of learning. Educational Management Administration & Leadership, 35 (2): 165-183.
47. STATUS OF THE AMERICAN PUBLIC SCHOOL TEACHER 2005-2006. 2010. http://eric.ed.gov.
48. STEFKOVICH J A, BEGLEY P T. 2007. Ethical school leadership: defining the best interests of students. Educational Management Administration & Leadership, 35 (2): 205-224.
49. STEFKOVICH J A, BRIEN M G. 2004. Best interests of the student: an ethical model. Journal of Educational Administration, 42 (2): 197-214.
50. STEMLER S E, BEBELL D, SONNABEND L A. 2011. Using school mission statements for reflection and research. Educational Administration Quarterly, 42 (2): 383-420.
51. TSCHANNEN-MORAN M, GAREIS C. 2015. Principals, trust, and cultivating vibrant schools . Societies, 5 (2): 256-276.
52. TURNER R J. 2015. Teaching for eco-justice: curriculum and lessons for secondary and college classrooms. New York: Routledge.
53. UHL C. 2013. Developing ecological consciousness: the end of separation (2nd ed.). New York: Rowman & Littlefield Publishers, Inc.
54. WAGNER T. 2008. The global achievement gap. New York: Perseus Book Group.
55. WALKER K. 2012. The principle of best interests of students in the principalship. Journal of Educational Administration and Foundations, 22 (2): 27-60.
56. WIJKMAN A, ROCKSTROM J. 2012. Bankrupting nature: denying our planetary boundaries. New York: Routledge.
57. ZSOKA A, SZERENYI Z M, SZECHY A, et al. 2013. Greening due to environmental education? Environmental knowledge, attitudes, consumer behavior and everyday pro-environmental activities of Hungarian high school and university students. Journal of Cleaner Production, 48: 126-138.

第 3 章参考文献

1. ALLEN L, GLICKMAN C D. 1998. Restructuring and renewal: capturing the power of democracy // HARGREAVES A, LIEBERMAN A, FULLAN M, et al. International handbook of educational change. Boston, MA: Kluwer Academic Publishers.
2. ARGYRIS C. 1992. On organizational learning. Cambridge, MA: Blackwell Publishers.
3. BEBELL D, STEMLER S. 2012. The school mission statement: values, goals, and identities in American education. New York: Routledge.
4. BLANK M J, JACOBSON R, MELAVILLE A. 2012. Achieving results through community school partnerships: how district and community leaders are building effective, sustainable relationships. https://www.americanprogress.org.
5. BRANFORD J, BROWN A L, COCKING R. 2000. How people learn: brain, mind, experience, and school. Washington, DC: National Academy Press.
6. BRYK A S, GOMEZ L M, GRUNOW A, et al. 2015. Learning to improve: how America's schools can get better at getting better. Boston, MA: Harvard Education Press.
7. BUCHANAN T K, CASBERGUE R M, BAUMGARTNER J. 2009. Consequences for classroom environments and school personnel: evaluating Katrina's effect on schools and system response // KILMER R P. Helping families and communities recover from disaster: lessons learned from Hurricane Katrina and its aftermath. Washington, DC: American Psychological Association.
8. CAPRA F. 1996. The web of life. New York: Anchor Books.
9. CAPRA F. 2002. Hidden connections. New York: Doubleday.
10. CAPRA F. 2010. Life and leadership for a sustainable Community.
11. CAPRA F, LUIGI L P. 2014. The systems view of life：a unifying vision. Cambridge: Cambridge University Press.
12. CATE J M, VAUGHN A, O 'HAIR M J. 2006. A seventeen-year case study of an elementary school's journey: from traditional school to learning community to democratic school community. Journal of School leadership, 16: 86-111.
13. CHAWLA L, KEENA K, PEVEC I, et al. 2014. Green schoolyards as havens from stress and resources for resilience in childhood and adolescence. Health Place, 28: 1-13.

14. CHEN J, TAYLOR J E, WEI H H. 2012. Modeling building occupant network energy consumption decision-making: the interplay between network structure and conservation. Energy and Buildings, 47: 515-524.
15. CIOCI M, FARNAN T. 2010. Digging deep through school trash：a waste composition analysis of trash, recycling and organic material discarded at public schools in Minnesota. https://www.pca.state.mn.us.
16. CLOKE K, GOLDSNTITH J. 2002. The end of management and the rise of organizational democracy. San Francisco, CA: Jossey-Bass.
17. CONRADT L, ROPER T J. 2005. Consensus decision making in animals: trends in ecology. Ecology and Evolution, 20 (8): 449-456.
18. CONRADT L, ROPER T J. 2007. Democracy in animals: the evolution of shared group decisions. Proceedings of the Royal Society Biology, 274 (1623): 2317-2326.
19. COUNCIL ON SCHOOL H. 2009. Policy statement-guidance for the administration of medication in school. Pediatrics, 124 (4): 1244-1251.
20. DALY A J. 2009. Rigid response in an age of accountability. Educational Administration Quarterly, 45 (2): 168-216.
21. DALY A J. 2010. Social network theory and educational change. Boston, MA: Harvard Education Press.
22. DALY A J, LIOU Y, TRAN N A, et al. 2013. The rise of neurotics: social networks, leadership, and efficacy in district reform. Educational Administration Quarterly, 50 (2): 233-278.
23. DAVIES L. 1999. Comparing definitions of democracy in education. Compare, 29(2): 127-140.
24. DEWEY J. 1916. Democracy and education. New York: Free Press.
25. ELLINOR L, GERARD G. 1998. Dialogue: rediscovering the transforming power of conversation. New York: John Wiley & Sons, Inc.
26. 2011. Energy efficiency programs in K-12 schools: a guide to developing and implementing greenhouse gas reduction programs. http://www.epa.gov.
27. ERWIN H, BEIGHIE A, CARSON R L, et al. 2013. Comprehensive school-based physical activity promotion: a review. New Quest, 65 (4): 412-428.
28. EVANS L, OEHLER-STINETT J. 2006. Children and natural disasters a primer for school psychologists. School Psychology International, 27 (1): 33-55.
29. FENTON T. 2002. http://library.uniteddiversit.coop.

30. FULLAN M. 2003. The moral imperative of school leadership. New York: Corwin Press.

31. FURMAN G C, GRUENEWALD D A. 2004. Expanding the landscape of social justice: a critical ecological analysis. Educational Administration Quarterly, 40 (1): 47-76.

32. FURMAN G C, STARRATT R J. 2002. Leadership for democratic community in schools // MURPHY J. The educational leadership challenge: redefining leadership for the 21st century. Chicago, IL: The University of Chicago Press.

33. HAWLEY W D, ROLLIE D L. 2002. The keys to effective schools: educational reform as continuous improvement. Thousand Oaks, CA: Corwin Press.

34. HEERS M, VAN KLAVEREN C, GROOT W, et al. 2016. Community schools: what we know and what we need to know. Review of Educational Research, online first (X): 1-36.

35. JACOBS J. 1961. The death and life of great American cities. New York: Vintage.

36. KAGAWA F, SELBY D. 2010. Education and Climate Change. New York: Routledge.

37. KENSLER L A W. 2010. Designing democratic community for social justice. International journal of Urban Educational Leadership, 4 (1): 1-21.

38. KENSLER L A W. 2012a. Ecology, democracy, and green schools: an integrated framework. Journal of School Leadership, 22 (4): 789-814.

39. KENSLER L A W. 2012b. One family, different perspectives on work-life balance // MARSHALL J, BROOKS J, BROWN K, et al. Juggline flaming chain saws. Charlotte, NC: Information Age Publishing.

40. KENSLER L A W, CASKIE G, BARBER M E, et al. 2009. The ecology of democratic learning communities: faculty trust and continuous learning in public middle schools. Journal of School Leadership, 19 (6): 697-734.

41. KNEIFEL J. 2010. Life-cycle carbon and cost analysis of energy efficiency measures in new commercial buildings. Energy and Buildings, 42 (3): 333-340.

42. KOOPMAN G R, MIEL A, MINSNER P J. 1943. Democracy in school administration. New York: D. Appleton-Century Company.

43. LAMBERT L, WALKER D, ZIMMERMAN D P, et al. 2002. The constructivist leader. New York: Teachers College Press.

44. LEITHWOOD K, LOUIS K S, ANDERSON S, et al. 2004. Review of research: how

leadership influences student learning. http://www.wallacefoundation.org

45. LEONARD A. 2010. The story of stuff. New York: Free Press.
46. LOUIS K S. 2007. Trust and improvement in schools. Journal of Educational Change, 8: 1-24.
47. MEIER D. 2002. In schools we trust. Boston, MA: Beacon Press.
48. MURPHY J, TORRE D. 2014. Vision: essential scaffolding. Educational Management Administration & Leadership, 43 (2): 177-197.
49. NBI. 2015. 2015 List of zero energy buildings. http://newbuildings.org.
50. OSTERMAN K F, KOTTKAMP R B. 2004. Reflective practice for educators: professional development to improve student learning (2nd ed.). Thousand Oaks, CA: Corwin Press.
51. PEKARSKY D. 2007. Vision and education: arguments, counterarguments, rejoinders. American Journal of Education, 113: 423-450.
52. PETERSON G, ALLEN C R, HOLLING C S. 1998. Ecological resilience, biodiversity, and scale. Ecosystems, 1 (1): 6-18.
53. PIERCE J, ODOM W, BLEVIS E. 2008, December 8-12. Energy aware dwelling: a critical survey of interaction design for eco-visualization. Paper presented at the proceedings of the 20th Australasian Conference on Computer-Human Interaction: Designing for Habitus and Habitat, Cairns, Australia.
54. PINE J. 2016. Pine Jog Elementary School home page. http://www.edline.net
55. PRITCHARD C. 2014. Solar-powered Sandy Grove Middle School singled out as “Best of the Best” . Engineering News and Record,2-17.
56. REINA, V R, BUFFEL T, KINDEKENS A, et al. 2014. Enhancing engagement through a community school approach as the key to increase academic achievement. Procedia—Social and Behavioral Sciences, 116: 2078-2084.
57. RIVKIN M. 1997. The schoolyard habitat movement: what it is and why children need it. Early Childhood Education Journal, 25 (l): 61-66.
58. RUHOY I S, DAUGHTON C G. 2008. Beyond the medicine cabinet: an analysis of where and why medications accumulate. Environment International, 34 (8): 1157-1169.
59. SAMMONS P, HILLMAN J, MORTIMORE P. 1995. Key characteristics of effective schools: a review of school effectiveness research. http://files.eric.ed.gov.
60. SATULLO S K. 2012, January 26. Broughal middle school’s after-school programs

thriving. http://www.lehighvalleylive.com.

61. SEELEY T D. 2010. Honeybee democracy. Princeton, NJ: Princeton University Press.
62. SENGE P M, CAMBRON-MCCABE N, LUCAS T, et al. 2012. Schools that learn (updated and revised): a fifth discipline field book for educators, parents, and everyone who cares about education. New York: Crown Business.
63. SERGIOVANNI T J. 2005. Strengthening the heartbeat. San Francisco, CA: Jossey-Bass.
64. SLATER P, BENMS W. 1964. Democracy is inevitable. Harvard Business Review, 68 (5): 167-176.
65. STEMLER S E, BEBELL D, SONNABEND L A. 2011. Using school mission statements for reflection and research. Educational Administration Quarterly, 47 (2): 383-420.
66. STOHL C, CHENEY G. 2001. Participatory processes / paradoxical practices: communication and the dilemmas of organizational democracy. Management Communication Quarterly, 14 (3): 349-407.
67. TONG A Y, PEAKE B M, BRAUND R. 2011. Disposal practices for unused medications around the world. Environment International, 37 (1): 292-298.
68. TSCHANNEN-MORAN M. 2004. Trust matters. San Francisco, CA: Jossey-Bass.
69. TSCHANNEN-MORAN M, GAREIS C. 2015. Principals, trust, and cultivating vibrant schools. Societies, 5 (2): 256-276.
70. ULINE C L, TSCHANNEN-MORAN M, PEREZ L. 2003. Constructive conflict: How controversy contributes to school improvement. Teacher College Record, 105: 782-816.
71. VINCENT J M. 2014. Joint use of public schools: a framework for promoting healthy communities. Journal of Planning Education and Research, 34 (2): 153-168.
72. WARNER B P, ELSER M. 2014. How do sustainable schools integrate sustainability education? An assessment of certified sustainable K-12 schools in the United States. The Journal of Environmental Education, 46 (1): 1-22.
73. WHEATLEY M J. 1999. Leadership and the new science: discovering order in a chaotic world (3rd ed.). San Francisco: Berrett-Koehier.
74. WHEATLEY M J, KELLNER-ROGERS M. 1996. A simpler way. San Francisco: Berrett-Koehler.

75. WOODS P A. 2005. Democratic leadership in education. Thousand Oaks, CA: Sage.
76. WOODS P A, KENSLER L. 2012. A nested view of democratic leadership and community. Journal of School Leadership, 22 (4): 702-706.

第 4 章参考文献

1. BEBELL D, STEMLER S. 2012. The school mission statement: values, goal, and identities in American education. New York: Routledge.
2. BECKER C. 2011. Sustainability ethics and sustainability research. New York: Springer Science & Business Media.
3. BROWN C, FRICHTL A. 2013. A building that teaches. High Performing Buildings, Winter: 34-46.
4. CAPRA F, LUIGI L P. 2014. The systems view of life: a unifying vision. Cambridge: Cambridge University Press.
5. COLE L B. 2013. The teaching green school building：exploring the contributions of school design to informal environmental education. Ann Arbor, MI: The University of Michigan.
6. EDMONDS R. 1979. Effective schools for the urban poor. Educational Leadership, 37 (1): 15-24.
7. FRIED K. 2013. American teacher: heroes in the classroom. New York: Welcome Books. Gallup. (2014). Gallup report: state of American's schools. http://www.gallup.com.
8. GLICKMAN C D. 1993. Renewing America's schools. San Francisco, CA: Jossey-Bass.
9. GLICKLNAN C D. 2003. Holding sacred ground：essays on leadership, courage, and endurance in our schools. San Francisco, CA: Jossey-Bass.
10. GURLEY D, PETERS G, COLLLILS L, et al. 2014. Mission, vision, values, and goals: an exploration of key organizational statements and daily practice in schools. Journal of Educational Change, 16 (2): 217-242.
11. HAGSTROM D. 2004. From outrageous to inspired: how to build a community of leaders in our schools. San Francisco: Jossey-Bass.
12. HAZZARD M, HAZZARD E, ERICKSON S. 2011. The green school effect: an exploration of the influence of place, space and environment on teaching and learning at green school, Bali, Indonesia. http://www.powersofplace.com

13. KONG S Y, RAO S P, ABDUL-RAHNLAN H, et al. 2014. School as 3-D textbook for environmental education: design model transforming physical environment to knowledge transmission instrument. Asia-Pacific Journal of Teacher Education, 23 (1): 1-15.
14. KOSE B W. 2011. Developing a transformative school vision: lessons from peer-nominated principals. Education and Urban Society, 43 (2): 119-136.
15. KURLAND H, PERETZ H, HERTZ-LAZAROWITZ R. 2010. Leadership style and organizational learning: the mediate effect of school vision. Journal of Educational Administration, 48 (1): 7-30.
16. LEITHWOOD K, HARRIS A, HOPKINS D. 2008. Seven strong claims about successful school leadership. School Leadership and Management, 28 (l): 27-42.
17. LEITHWOOD K, SEASHORE-LOUIS K. 2011. Linking leadership to student learning. San Francisco: John Wiley & Sons.
18. LEITHWOOD K, SUN J. 2012. The nature and effects of transformational school leadership: a meta-analytic review of unpublished research. Educational Administration Quarterly, 48 (3): 387-423.
19. LIVING bUILDING CHALLENGE 3.0: A VISIONARY PATH TO A REGENERATIVE FUTURE. 2014. https://living-future.org.
20. MCKEOWN R, NOLET V. 2013. Schooling for sustainable development in Canada and the United States (Vol. 4). New York: Springer.
21. MEADOWS D. 1994, October 24-28. Down to Earth. Paper presented at the International Society of Ecological Economics Conference, Costa Rica.
22. MEIER D. 1995. The power of their ideas: lessons for America from a small school in Harlem. Boston: Beacon Press.
23. MEIER D, KNOESTER M, D’ANDREA K C. 2015. Teaching in themes: an approach to schoolwide learning, creating community, differentiating instruction. New York: Teachers College Press.
24. MULFORD B. 2010. Recent developments in the field of educational leadership: the challenge of complexity // HARGREAVES A, LIEBERMAN A, FULLAN M. Second international handbook of educational change. New York: Springer Science & Business Media.
25. MURPHY J, TORRE D. 2014. Vision: essential scaffolding. Educational Management Administration & Leadership, 43 (2): 177-197.

26. NBEA. 2015. Professional standards for educational leaders 2015. http://www.ccsso.org.
27. PALMER P J. 1998. The courage to teach. San Francisco: Jossey-Bass.
28. RITZ S. 2012. A teacher growing green in the South Bronx. https://www.ted.com/talks.
29. SCHEIN E H. 2010. Organizational culture and leadership (4th ed.). San Francisco, CA: Jossey-Bass.
30. SENGE P M, CAMBRON-MCCABE N, LUCAS T, et al. 2012. Schools that learn (updated and revised): a fifth discipline fieldbook for educators, parents, and everyone who cares about education. New York: Crown Business.
31. SHARP L. 2002. Green campuses: the road from little victories to systemic transformation. International Journal of Sustainability in Higher Education, 3 (2): 128-145.
32. STARRATT R J. 2003. Centering educational administration: cultivating meaning, community, responsibility. Mahwah, NJ: Lawrence Earlbaum Associates.
33. STEMLER S, BEBELL D, SOLINABEND L. 2011. Using school mission statements for reflection and research. Educational Administration Quarterly, 47 (2): 383-420.
34. STRIKE K A. 2004. Community, the missing element of school reform: why schools should be more like congregations than banks. American Journal of Education, 110: 215-232.
35. SUN J, LEITHWOOD K. 2012. Transformational school leadership effects on student achievement. Leadership and Policy in Schools, 11 (4): 418-451.
36. THOONEN E, SLEEGERS P, OORT F, et al. 2011. How to improve teaching practices: the role of teacher motivation, organizational factors, and leadership practice. Educational Administration Quarterly, 47 (3): 496-536.
37. WAUGH B, FORREST M. 2001. Soul in the computer. Maui, Hl：Inner Ocean Publishing, Inc.
38. WHEATLEY M J. 1999. Leadership and the new science: discovering order in a chaotic world (3rd ed.). San Francisco: Berrett-Koehier.
39. WIEK A, IWAIEC D. 2014. Quality criteria for visions and visioning in sustainability science. Sustainability Science, 9: 497-512.
40. YLIMAKI R M. 2006. Toward a new conceptualization of vision in the work of educational leaders: cases of the visionary archetype. Educational Administration

Quarterly, 42(4): 620-651.

第 5 章参考文献

1. ALTMAN I, LOW S M. 1992. Place attachment: a conceptual inquiry // ALTMAN I, LOW S M. Human behavior and environments: advances in theory and research. Volume 12: Place attachment. New York: Plenum Press.
2. ANDERSON G L. 1998. Toward authentic participation: deconstructing the discourses of participating reforms in education. American Education Research Journal, 35: 571-603.
3. BUTTIMER A. 1980. Home, reach and sense of place // BUTTIMER A, SEAMON D. The human experience of space and place. London: Croom Helm.
4. CAINE G, CAINE, R N. 2000. How the brain learns // BARLOW Z, CRABTREE M. Ecoliteracy: mapping the terrain. Berkeley, CA: Center for Ecoliteracy.
5. CARTER P. 2006. Straddling boundaries: identity, culture, and school. Sociology of Education, 79: 304-328.
6. CHAWLA L. 1992. Childhood place attachments // ALTMAN I, LOW S M. Human behavior and environments: advances in theory and research. Volume 12: Place attachment. New York: Plenum Press.
7. CHAWLA L. 2007. Childhood experiences associated with care for the natural world: a theoretical framework for empirical results. Children, Youth, and Environments, 17: 144-170.
8. CHAWLA L. 2009. Growing up green: becoming an agent of care for the natural world. Journal of Developmental Processes, 4 (1): 6-23.
9. CHAWLA L, CUSHING D. 2007. Education for strategic environmental behavior. Environmental Education Research, 13: 437-452.
10. COUNTS G. 1932. Dare the school build a neo social order? New York: John Day.
11. CROWSON R, BOYD W. 2001. The new role of community development in educational reform. Peabody Journal of Education, 76: 9-29.
12. DAVIS J, COOKE M. 2007. Educating for a healthy sustainable world: an argument for integrating health promoting and sustainable schools, 22: 346-353.
13. DEWEY J. 1916. Democracy and education. New York: Macmillan Company.
14. DEWEY J. 1939/1989. Freedom and culture. Buffalo, New York: Prometheus Books.
15. DIMAGGIO P, Powell W. 1991. The new institutionalism in Organizational analysis.

Chicago: University of Chicago Press.

16. DRISCOLL M E, KERCHLNER C. 1999. The implications of social capital for schools, communities, and cities // MURPHY J, LOUIS K S. Handbook of research on educational administration (2nd ed.). San Francisco: Jossey-Bass.
17. EPSTEIN J. 1996. School and family connections: theory, research, and implications for integrating sociologies of education and family. Marriage and Family, 15: 99-126.
18. GOLDRING E, HAUSMAN C. 2001. Civic capacity and school principals: the miss links for community development // CROWSON R. Community development and school reform. London: Elsevier.
19. GOLEMAN D, BENNETT L, BARLOW Z. 2012. Ecoliterate: how educators are cultivating emotional, social, and ecological intelligence. San Francisco, CA: Jossey Bass.
20. HART R. 1979. Children's experience of place. New York: Irvington.
21. HENDERSON K, TILBURY D. 2004. Whole-school approaches to sustainability: an international review of whole-school sustainability programs. Canberra, Australia: Australian Research Institute in Education for Sustainability.
22. HIDALGO M, HERNANDEZ B. 2001. Place attachment: conceptual and empirical questions. Journal of Environmental Psychology, 21: 273-281.
23. HIGGS A, MCMILLAN V. 2006. Teaching through modeling: four schools' experiences in sustainability education. The Journal of Environmental Education, 38 (1): 39-53.
24. ITTLESON W, PROSHANSKY H, RIVLEN L, et al. 1974. An introduction to environmental psychology. New York: Holt, Rinehart, and Winston.
25. JORGENSEN B, STEDMAN R. 2001. Sense of place as an attachment, lakeshore owners' attitudes toward their properties. Journal of Environmental Psychology, 21: 233-248.
26. KILPATRICK W. 1932. Education and the social crisis: a proposed program. New York: Liveright.
27. KORPELA K M. 2002. Children's environments. // BECHTEL R, CHURCHMAN A. Handbook of environmental psychology. New York, John Wiley & Sons.
28. LANGHOUT R, RAPPAPORT J, SIINMONS D. 2002. Integrating community into the classroom: community gardening, community involvement, and project-based learning. Urban Education, 37: 323-349.

29. MALONE K. 2013. The future lies in our hands: children as researchers and environmental change agents in designing a child-friendly neighborhood. Local Environment, 18: 372-395.
30. MORGAN G. 1998. Images of organizations. San Francisco, CA: Berrett Koehler.
31. NATIONAL POLICY BOARD FOR EDUCATIONAL ADMINISTRATION. 2015. Professional standards for educational leaders. http://www.ccsso.org
32. NEWELL P B. 1997. A cross-cultural examination of favorite places. Environment and Behavior, 29: 495-514.
33. NIEMI R G, JUNN J. 1998. Civic education: what makes students learn. New Haven, CT: Yale University Press.
34. NODDINGS N. 2012. Peace education: how we come to love and hate war. Cambridge: Cambridge University Press.
35. NODDINGS N. 2013. Education and democracy in the 21st century. New York: Teachers College Press.
36. ORR D W. 2005a. Place and pedagogy // STONE M, BARLOW Z. Ecological literacy: our educating children for a sustainable world. San Francisco: Sierra Club Books.
37. ORR D W. 2005b. Recollection // STONE M, BARLOW Z. Ecological literacy: educating our children for a sustainable world. San Francisco: Sierra Club Books.
38. OWEN P E. 1988. Natural landscapes, gathering places, and prospect refuges: characteristics of outdoor places valued by teens. Children's Environmental Quarterly, 5: 17-24.
39. PROSHANSKY H M. 1978. The city and self-identity. Environment and Behavior, 10: 147-169.
40. PROSHANSKY H M, FABIAN A K. 1987. The development of place identity in the child // WEINSTEIN C, DAVID T. Spaces for children, the built environment and child development. New York: Putman.
41. PROSHANSKY H M, FABIAN A K, KAMINOFF R. 1995. Place identity: physical world socialization of self // GROAT L. Readings in environmental psychology: giving places meaning. London: Academic Press.
42. RIVLIN L G. 1990. Home and homelessness in the lives of children. Children and Youth Services, 14: 5-17.
43. SCHELLY C, CROSS J, FRANZEN W, et al. 2010. Reducing energy consumption and creating a conservation culture in organizations: a case study of one public

school district. Environment and Behavior, 43 (3): 316-343.

44. SCHORR L. 1997. Common purposes: strengthening families and neighborhoods to rebuild America. New York: Anchor.
45. SELBY D. 2000. A darker shade of green: the importance of ecological thinking in global education and school reform. Theory into Practice, 39: 88-96.
46. SIROTNIK K A. 2005. Ecological images of change: limits and possibilities // LIEBERMAN A. The roots of educational change. The Netherlands: Springer.
47. SMITH G, GRUENEWALD D. 2008. Place-based education in the global age: local diversity. New York: Lawrence Erlbaum Associates.
48. SMREKAR C, MAWHINNEY H. 1999. Integrated services: challenges in linking schools, families, and communities // MURPHY J, LOUIS K S. Handbook of research on educational administration (2nd ed.). San Francisco: Jossey-Bass.
49. SOBEL D. 1990. A place in the world: adults' memories of childhood special places. Children's Environments Quarterly, 7: 5-12.
50. STONE M. 2010. A schooling for sustainability framework. Teacher Education Quarterly, 37: 33-46.
51. TUAN Y F. 1980. Rootedness versus sense of place. Landscape, 24: 3-8.
52. TYACK D. 1991. Public school reform: policy talk and institutional practice. American Journal of Education, 100 (1): 1-19.
53. TYACK D, TOBIN W. 1994. The "grammar" of schooling: why has it been so hard to change. American Education Research Journal, 31 (3): 453-479.
54. VIOLAND-SANCHEZ E, HAINER-VIOLAND J. 2006. The power of positive identity. Educational Leadership, 64 (1): 36-40.
55. WARREN M R. 2005. Communities and schools: a new view of urban education reform，Harvard Review, 75: 133-173.
56. WILLIAMS D, BROWN J. 2012. Learning gardens and sustainability education: bringing life to schools and schools to life. New York: Routledge.
57. YATES M, YOUNISS J. 1999. Roots of civic identity. Chicago: University of Chicago Press.

第 6 章参考文献

1. ARSEN D, DAVIS T. 2006. Tai Mahals or decaying shacks: patterns in local school capital stock and unmet capital need. Peabody Journal of Education, 81 (4): 1-22.

2. BAKER L, BERNSTEIN H. 2012. The impact of school building on student health and performance. Washington, DC: McGraw-Hill Research Foundation and The Center for Green Schools.
3. BARRETT P, DAVIES E, ZHANG Y, et al. 2015. The impact of classroom design on pupils' learning: final results of a holistic, multi-level analysis. Building and Environment, 89: 118-133.
4. BARRETT P, ZHANG Y. 2009. Optimal learning spaces: design implications for primary schools (SCRI Report No. 2). Salford: SCRI.
5. BARRETT P, ZHANG Y, MOFFA J, et al. 2013. A holistic, multi-level analysis identifying the impact of classroom design on pupil learning. Building and Environment, 59: 678-689.
6. BERG E, BLAIR J, BENSON P. 1996. Classroom acoustics: the problem, impact, and solution. Language, Speech, and Hearing Services in Schools, 27: 16-20.
7. BERNER M. 1993. Building conditions, parental involvement, and student achievement in the district of Columbia public school system. Urban Education, 28 (1): 6-29.
8. BOWERS J, BURKETT C. 1988. Physical environment influences related to student achievement, health, attendance and behavior. Council of Educational Facility Planners Journal, 26: 33-34.
9. BRADLOW A, KRAUSS N, HAYES E. 2003. Speaking clearly for students with learning disabilities: sentence perception in noise. Journal of Speech, Language, and Hearing Research, 46: 80-97.
10. BUCKLEY J, SCHNEIDER M, SHANG Y. 2004. The effects of School facility quality on teacher retention in urban school district. Washington, DC: National Clearinghouse for Educational Facilities.
11. BUILDING EDUCATION SUCCESS TOGETHER. 2006. Growth and disparity: a decade of US public school construction. Washington, DC: Building Education Success Together (BEST).
12. BUTTIMER A. 1980. Home, reach and sense of place // BUTTIMER A, SEAMON D. The human experience of space and place. London: Croom Helm.
13. CASH C S. 1993. Building condition and student achievement and behavior. Unpublished dissertation, Virginia Polytechnic Institute and State University, Blacksburg, VA.

14. CHAN T C. 1979. The impact of school building age on the achievement of eighth-grade pupils from the public schools in the State of Georgia. Unpublished dissertation, University of Georgia, Athens, GA.
15. COLE L B. 2013. The teaching green school building: exploring the contributions of school design to informal environmental education. Unpublished dissertation, University of Michigan, Ann Arbor, MI.
16. COLEY P, GREEVES R. 2004. The effects of low ventilation rates on the cognitive function of a primary school class (report RIOZ for DFES). Exeter, UK: Exeter University.
17. Collaborative for High Performance Schools (CHPS). http://www. chps.net
18. CRAMPTON F. 2009. Spending on school infrastructure: does money matter? Journal of Educational Administration, 47 (3): 305-322.
19. DEWEY J. 1989a. Dewey outlines utopian schools // BOYSTON J. Volume IX: the later works 1925-1952. Carbondale & Edwardsville: Southern Illinois University Press (first publishedin 1935).
20. Dewey J. 1989b. Art as experience // BOYSTON J. Volume X: the later works 1925-1952. Carbondale & Edwardsville: Southern Illinois University Press.
21. EARTHMAN G I. 2004. Prioritization of 31 criteria for school building adequacy. Baltimore, MD: American Civil Liberties Union Foundation of Maryland.
22. EARTHMAN G I, LEMASTERS L. 1996. Review of the research on the relationship between school buildings, student achievement, and student behavior. Paper presented at the annual conference of the Council of Educational Facility Planners International, Tarpon, FL.
23. EARTHMAN G I, LEMASTERS L. 1998. Where children learn: a discussion of how a facility affects learning. Paper presented at the annual meeting of Virginia Educational Facility Planners, Blacksburg, VA.
24. EARTHMAN G I, LEMASTERS L. 2009. Teacher attitudes about classroom conditions. Journal of Educational Administration, 47 (3): 323-335.
25. EDWARDS B. 2006. Environmental design and educational performance. Research in Education, 76: 14-32.
26. ELLIOT L, CONNERS S, KILLE E, et al. 1979. Children's understanding of monosyllabic nouns in quiet and in noise. Journal of the Acoustical Society of America, 66: 12-21.

27. EVANS G, MAXWELL L. 1997. Chronic noise exposure and reading deficits: the mediating effects of language acquisition. Environment and Behavior, 29 (5): 638-656 .

28. FETH L, WHITELAW G. 1999. Many classrooms have bad acoustics that inhibit learning. Columbus, OH: Ohio State.

29. FILARDO M. 2016. State of our schools: America's K-12 facilities 2016. Washington, DC: 21st Century School Fund, US Green Building Council, Inc., & the National Council on School Facilities.

30. FINITZO-HIEBER T, TILLMAN T. 1978. Room acoustics effects on monosyllabic word discrimination ability for normal and hearing-impaired children. Journal of Speech and Hearing Research, 21: 440 - 458.

31. FJORTOFT I. 2004. Landscape as playscape: the effects of natural environments on children's play and motor development. Children, Youth and Environments, 14 (2): 21-44.

32. FULLER B, DAUTER L, HOSEK A, KIRSCHENBAUM G, MCKOY G, RIGHY J, VINCENT J. 2009. Building schools, rethinking quality? Early lessons from Los Angeles. Journal of Educational Administration, 47 (3): 336-349.

33. Gelfand L. 2010. Sustainable school architecture. Hoboken, NJ: John Wiley & Sons, Inc.

34. GENEVRO R. 1992. Introduction // THE ARCHITECTURAL LEAGUE OF NEW YORK. New schools for New York: plans and precedents for small schools. New York: Princeton University Press.

35. GUMP P V. 1978. School environments // ALTMAN I, WOHLWILL J F. Children and the environment. New York: Plenum Press.

36. HAINES M, STANSFELD S, JOB R, et al. 2001. Chronic aircraft noise exposure, stress responses, mental health and cognitive performance in school children. Psychological Medicine, 31: 265-277.

37. HART R. 1979. Children's experience of place. New York: Irvington.

38. HATHAWAY W E. 1995. Effects of school lighting on physical development and school performance. The Journal of Educational Research, 88: 228-242.

39. HAVERINEN-SHAUGHNESSY U, SHAUGHNESSY R J. 2015. Effects of classroom ventilation rate and temperature on students, test scores. Plus One, 10 (8).

40. HESCHONG MAHONE GROUP. 1999. Daylighting in schools: an investigation

into the relationship between daylighting and human performance. Fair Oaks, CA: Heschong Mahone Group.

41. HESCHONG L, MAHONE D. 2003. Daylighting in schools: reanalysis report. Sacramento, CA: California Energy Commission.

42. HIGGINS S, HALL E, WALL K, et al. 2005. The impact of school environments: a literature review. London: Design Council.

43. HINES E W. 1996. Building condition and student achievement and behavior. Unpublished dissertation, Virginia Polytechnic Institute and State University, Blacksburg, VA.

44. HORNG E L. 2009. Teacher tradeoffs: disentangling teachers' preferences for working conditions and student demographics. American Educational Research Journal, 46 (3): 690-717.

45. HYGGE S, EVANS G, BULLINGER M. 2002. A prospective study of some effects of aircraft noise on cognitive performance school children. Psychological Science, 13: 469-474.

46. IZADPANAHI P, ELKADI H, TUCKER R. 2015. Greenhouse effect: the relationship between the sustainable design of schools and children's environmental attitudes. Environmental Education Research. http://dx.doi.org.

47. JORGENSEN B, STEDMAN R. 2001. Sense of place as an attachment, lakeshore owners' attitudes toward their properties. Journal of Environmental Psychology, 21: 233-248.

48. KATS G. 2006. Greening America's schools: costs and benefits. www.usghc.org.

49. KLATTE M, HELLBRTICK J, SEIDEL J, et al. 2010. Effects of classroom acoustics on performance and well-being in elementary school children: a field study. Environment and Behavior, 42: 659-692.

50. KNECHT H, NELSON P, WHITELAW G, et al. 2002. Background noise levels and reverberation times unoccupied classrooms predictions and measurements. American Journal of Audiology, 11: 65-71.

51. KNEZ I. 2005. Attachment and identity as related to a place and its perceived climate. Journal of Environmental Psychology, 25: 207-218.

52. KULLER R, LINDSTEN C. 1992. Health and behavior of children in classrooms with and without windows. Journal of Environmental Psychology, 12: 305-317.

53. KUO F E, FABER TAYLOR A. 2004. A potential natural treatment for Atten-

tion-Deficit / Hyperactivity Disorder: evidence from a national study. American Journal of Public Health, 94 (9): 1580-1586.

54. LANHAM J W. 1999. Relating building and classroom conditions to student achievement in Virginia's elementary schools. Unpublished PhD thesis, Virginia Polytechnic Institute and State University, Blacksburg, VA.
55. LEMASTERS L K. 1997. A synthesis of studies pertaining to facilities, student achievement, and student behavior. Unpublished dissertation, Virginia Polytechnic Institute and State University, Blacksburg, VA.
56. LINDHOLM G. 1995. Schoolyards: the significance of place properties to outdoor activities in schools. Environment and Behaviour, 27: 259-293.
57. LOUV R. 2005. Last child in the woods: saving our children form nature deficit disorder. New York: Workman Publishing Company, Inc.
58. Lowe J. 1990. The interface between educational facilities and learning climate in three elementary schools. Unpublished dissertation. Texas A & M University, College Station, TX.
59. LPA, INC. 2009. Green school primer. Victoria, Australia: The Images Publishing Group.
60. MAXWELL L. 1999. School renovation and student performance: one district's experience. Scottsdale, AZ: Council for Educational Facility Planners International.
61. MAXWELL L, EVANS G. 2000. The effects of noise on pre-school children's pre-reading skills. Journal of Environmental Psychology, 20: 91-97.
62. MAYRON L, OTT J, NATIONS R, et al. 1974. Light, radiation and academic behavior. Academic Therapy, 10 (1): 33-47.
63. MCGUFFEY C, BROWN C. 1978. The impact of school building age on school achievement in Georgia. Council of Educational Facility Planner Journal, 16: 6-9.
64. MEAD S. 2005. Schooling's crumbling infrastructure: addressing a serious and under appreciated problem. Education Week. http: / /www.edweek.org.
65. NABELEK A, DONAHUE A. 1984. Perception of consonants in reverberation by native and non-native listeners. Journal of Acoustical Society of America, 75: 632-634.
66. NABELEK A, PICKETT J. 1974. Reception of consonants in a classroom as affected by monaural and binaural listening, noise, reverberation, and hearing aids. Journal of Acoustical Society of America, 56: 628 - 639.

67. NATIONAL EDUCATION ASSOCIATION. 2000. Modernizing our schools：what will it cost? Washington, DC: National Education Association.
68. NATIONAL RESEARCH COUNCIL. 2007. Green schools: attributes for health and learning. Washington, DC: The National Academies Press.
69. NODDINGS N. 2006. Critical lessons: what our schools should teach. New York: Cambridge University Press.
70. NODDINGS N. 2013. Education and democracy in the 21st century. New York: Teachers College Press.
71. OFFICE OF EDUCATION RESEARCH AND IMPROVEMENT. 2000. Condition of America's public school facilities: 1999. Washington, DC: US. Department of Education.
72. O'NEILL D. 2000. The impact of school facilities on student achievement, behavior, attendance, and teacher turnover rate at selected Texas middle schools in Region XIII ESC. Unpublished dissertation, Texas A & M University, College Station, TX.
73. PHILLIPS R W. 1997. Educational facility age and the academic achievement and attendance of upper elementary school students. Unpublished dissertation, University of Georgia, Athens, GA.
74. PLUMLEY J P. 1978. The impact of school building age on the academic achievement of pupils from selected schools in the State of Georgia. Unpublished dissertation, University of Georgia, Athens, GA.
75. RAINWATER B, HARTKE J. 2011. Local leaders in sustainability—special report for Sundance, a national action plan for greening America's schools. Washington, DC: US Green Building Council, Inc. and The American Institute of Architects.
76. RIVLIN L, WEINSTEIN C. 1995. Educational issues, school settings, and environmental psychology // CANTER D. Readings in environmental psychology, the children's environment. London: Academic Press.
77. SATO H, BRADLEY J. 2008. Evaluation of acoustical conditions for speech communication in working elementary school classrooms. The Journal of the Acoustical Society of America, 123 (4): 2064 .
78. SCHNEIDER M. 2002. Do school facilities affect academic outcomes? National Clearinghouse for Educational Facilities. http://www.edfacilities.org/pubs/outcomes.pdf.
79. SCHNEIDER M. 2003. Linking school facility conditions to teacher satisfaction and

success. National Clearing House for Educational Facilities. http: //www.edfacilities.org/pubs/teachersurvey.pdf.

80. SEIBOLD-BULTMAN U. 2007. What sustainability looks like: green architecture as an aesthetic proposition. Interdisciplinary Science Review, 32: 3-6.

81. SHENDELL D, PRILL R, FISK W, et al. 2004. Associations between classrooms CO_2 concentrations and student attendance in Washington and Idaho. Indoor Air, 14: 333 - 431.

82. SMEDJE G, NORBACK D. 2000. New ventilation systems at select schools in Sweden: effects on asthma and exposure. Architecture Environmental Health, 1: 18-25.

83. TANNER C K. 2008. Explaining relationships of student outcomes and the school's physical environment. Journal of Advanced Academics, 19 (3): 444-471.

84. TANNER C K. 2009. Effects of school design on student outcomes. Journal of Educational Administration, 47 (3): 381-400.

85. TANNER C K, LACKNEY J A. 2006. The physical environment and student achievement in elementary schools // TANNER C K, LACKNEY J A. Educational facilities planning: leadership, architecture, and management. Boston, MA: Pearson Education, Inc.

86. TAYLOR A. 2009. Linking architecture and education: sustainable design of learning environments. Albuquerque: University of New Mexico Press.

87. TUAN Y F. 1980. Rootedness versus sense of place. Landscape, 24: 3-8.

88. TURUNEN M, TOYINBO O, PUTUS T, et al. 2014. Indoor environmental quality in school buildings, and the health and wellbeing of students. International Journal of Hygiene and Environmental Health, 217: 733-739.

89. ULINE C L. 2000. Decent facilities and learning: Thirman L. Milner Elementary School and beyond. Teacher College Record, 102: 444-462.

90. ULINE C L, TSCHANNEN-MORAN M, WOLSEY T. 2009. The walls still speak: the stories occupants tell. Journal of Educational Administration, 47 (3): 400-426.

91. ULINE C L, WOLSEY T, TSCHANNEN-MORAN M, et al. 2010. Improving the physical and social environment of school: a question of equity. The Journal of School Leadership, 20: 597-632.

92. ULRICH R S. 1984. View through a window may influence recovery from cancer. Science, 224: 420-423.

93. USGBC. Retrieved from: http://www.usgbc.org.

94. WANG D, FEDERSPIEL C, ARENS E. 2005. Correlation between temperature satisfaction and unsolicited complaint rates in commercial buildings. Indoor Air, 15: 13-18.
95. WARGOCKI P, WYON D. 2007. The effects of moderately raised classroom temperatures and classroom ventilation rate on the performance of schoolwork by children. HVACER Research, 13: 193-220.
96. WOOLNER P, HALL E, HIGGINS S, et al. 2007. A sound foundation? What we know about the impact of environments on learning and the implications for Building Schools for the Future. Oxford Review of Education, 33 (1): 47-70.
97. WURTMAN R J. 1975. The effects of light on the human body. Scientific American, 233 (1): 68-77.
98. WYON D P. 2004. The effects of indoor air quality on performance and productivity. Indoor Air, 14: 92-101.
99. WYON D P, WARGOCKI P. 2007. Indoor environmental effects on the performance of school work by children (1257-TRP). ASHRAE.
100. ZARGHAMI E, FATOURECHI D. 2015. Impact of sustainable school design on primary school children's mental health and well-being. International Journal of Advances in Agricultural and Environmental Engineering, 2: 31-38.

第 7 章参考文献

1. ARNOLD E, BEARDSLEY E. 2015. Perspectives on implementation and effectiveness of school green cleaning laws. Washington, DC: U.S. Green Building Council.
2. ASCD. 2007. The learning compact redefined: a call to action. Alexandria, VA: ASCD. http://www.ascd.org/ASCD/pdf/.
3. ASCD & CDC. 2014. Whole school, whole child, whole community：a collaborative approach to learning and health. http://www.ascd.org/ASCD/pdf /.
4. BERNER M M. 1993. Building conditions, parental involvement, and student achievement in the district of Columbia public school system. Urban Education, 28: 6-29.
5. CENTER FOR GREEN SCHOOLS. 2013. State of our schools' report. Washington, DC：U.S. Green Building Council. http://www.centerforgreenschools.org.
6. CHANEY B, LEWIS L. 2007. Public school principals report on their school facilities: fall 2005 (NCES 2007-007). US Department of Education. Washington, DC:

National Center for Education Statistics.
7. COLE T. 2015. Why sustainability makes good economic sense. School Business Affairs, March: 32-34.
8. CUSICK D. 2014. Renewable energy: US schools quickly climbing learning curve in solar power. Climate Wire. http://www.eenews.net/stories.
9. EDWARDS B. 2006. Environmental design and educational performance. Research in Education, 76: 14-32.
10. ELEY C. 2006. High performance school buildings // FRUMKIN H., GELLER R, RUBIN I. Safe and healthy school environments. New York: Oxford University Press.
11. FILARDO M. 2016. State of our schools: America's K-12 facilities 2016. Washington, DC: 21st Century School Fund, U. S. Green Building Council, Inc., & the National Council on School Facilities.
12. FREED E C. 2010. Building structure and envelope // GELFAND L. Sustainable school architecture: design for primary and secondary schools. Hoboken, NJ: John Wiley & Sons, Inc.
13. GELFAND L. 2010. Sustainable school architecture. Hoboken, NJ: John Wiley & Sons, Inc.
14. HAMILTON B A. 2015. Green building economic impact study. Washington, DC: USGBC. http://go.usgbc.org.
15. HARRINGTON S. 2010. Landscape and site design // GELFAND L. Sustainable school architecture: design for primary and secondary schools. Hoboken, NJ: John Wiley & Sons, Inc.
16. HIGGS A, MCMILLAN V M. 2006. Teaching through modeling: four schools' experiences in sustainability education. The Journal of Environmental Education, 38 (1): 39-53.
17. KATS G. 2006. Greening America's schools: costs and benefits. www.usghc.org.
18. KATS G, ALEVANTIS L, BERMAN A, et al. 2003. The costs and financial benefits of green buildings: a report to California's sustainability task force. http://www.usgbc.org.
19. KENSLER L, ULINE C. 2015. The transformation of a school district from energy hog to energy star // GROSS S J, SHAPIRO J P. Democratic ethical educational leadership: reclaiming school reform. New York: Routledge: Taylor & Francis

Group.

20. LACKNEY J. 2005. Educating educators to optimize their school facility for teaching and learning. Design Share. www.designshare.com

21. LEWALLEN T, HUNT H, POTTS-DATEMA W, et al. 2015. The whole school, whole community, whole child model: a new approach for improving educational attainment and healthy development for students. Journal of School Health, 85: 729-739.

22. LPA, Inc. 2009. Green school primer. Victoria, Australia: The Images Publishing Group.

23. MCDONOUGH W, BRAUNGART M. 2002. Cradle to cradle: Remaking the way we make things. New York: North Point Press.

24. MCGRAW-HILL CONSTRUCTION. 2013. New and retrofit green schools: the cost benefits and influence of a green school on its occupants. Bedford, MA: McGraw-Hill Construction.

25. NATIONAL CENTER FOR EDUCATION STATISTICS (NCES). 1995. Disparities in public school district spending 1989-90. Washington, DC: U. S. Department of Education.

26. NATIONAL CENTER for the 21st CENTURY SCHOOLHOUSE. http://go.sdsu.edu/education /schoolhouse /.

27. NATIONAL POLICY BOARD FOR EDUCATIONAL ADMINISTRATION. 2015. Professional standards for educational leaders 2015. Reston, VA: National Policy Board for Educational Administration.

28. NATIONAL RESEARCH COUNCIL. 2007. Green schools: attributes for health and learning. Washington, DC: The National Academies Press.

29. NOLET V. 2016. Educating for sustainability. New York: Routledge.

30. OLSON S, KELLUM S. 2003. The impact of sustainable building on educational achievement in K-12 schools. Madison, WI: Leonardo Academy, Inc.

31. ORR D. 1993. Architecture as pedagogy. Conservation Biology, 7 (2): 226-228.

32. PLANK S, BRADSHAW C, YOUNG H. 2009. An application of “Broken Windows”, and related theories to the study of disorder, fear, and collective efficacy in schools. American Journal of Education, 115 (2): 227-247.

33. RIVKIN M. 1997. The Schoolyard Habitat Movement: what it is and why children need it. Childhood Education Journal, 25 (1): 61-66.

34. TAYLOR A. 2009. Linking architecture and education: sustainable design of learning environments. Albuquerque: University of New Mexico Press.
35. ULINE C L. 2000. Decent facilities and learning: Thirman L. Milner Elementary School and beyond. Teacher College Record, 102: 444-462.
36. ULINE C L, TSCHANNEN-MORAN M, WOLSEY T. 2009. The walls still speak: the stories occupants tell. Journal of Educational Administration, 47 (3): 400-426.
37. US GENERAL ACCOUNTING OFFICE. 1995. School facilities: America's schools not designed or equipped for the 21st century. Washington, DC: U. S. General Accounting Office.
38. VINCENT J, JAIN L. 2015a. Going it alone: can California's K-12 school district adequately and equitably fund school facilities? Berkeley, CA: Center for Cities and Schools. http://citiesandschools.berkeley.edu.
39. VINCENT J, JAIN L. 2015b. Going it alone: can California's K-12 school district adequately and equitably fund school facilities? Policy brief. Berkeley, CA: Center for Cities and Schools. http://citiesandschools.berkeley.edu.

第8章参考文献

1. AWANG-HASHLILL R, KAUX A, NOMAN M. 2015. The interplay of socio-psychological factors on school engagement among early adolescents. Journal of Adolescence, 45: 214-224.
2. BARTH M, MICHELSEN G. 2012. Learning for change: an educational contribution to sustainability science. Sustainability Science, 8 (1): 103-119.
3. BAUMEISTER D, HERZLICH T. 2015. What bees and forests can teach you about successful leadership? http://www.inc.com.
4. BENYUS J M. 1997. Biomimicry. New York: William Morrow.
5. BENYUS J M. A biomimicry primer. http://biomimicry.net.
6. BERTO R, PASINI M, BARBIERO G. 2015. How does psychological restoration work in children? An exploratory study. Journal of Child and Adolescent Behaviour, 03 (03): 200-209.
7. BRANSFORD J, BROWN A, COCKILLG R. 2000. How people learn: brain, mind, experience, and school. Washington, DC: National Academy Press.
8. CHAN T C, MENSE E, LANE K, RICHARDSON M. 2015. Marketing the green school: form, function, and the future. Hershey, PA: Information Science Reference.

9. CHAWLA L. 2015. Benefits of nature contact for children. Journal of Planning Literature, 30 (4): 433-452.
10. CHAWLA L, CUSHING D. 2007. Education for strategic environmental behavior. Environmental Education Research, 13 (4): 437-452.
11. DEMAREST A B. 2015. Place-based curriculum design: exceeding standards through local in investigations. New York: Routledge.
12. DODGE R, DALY A, HUYTON J, et al. 2012. The challenge of defining wellbeing. International Journal of Wellbeing, 2 (3): 222-235.
13. DUMONT H, ISTANCE D, BENAVIDES F. 2010. The nature of learning: using research to inspire practice. Paris, France: OECD.
14. ENGLISH C. 2011. Civic engagement highest in developed countries. http://www.gallup.com.
15. FRUMKIN H, GELLER R, RUBIN I, et al. 2006. Safe and healthy school environments. New York: Oxford University Press.
16. GILL T. 2014. The benefits of children's engagement with nature: a systematic literature review. Children Youth and Environments, 24 (2): 10 - 34.
17. GILLETT-SWAN J, SARGEANT J. 2014. Wellbeing as a process of accrual: beyond subjectivity and beyond the moment. Social Indicators Research, 121 (1): 135-148.
18. GILLIS K, GATERSLEBEN B. 2015. A review of psychological literature on the health and wellbeing benefits of biophilic design. Buildings, 5 (3): 948-963.
19. GOLEMAN D, BENNETT L, BARLOW Z. 2012. Ecoliterate: how educators are cultivating emotional, social, and ecological intelligence. San Francisco, CA: Jossey-Bass.
20. GOLEMAN D, SENGE P M. 2014. The Triple Focus: a new approach to education. Florence, MA: More Than Sound, LLC.
21. GRUENEWALD D, SMITH G. 2014. Place-based education in the global age: local diversity. New York: Routledge.
22. HARTIG T, MITCHELL R, DE VRIES S, et al. 2014. Nature and health. Annual Review of Public Health, 35: 207-228.
23. HOUTEN G, RECKHOW K, LOOMIS R, et al. 2012. Enterprise assessment for the reduction of nutrient pollution in South Florida waters. Research Triangle Park, NC: http:// www.evergladesfoundation.org.
24. JENNINGS P A, GREENBERG M T. 2009. The prosocial classroom: teacher social

and emotional competence in relation to student and classroom outcomes. Review of Educational Research, 79 (1): 491-525.

25. KACHUR D, STOUT J, EDWARDS C. 2013. Engaging teachers in classroom walk-throughs. Alexandria, VA: ASCD.
26. KAGAWA F, SELBY D. 2010. Education and climate change. New York: Routledge.
27. KELLERT S, HEERWAGEN J, MADOR M. 2008. Biophilic design: the theory, science, and practice of bringing buildings to life. Hoboken, NJ: Wiley.
28. KNOESTER M. 2012. Democratic education in practice. New York: Teachers College Press.
29. KRAPFEL P. 1999. Deepening children's participation through local ecological investigations // SMITH G A, WILLIAMS D R. Ecological education in action: on weaving education, culture, and the environment. Albany, NY: State University of New York Press.
30. KUO M. 2015. How might contact with nature promote human health? Promising mechanisms and a possible central pathway. Frontiers in Psychology, 6: 1093.
31. LAWSON M A, LAWSON H A. 2013. New conceptual frameworks for student engagement research, policy, and practice. Review of Educational Research, 83 (3): 432-479.
32. LEWALLEN T, HUNT H, POTTS-DATEMA W, et al. 2015. The whole school, whole community, whole child model: a new approach for improving educational attainment and healthy development for students. Journal of School Health, 85 (11): 729-739.
33. LOPEZ R, CAMPBELL K, JENNINGS J. 2008. Schoolyard improvements and standardized test scores: an ecological analysis. http://www.schoolyards.org.
34. LOUV R. 2008. Last child in the woods: saving our children from nature deficit disorder. Chapel Hill, NC: Algonquin Books of Chapel Hill.
35. MAGER U, NOWAK P. 2012. Effects of student participation in decision making at school: a systematic review and synthesis of empirical research. Educational Research Review, 7 (1): 38-61.
36. MEIER D. 1995. The power of their ideas: lessons for America from a small school in Harlem. Boston, MA: Beacon Press.
37. MEIER D, KNOESTER M, D'ANDREA K. 2015. Teaching in themes: an approach

to school wide learning, creating community, and differentiating instruction. New York: Teachers College Press.

38. MURPHY J. 2015. The empirical and moral foundations of the ISLLC Standards. Journal of Educational Administration, 53 (6): 718-734.
39. MUSTAPA N, MALIKI N, HAMZAH A. 2015. Repositioning children's developmental needs in space planning: a review of connection to nature. Procedia—Social and Behavioral Sciences, 170: 330-339.
40. NBEA. 2015. Professional standards for educational leaders 2015. http://www.ccsso.org.
41. RUSSELL R, GUERRY A, BALVANERA P, et al. 2013. Humans and nature: how knowing and experiencing nature affect wellbeing. Annual Review of Environment and Resources, 38 (1): 473-502.
42. SEELEY T D. 2010. Honeybee democracy. Princeton, NJ: Princeton University Press.
43. SENGE P, CAMBRON-MCCABE N, LUCAS T, et al. 2012. Schools that learn (updated and revised): a fifth discipline fieldbook for educators, parents, and everyone who cares about education. New York: Crown Business.
44. SHERNOFF D, TONKS S, ANDERSON B. 2014. The impact of the learning environment on student engagement in high school classrooms // SHERNOFF D J, BEMPECHAT J. Engaging youth in schools：evidence-based models to guide future innovations. New York: NSSE Yearbooks by Teachers College Record.
45. SOBEL D. 2004. Place-based education: connecting classrooms and Communities. Barrington, MA: The Orion Society.
46. SOBEL D. 2008. Childhood and nature: design principles for educators. Portland, Maine: Stenhouse Publishers.
47. STRONG W, MALINA R, BLIMKIE C, et al. 2005. Evidence based physical activity for school-age youth. Journal of Pediatrics, 146 (6): 732-737.
48. SUKHDEV P, WITTMER H, SCHROTER-SCHLAACK C, et al. 2010. Mainstreaming the economics of nature: a synthesis of the approach, conclusions and recommendations of TEEB. http://www.teebweb.org.
49. SZNITMAN S, REISEL L, ROMER D. 2011. The neglected role of adolescent emotional wellbeing in national educational achievement: bridging the gap between education and mental health policies. Journal of Adolescent Health, 48 (2): 135-142.

50. THAPA A, COHEN J, GUFFEY S, et al. 2013. A review of school climate research. Review of Educational Research, 83 (3): 357-385.
51. TOKUHAMA-ESPINOSA T. 2010. The new science of teaching and learning: using the best of mind, brain, and education science in the classroom. New York: Teachers College Press.
52. VIENO A, PERKINS D, SMITH T, et al. 2005. Democratic school climate and sense of community in school: a multilevel analysis. American Journal of Community Psychology, 36 (3-4): 327-341.
53. WESTHEIMER J, KAHNE J. 2004. What kind of citizen? The politics of educating for democracy. American Educational Research Journal, 41 (2): 237-269.
54. WHEATLEY M. 1999. Leadership and the new science: discovering order in a chaotic world (3rd ed.). San Francisco: Berrett-Koemer.
55. WIJKMAN A, ROCKSTROM J. 2012. Bankrupting nature: denying our planetary boundaries. New York: Routledge.
56. WILLIAMS D, BROWN J. 2011. Learning gardens and sustainability education. New York: Routledge.
57. WILLIAMS D, DIXON P. 2013. Impact of garden-based learning on academic outcomes in schools: synthesis of research between 1990 and 2010. Review of Educational Research, 83 (2): 211-235.
58. WILSON E O. 1984. Biophilia. Cambridge, MA: Harvard University Press.

第 9 章参考文献

1. BACHARACH S, CONLEY S. 1988. Uncertainty and decision-making in teaching: implications for managing line professionals // SERGIOVANNI T S, MOORE J H. Schooling for tomorrow: directing reforms to issues that count. Boston, MA: Allyn and Bacon.
2. BAUERMEISTER M, DIEFENBACHER L. 2015. Beyond recycling: guiding pre-service teachers to understand and incorporate the deeper principles of sustainability. Childhood Education, 91(5): 325-331.
3. BUCKLER C, CREECH H. 2014. Shaping the future we want: UN Decade of Education for Sustainable Development (2005-2014). http://unesco.org.
4. CORCORAN P, VILELA M, ROERINK A. 2005. The Earth Charter in action: toward a sustainable world. Amsterdam: KIT.

5. DEWEY J. 1922. Human nature and conduct. New York: The Modern Library.
6. DUMONT H, ISTANCE D, BENAVIDES E. 2010. The nature of learning: using research to inspire practice. Paris: OECD.
7. EDWARDS B W. 2006. Environmental design and educational performance. Research in Education, 76: 14-32.
8. FEINSTE N. 2009. Education for sustainable development in the United State of America: a report submitted to the International Alliance of Leading Education Institutes. Madison, WI: University of Wisconsin-Madison.
9. FERREIRA J, RYAN L, TILBURY D. 2006. Whole-school approaches to sustainability：a review of models for Professional development in pre-service teacher education. Canberra: Australian Government Department of the Environment and Heritage and the Australian Research Institute in Education for Sustainability (ARIES).
10. FIEN J, TILBURY D. 1996. Learning for a sustainable environment: an agenda. Paris: UNESCO. http://unesdoc.unesco.org.
11. GOODLAD J I. 1984. A place called school. New York: McGraw-Hill Company.
12. KELLY S, WILLIAMS D. 2013. Teacher professional learning communities for sustainability: supporting STEM in learning gardens in low-income schools. Journal of Sustainability Education, Spring: Experiential Education, Part One.
13. LACKNEY J. 2005. Educating educators to optimize their school facility for teaching and learning. Minneapolis, MN: Design Share. http://www.designshare.com.
14. LEITHWOOD K, LOUIS K, ANDERSON S, et al. 2004. How leadership influences student learning. Minneapolis, MN: Center for Applied Research and Educational Improvement & Ontario Institute for Studies in Education.
15. LEITHWOOD K, SUN J. 2012. The nature and effects of transformational school leadership: a meta-analytic review of unpublished research. Educational Administration Quarterly, 48: 387-423.
16. LOUIS K, MARKS H, KRUSE S. 1996. Teachers’ professional community in restructuring schools. American Educational Research Journal, 33: 757-798.
17. LOWENSTEIN E, MARTUSEWICZ R, VOELKER L. 2010. Developing teachers’ capacity for ecojustice education and community-based learning. Teacher Education Quarterly, 37(4): 99-118.
18. MCCLAM S, DIEFENBACHER L. 2015. Over the fence: learning about education for sustainability with new tools and conversation. Journal of Education for Sustain-

able Development, 9（2）: 126-136.

19. MULLEN C, HUTINGER J. 2008. The principal's role in fostering collaborative learning communities through faculty study group development. Theory Into Practice, 47: 276-285.
20. NATIONAL POLICY BOARD FOR EDUCATIONAL ADMINISTRATION. 2015. Professional standards for educational leaders 2015. Reston, VA: NPBEA.
21. NELSON B, SASSI A. 2000. Shifting approaches to supervision: the case of mathematics supervision. Education Administration Quarterly, 36(4): 553-584.
22. NOLET V. 2009. Preparing sustainability-literate teachers. Teachers College Record, 111 (2): 409-442.
23. NOLET V. 2016. Educating for sustainability：principles and practices for teachers. New York: Routledge.
24. OLIVIER D, HIPP K. 2006. Leadership capacity and collective efficacy: interacting to sustain student learning a professional learning community. Journal of School Leadership, 16: 505-519.
25. PUTNAM R, BORKO H. 1997. Teacher learning: implications of new views of cognition // BIDDLE B J, GOOD T L, GOODSON I F. The international handbook of teachers and teaching. Dordrecht, The Netherlands: Kluwer.
26. RIORDAN M, KLEIN E. 2010. Environmental education in action: how expeditionary learning schools support classroom teachers in tackling issues of sustainability. Teacher Education Quarterly, 37(4): 119-137.
27. SOBEL D. 2005. Place-based education: connecting classrooms and communities. Great Barrington, MA: The Orion Society.
28. STONE M, BARLOW Z. 2005. Ecological literacy: educating our children for a sustainable world. San Francisco: Sierra Club Books.
29. TAYLOR A. 2009. Linking architecture and education: sustainable design of learning environments. Albuquerque: University of New Mexico Press.
30. THE EARTH CHARTER INITIATIVE. 2015. Earth charter: values and principles for a sustainable future. http://www.earthcharterinaction.org.
31. THOMAS G. 2005. Facilitation in education for the environment. Australian Journal for Environmental Education, 21: 107 - 116.
32. TILBURY D. 2011. Education for sustainable development：an expert review of processes and learning. Paris: UNESCO.

33. TYACK D, TOBIN W. 1994. The grammar of schooling: why has it been so hard to change. American Education Research Journal, 31 (3): 453-479.
34. ULINE C, TSCHANNEN-MORAN M, PEREZ L. 2003. Constructive conflict: how controversy contributes to school improvement. Teacher College Record, 105: 782 – 816.
35. UNESCO. 2005. United Nations Decade of Education for Sustainable Development (2005-2014) . International Implementation Scheme. Paris: UNESCO.
36. WALS A. 2009. Review of contexts and structures for education for sustainable development 2009: learning for a sustainable world. Paris: UNESCO.
37. WATERS J, MARZANO R, MCNULTY B. 2003. Balanced leadership: what 30 years of research tells us about the effect of leadership on student achievement. Aurora, CO: Mid-continent Research for Education and Learning.
38. WIGGINS G, MCTIGHE J. 2005. Understanding by design (2nd ed.). Alexandria, VA: ASCD.
39. WILLIAMS D, BROWN J. 2012. Gardens and sustainability education: bringing life to schools and schools to life. New York: Routledge.
40. WOOLFOLK HOY A, DAVIS H, PAPE S. 2006. Teachers' knowledge, beliefs, and thinking // ALEXANDER P A, WINNE P. Handbook of educational psychology (2nd ed.). Mahwah, NJ: Lawrence Erlbaum.

第 10 章参考文献

1. BRYK A, GOMEZ L, GRUNOW A, et al. 2015. Learning to improve：how America's schools can get better at getting better. Boston, MA: Harvard Education Press.
2. CAPRA F. 1996. The web of life. New York: Anchor Books.
3. CAPRA F. 2002. Hidden connections. New York: Doubleday.
4. CAPRA F, LUIGI L. 2014. The systems review of life：a unifying vision. Cambridge: Cambridge University Press.
5. CNN. 2008, June 6. Interview: Majora Carter. http://www.cnn.com.
6. DALY A, FINLNIGAN K. 2009. A bridge between worlds: understanding network structure to understand change strategy. Journal of Educational Change，11 (2): 111-138.
7. DALY A, MOOLENAAR N, et al. 2010. Relationships in reform: the role of teachers' social networks. Journal of Educational Administration, 48 (3): 359-391.

8. DAUTREMONT-SMITH J. 2012. School sustainability rating systems: strengths, limitations, and future prospects. Unpublished master's thesis, University of Michigan，Ann Arbor, MI.
9. DAY C, LEITHWOOD K. 2007. Successful principal leadership in time of change: an international perspective. Dordrecht, The Netherlands: Springer.
10. DOPPELT B. 2010. Leading change toward sustainability (2nd ed.). Sheffield, UK: Greenleaf Publishing.
11. FILARDO M. 2016. State of our schools: America's K -12 facilities 2016. Washington, DC: 21st Century School Fund, U. S. Green Building Council, Inc., & the National Council on School Facilities.
12. GOLEMAN D, BENNETT L, BARLOW J. 2012. Ecoliterate: how educators are cultivating emotional, social, and ecological intelligence. San Francisco, CA: Jossey-Bass.
13. GSA. 2016. GSA District Collaborative. http://www.greenschoolsalliance.org.
14. HAWKEN P. 2007. Blessed unrest: how the largest movement in the world came into being and why no one saw it coming. New York: Penguin Group.
15. KELLER S, MEANEY M, PUNG C. 2010. What successful transformations share: McKinsey Global Survey results. http://www.mckinsey.com.
16. KENSLER L, ULINE C. 2015. The transformation of a school district from energy hog to energy star // GROSS S J，SHAPIRO J P. Democratic ethical educational leadership: reclaiming school reform. New York: Routledge.
17. LOUIS K. 2007. Trust and improvement in schools. Journal of Educational Change, 8: 1-24.
18. METZGER A. 2015. Green school frameworks // CHAN T, MENSE E, LANE K, RICHARDSON M. Marketing the green school: form，function, and the future. Hershey, PA: IGI Global.
19. NWF 2016. Calling all eco-schools. http://www.nwf.org.
20. OKLAHOMA GREEN AND HEALTHY SCHOOLS PROGRAM. 2016. http://www.okgreenschools.org.
21. PALMER P. 1998. The courage to teach. San Francisco: Jossey-Bass.
22. SENGE P, CAMBRON-MCCABE N, LUCAS T, et al. 2012. Schools that learn (updated and revised): a fifth discipline fieldbook for educator，parents, and everyone who cares about education. New York: Crown Business.

23. SPAULDING D, FALCO J. 2012. Action research for school leaders. New York: Pearson Higher Ed.
24. STERRETT W, IMIG S, MOORE D. 2014. U. S. Department of Education Green Ribbon Schools: leadership insights and implications. Journal of Organizational Learning and Leadership, 12 (2): 2-18.
25. STONE M. 2009. Smart by nature: schooling for sustainability. Healdsburg, CA: Watershed Media.
26. STONE M, BARLOW L. 2005. Ecological literacy: educating our children for a sustainable world. San Francisco: Sierra Club Books.
27. STONE M, BROWN K, CONINES L, et al. 2010. Rethinking school lunch guide. 2nd ed. http://www.ecoliteracy.org.
28. STRAUSS L. 2013, December. Nelson Mandela on the power of education. Washington Post. https://www.washingtonpost.com/news.
29. USDOE. 2015. US Department of Education Green Ribbon Schools. http://www2.ed.gov.
30. WARNER B, ELSER M. 2014. How do sustainable schools integrate sustainability education? An assessment of Certified Sustainable K-12 schools in the United States. The Journal of Environmental Education, 46 (1): 1-22.
31. WHEATLEY M. 1999. Bringing schools back to life: schools as living systems. http://www.margaretwheatley.com/articles/lifetoschools.html.
32. WILLIAMS D, BROWN J. 2011. Learning gardens and sustainability education. New York: Routledge.

后记

《绿色学校的领导模式——为了我们的孩子、社区与地球的可持续发展》一书自 2018 年开始翻译至今，已有三载了，在本书付梓之际，感慨良多。翻译过程中我们经历了太多的艰辛，付出了太多的汗水，也有着太多的感动与感慨，更有太多的感谢。

感谢中国可持续发展教育的引路人——史根东博士。史老年逾七旬，依然大力关注、支持生态文明与可持续发展教育理论研究与实践，孜孜求索、笔耕不辍，为青年一代生态文明与可持续发展教育科研工作者引领方向，令我收获甚多。

感谢北京教育科学研究院院长方中雄以及副院长冯洪荣、刘占军、张熙对生态文明与可持续发展教育研究的关注和引领。感谢北京教育科学研究院终身学习与可持续发展教育研究所所长史枫在翻译过程中的辛勤付出，他重点承担了第三部分第 8 章、第 9 章、第 10 章的翻译与校对工作。感谢我的同事——研究所副所长王巧玲博士、徐新容老师、马莉老师、王鹏老师、王咸娟老师、张翠珠老师、赵志磊老师、荀海宁老师、桂敏博士、沈欣忆博士、林世员博士和邢贞良博士对我工作的支持与帮助。

感谢北京教育科学研究院德育研究中心主任谢春风研究员，特教中心张军老师，科合处处长张婷婷、绳世亚老师，规划办主任姜丽萍、王彬老师和杨蓓老师一直以来对我的鼓励与引领；感谢北京教育学院石景山分院的教育科研所所长王曦、马强老师、龙娟娟老师对本书校对所付出的汗水与努力；感谢北京可持续发展教育协会副会长刘丽萍和崔静平、秘书长王铁英、副秘书长富涛、朱北鸿教授、周娟博士等在翻译期间给予我的各种支持与帮助，在此一并深表感谢。

最后要感谢我的家人、亲友的关怀与鼓励。感谢我的先生邹治平博士后与女儿邹宜芳对我的无私支持，高中毕业于北京四中的女儿英文水平居于我和先生之上，她为本书翻译提出了很多中肯的建议，在此也深表谢意。

在本书翻译与校对期间，第三次世界可持续发展教育大会即将召开，全球可持续发展教育将进入一个新阶段。本书介绍的美国绿色学校建设的内容与路径为教育工作者了解国际绿色学校与可持续发展提供了一个新的研究视角，同时衷心期待我国的生态文明与可持续发展教育为实现“双碳”目标、2030可持续发展目标、人与自然和谐共生贡献一份独特力量。本书付梓之际，谨对所有关注生态文明与可持续发展教育事业的同人们致以最深切的敬意，对参与本书翻译与校对工作的所有同人致以最真诚的谢忱。由于本人水平有限，不当之处，恳请大家批评指正。

张婧
2021年4月